KB046345

사회학으로의 초대

피터 L. 버거

김광기 옮김

Invitation
to
Sociology

■ ● 문예인문클래식

사회학으로의 초대

인간주의적 시각

피터 L. 버거

김광기 옮김

✿ 문예출판사

차례

일러두기

1. 본문의 각주는 모두 옮긴이주이다. 본문에서 독자의 이해를 돕기 위해 옮긴이가 보충한 내용은 [ ] 안에 넣었다.

2. 번역에는 두 개의 판을 사용했다. 본문은 초판본인 앵커북스판[Peter L. Berger, *Invitation To Sociology: A Humanistic Perspective*(New York, Anchor Books, 1963)]을 사용해 번역했고, 그 뒤에 나온 문고용 펭귄북스판(New York, Penguin Books, 1981)은 참고 문헌 메모가 조금 수정되어 이 부분만은 펭귄북스판을 사용해 번역했다.

이 책은 연구용으로 쓰인 게 아니라, 그저 읽히기 위해 쓰였다. 이 책은 교과서도 아니고 이론적 체계를 구축하려는 시도도 아니다. 내가 진정 흥미를 느끼고 중요하다고 생각하는 것은 바로 어떤 지적 세계로의 초대이다. 그런 초대장을 보낼 때는 독자가 초대된 그 세계만 묘사할 필요가 있다. 그러나 만일 독자가 이 초대를 진지하게 받아들일 결심만 한다면, 그는 이 책의 범위 너머에 도달할 것이 분명하다.

달리 말하면, 이것은 이런저런 이유로 사회학에 대해 궁금해하거나 질문을 던지는 사람들을 위한 책이다. 내 생각엔, 그런 사람들 가운데는 소위 "교육받은 공중"이라 불리는 다소 신화적인 실체의 좀 더 사려 깊은 사람들뿐만 아니라 심각하게 사회학을 배워볼까 하는 생각을 잠시 해보는 학생들도 있을 것이다. 나는 또한 이 책이 비록 몇몇 사회학자들에게 그들이 미처 모르는 것을 말해주는 것이 별로 없다손 치더라도 그들에게조차도 매력적일 것이라 생각한다. 왜냐하면 우리 모두는 자신이 포함된 사진을 들여다보면서 일종의 나르시시즘적인 만족에 빠지기 때문이다. 이 책은 광범위한 독자층을 대상으로 쓰였기 때문에 기술적 용어들은 가급적 피했다. 그런 용어들 때문에 사회학자들이 수상쩍은 평판을 얻은 게 사실이다. 동시에 나는 눈높이를 독자들에게 맞추어 너무 쉽게 말하는 것도 피했다. 왜냐하면 그렇게 하는 것 자체가 역겹다고 생각할 뿐만 아니라, 학생들을 포함해서 특히 수준을 낮추어 그저 쉽게만 이야기해야 한다고 여기는 사람들은 초대하고 싶은 마음이 없어서다. 나는 오늘날 취할 수 있는 학문적 오락 중에서 사회학이 가장 고상한 "귀족적 게임"이라고 생각한다는 것을 솔직히 인정해야겠다. 도미노 게임을 할 줄 모르는 사람을 장기 대회에 초대하는 법은 없다.

이와 같은 시도가 자신의 전문 분야에 대한 저자의 편견을 드러내는 것은 불가피한 일이다. 이 점을 애초부터 솔직하게 인정하지 않으면 안 된다. 특히 미국에서 이 책을 읽는 사회학자들 가운데 이 책이 지향하는 것에 대해 짜증을 내는 사람들은 어차피 있을 수밖에 없으며, 이 책이 담고 있는 주장 중 어떤 부분이 마음에 들지 않아 반대하거나 자신들이 중요하다고 생각하는 것들을 이 책이 쏙 빼먹었다고 여기는 사람들도 있을 것이다. 내가 해줄 수 있는 말은 오직 내가 이 분야의 고전까지 타고 올라가는 핵심적 전통에 충실하려 애썼다는 것이다. 그리고 그런 핵심적 전통의 지속적인 타당성을 강력히 믿고 있다는 사실이다.

이 분야에서 내가 특별히 마음에 둔 것은 종교사회학이다. 이것은 내 머릿속에 가장 쉽게 떠오르기에 아마도 내가 사용한 예에서 그런 편애가 명백히 드러날 것이다. 그럼에도 불구하고 나는 내 전공 분야에 대한 강조를 피하려 무던히 애썼다. 나는 독자를 내가 우연히 거주하게 된 특정한 작은 촌락으로 초대하기보다는 좀 더 넓은 지역으로 초대하길 원했다.

이 책을 쓰면서 나는 수많은 각주를 달 것인지 아니면 전혀 달지 않을 것인지 하는 선택에 마주쳤다. 나는 후자를 택했다. 이 책이 게르만식 논문 같은 딱딱한 인상을 주는 것으로 얻을 게 별로 없다고 느꼈기 때문이다. 본문에서는 이 분야에서 광범위한 의견 일치를 보지 못한 사상의 명칭들도 거론했다. 그런 명칭들은 이 책 말미의 참고 문헌 메모에서 재등장한다. 독자들은 그곳에서 더 읽어야 할 책들에 대한 약간의 정보를 발견할 것이다.

내 전공 분야에 대한 내 생각은 스승인 칼 메이어Carl Mayer에게 엄청난 감사의 빚을 지고 있다. 만일 그가 이 책을 읽게 된다면, 얼굴을 찌푸리며 못마땅해할 몇몇 구절이 있을 것이라고 생각한다. 하지만 나는 이 책에 담긴 사회학의 개념이 메이어 교수가 학생들에게 전달했던 것을 아주 많이 곡해했다고 받아들이지 않기를 바랄 뿐이다. 이어지는 장들 가운데 하나에서 나는 모든 세계관은 음모의 결과라는 입장을 취했다. 이것은 학문관에도 똑같이 적용된다. 마지막으로 나는 많은 대화와 논의를 통해 동료 공모자가 되어준 세 사람에게 감사의 뜻을 전하고자 한다. 브리지트 버거Brigitte Berger, 한스프리드 켈너Hansfried Kellner, 토마스 러크만Thomas Luckmann이 바로 그들이다. 그들은 이다음부터 시작되는 매 페이지마다 한 군데 이상에서 그 같은 공모의 결과들을 발견하게 될 것이다.

P.L.B.
미국 코네티컷주 하트퍼드에서

사회학자들에 관한 농담은 거의 없다. 이것은 사회학자들에겐 짜증나는 일인데, 특히 그들보다 더 많은 사랑을 받는 그들의 육촌 격인 심리학자들과 비교하면 배가 아플 정도다. 과거에 미국 유머에서 성직자들이 차지했던 상당 부분이 이제는 심리학자들의 몫이 됐다. 파티에서 심리학자가 소개되면 그 즉시 상당한 이목이 그에게 집중되며 그래서 불편할 정도로 환호의 대상이 되기 십상이다. 반면, 만일 사회학자가 같은 경우에 놓였다면 그는 보험설계사로 소개되었을 때보다 못한 반응을 얻을 공산이 크다. 그는 다른 사람들과 마찬가지로 주목받기 위해선 힘을 쓸 수밖에 없다. 이것은 짜증 나고 불공정한 일이지만, 교훈적일 수도 있다. 물론, 사회학자에 관한 농담이 씨가 말랐다는 것은 사회학자들이 심리학자들만큼 대중적인 상상의 일부를 차지하지 못하고 있다는 사실을 말해준다. 그것은 아마도 사람들이 사회학자들에 대해서 약간은 모호한 이미지를 갖고 있다는 사실을 지적해주기도 한다. 따라서 우리의 논의를 위해서 그러한 이미지를 더 자세히 살펴보는 것이 좋은 출발점이 될 것 같다.

만일 대학생들에게 왜 사회학을 전공으로 택했느냐고 물으면, 십중팔구 "나는 사람들과 일하는 것이 좋기 때문이다"라는 답변이 돌아올 것이다. 또 계속해서 그 학생들에게 장래 직업에 대해 물으면, 사회사업 관련 분야에 종사할 것이라는 대답을 흔히 듣게 될 것이다. 당장은 주로 그와 같이 대답할 것이다. 그 외의 반응들은 더 막연하고 일반적이다. 그러한 답변 모두는 질문을 받은 학생들이 사물을 다루기보다는 사람을 다루기를 더 원한다는 것을 말해준다. 이와 관련해 언급하는 직종에는 인사관리, 산업체에서의 인간관계, 홍보, 광고, 지역사회 계획, 성직이 아닌 다양한 종교사업 등이 포함된다. 이런 노력의 모든 노선에 들어 있는 공통적인 가정은 "사람들을 위해 어떤 것을 하고" "사람을 도우며" "사회에 유익한 일을 한다"는 것이다. 이러한 가정에 내포된 사회학자의 이미지는 성스러운 자비와 세속적인 박애 사이를 연결해주는 YMCA 간사나 자유주의적 개신교 목사의 속세판 정도로 묘사될 수 있다. 사회학은 "고양uplift"이라는 고전적인 미국적 이상의 현대적인 변형쯤으로 보인다. 사회학자는 개인과 사회 전체를 위한 의식 고양 활동에 전문적인 관심을 가진 사람으로 이해된다.

이런 종류의 동기가 앞서 언급한 대부분의 직업군에서 그대로 보전되기 어렵다는 데서 기인한 처절한 실망을 그린 위대한 소설이 언젠가는 쓰일 것이다. 거기에는 인사 업무에 뛰어들어 잔인하게 그어진 전선의 한쪽에 서서 싸워야만 하는 파업이라는 인간 현실에 처음으로 직면하게 될 사람들의 운명에 대한 측은함, 홍보 업무를 맡아 이 분야의 전문가들이 소위 "합의의 공학engineering of consent"이라고 부르는 것을 성공시킬 것으로 기대했다가 그 실상을 깨닫게 된 사람들의 운명에 대한 연민, 그리고 지역사회 기관에 들어가 부동산 투기의 정치학이라는 잔인한 교육을 받기 시작할 사람들의 운명에 대한 비애감이 담길 것이다. 그러나 지금 여기서 우리의 관심사는 그런 순진무구함의 훼손이 아니다. 우리의 관심은 오히려 사회학자에 대한 특별한 이미지, 즉 부정확하고 오도된 이미지에 있다.

물론 보이스카우트 유형의 사람들이 사회학자가 되기도 한다. 인간에 대한 자비로운 관심이 사회학적 연구를 위한 전기적인 출발점이 되는 것 또한 사실이다. 그러나 그와 반대로 선의 없이 인간 자체에 아무런 기대를 하지 않는 시각이 출발점으로 작동하기도 한다는 사실을 지적해두는 것이 중요하다. 사회학적 통찰은 사회 속 행위에 관심이 있는 사람이라면 누구에게나 값진 것이다. 그러나 그 행위가 특별히 인도주의적humanitarian일 필요는 없다. 오늘날 어떤 미국 사회학자들은 국민을 위한 보다 살기 좋은 사회를 설계하기 위해 정부기관에 고용되어 있다. 또 어떤 미국 사회학자들은 필요한 경우가 발생하면 적대국의 사회들을 지도상에서 말끔히 제거하는 데 주력하는 정부기관에서 일하고 있다. 이러한 각각의 행위에 내포된 도덕적인 의미가 무엇이든지 간에, 이 두 분야에서 흥미로운 사회학적 연구가 수행되지 말라는 법은 없다. 이와 유사하게, 사회학의 한 특수 분야인 범죄학이 현대사회에서의 범죄 과정에 관한 귀중한 정보를 대방출하고 있다. 이런 정보는 범죄와의 전쟁에 애쓰는 사람들이나 호시탐탐 범죄를 저지르려는 사람들 모두에게 동등하게 귀중하다. 범죄학자들이 갱단보다는 경찰을 위해 일한다는 사실을 범죄학자들자신의 윤리적인 성향과 경찰의 홍보 덕으로 돌릴 수도 있겠으나 어쩌면 갱단이 과학적으로 세련되지 못한 탓일 수도 있다. 그러한 사실은 정보 그 자체의 성격과는 아무런 관련이 없다. 요컨대 "사람들과 함께 일하기working with people"는 사람들을 빈민가로부터 벗어나게 하거나 감옥에 집어넣는 것을 의미할 수도 있고, 사람들에게 선전propaganda을 받아들이게 하거나 (그것이 합법적이든 불법적이든 간에) 그들의 돈을 강탈하는 것을 의미할 수도 있으며, 또한 사람들이 더 좋은 자동차를 생산하게 하거나 더 출중한 폭격기 조종사가 되게 하는 것을 의미할 수도 있다. 따라서 사람들과 함께 일한다는 말로 암시된 사회학자의 이미지는 아쉬운 점이 많다. 비록 그 말이 최소한 어떤 사람들로 하여금 사회학을 연구하게 하는 원인이 되는 최초의 충동을 묘사하는 데 무리가 없어 보일지라도 말이다.

일종의 사회사업을 위한 이론가로서 사회학자와 밀접히 관련된 이미지와 연계해서는 약간의 추가 설명이 필요하다. 이 이미지는 미국에서의 사회학의 발달이라는 관점에서 이해될 수 있다. 적어도 미국 사회학의 근간 중 하나는 산업혁명의 결과로 빚어진 심각한 문제들에 직면한 사회사업가들의 우려에서 찾아볼 수 있다. 도시의 급격한 팽창과 도시 속 빈민가의 급격한 성장, 대량 이민, 국내에서의 대량 이주, 전통적인 생활방식의 붕괴와 그 과정에서 갈피를 잡을 수 없는 개인들의 혼미함 등이 그와 같은 엄청난 문제들이다. 이런 관심사가 많은 사회학적 연구를 촉진시켰다. 그래서 사회사업에 투신할 요량인 대학생들이 사회학을 전공으로 택하는 것이 여전히 흔한 일이긴 하다.

사실 미국의 사회사업은 그 "이론theory" 전개에 있어서 사회학보다는 심리학에 영향을 더 많이 받았다. 이러한 사실은 아마도 대중의 상상력 속에서 사회학과 심리학이 차지하고 있는 상대적인 지위에 대해 앞에서 언급한 내용과 별로 무관하지 않을 것이다. 사회사업가들은 "프로professional"로 인정받기 위해, 그리고 그 인정에 수반되는 위세와 권력 그리고 (특히) 보수를 얻기 위해 오랫동안 힘든 싸움을 해야만 했다. 자신들이 따라갈 "프로" 모델을 찾는 데 있어서 사회사 업가들은 정신의학자psychiatrist의 모델이 가장 어울린다는 것을 알았다. 그래서 현대 사회사업가들은 그들의 "고객"을 사무실에서 받고, 그들과 50분간의 "상담"을 하며 그 상담 내용을 네 통의 문서로 만들어 "상급자"와 논의한다. 정신의학자의 외형을 채택했다면 자연히 정신의학자의 이데올로기도 채택하기 마련이다. 따라서 현대 미국 사회사업의 "이론"은 주로 정신분석학적 심리학의 임의 첨삭판 같은 것으로, "과학적인" 방법으로 사람들을 돕는다는 사회사업가의 주장을 정당화하는 데 일조하는 일종의 빈자의 프로이트주의a sort of poor man's Freudianism로 구성되어 있다. 여기서 우리의 관심이 이 같은 종합 이론의 "과학적" 타당성을 규명하는 데 있는 것은 아니다. 우리의 요점은 그러한 종합 이론이 사회학과 아무런 관련이 없을 뿐만 아니라, 실제로도 그 이론이 사회 현실에 대해서 이상하리만큼 둔감하다는 것이다. 많은 사람들의 마음속에서 사회학과 사회사업이 동일시되고 있는 것은 어느 정도는 "문화지체cultural lag" 현상인데, 이러한 동일시는 아직도 "선전문적pre-professional"인 사회사업가들이 리비도적(성욕의) 좌절을 다루기보다는 빈곤을 다루고, 녹음기의 혜택을 받지 못하면서 그러한 일을 했던 시기로부터 비롯된 것이다.

그러나 비록 미국의 사회사업이 대중영합적인 심리학주의의 유행에 편승하지 않았다 하더라도 사회사업가의 이론적 조언자로서 사회학자의 이미지는 오도될 가능성이 크다. 그 이론적 정당화가 어찌 되었든지 간에, 사회사업은 사회 속에서 행하는 어떤 **실천**[행동]

practice"이다. 사회학은 실천이 아니고 **이해하려는 시도**이다. 확실히 이 이해는 실천가에게 유용할 수 있다. 그 때문에 우리는 사회학에 대한 보다 심오한 이해가 사회사업가에게 크게 유익하고, 그런 이해 는 전형적으로 꽤 의식적이고 아주 단순하고 실로 그 본성에 있어서 **사회적**인 문제들을 설명하는 데 있어 "잠재의식subconscious"이라는 신 화적인 심연 속에 쓸데없이 침잠하는 것을 미연에 방지해준다고 주 장하고자 한다. 그러나 사회를 이해하려는 사회학적 시도 속에는 이 런 실천 또는 저런 실천으로 반드시 유도하는 고유한 어떤 것도 없 다. 사회학적 이해는 사회사업가들에게 추천할 수 있을 뿐만 아니라 외판원, 간호사, 전도사 그리고 정치가들에게도 추천할 수 있다. 사 실 사회학적 이해는 그 목적이 무엇이든지 간에, 그 도덕적 정당성이 무엇이든지 간에 인간을 취급하는 것을 목적으로 삼고 있는 사람들 모두에게 추천할 수 있다.

사회학적 기획에 대한 이런 개념은 이 분야 발전의 가장 중요한 인물 중 한 사람인 막스 베버Max Weber가 행한, 사회학은 "가치자유적 [혹은 몰가치적]value-free"이라는 취지의 고전적 언명 속에 녹아 있다. 앞으로 이 언명이 재차 거론될 필요가 있을 것이기 때문에 여기서 그 언명을 좀 더 명확히 설명하고 가는 것이 낫겠다. 분명히 이 언명 은 가치를 갖지 않거나 가치를 가져서는 안 된다는 것을 의미하지 **않 는다**. 인간이 지닐 수 있는 가치들에는 엄청난 편차가 있겠지만, 어 떤 경우든 한 인간이 어떤 가치도 갖지 않고 존재하기란 거의 불가 능하다. 사회학자도 보통은 한 명의 시민으로서, 사적인 개인으로서, 한 종교집단의 성원으로서, 또는 어떤 조직의 가입자로서 여러 가치 를 갖게 된다. 그러나 사회학자로서 행동의 제약성 안에서는 과학적 진실성scientific integrity이라는 하나의 근본적인 가치만이 존재한다. 그렇다손 치더라도 사회학자도 물론 인간이므로 자신의 신념, 감정과 선입견을 완전히 무시할 수는 없다. 다만 그가 그런 것들을 자신의 연구에서 가능한 한 제거해야 하는 **편견**bias으로 이해해서 통제하려고 애쓰는 것은 그의 지적 훈련에 속한다. 이것이 언제나 쉬운 일은 아니라는 것은 두말할 나위 없지만, 그렇다고 아주 불가능한 일도 아니다. 사회학자는 그저 거기에 무엇이 있는지를 보려고 노력할 것이다. 그는 그가 발견하게 될 것에 대해서 희망을 가질 수도, 두려움을 가질 수도 있다. 그러나 그는 자신의 희망이나 두려움에 상관하지 않고 사실을 있는 그대로 보려고 노력할 것이다. 따라서 사회학이 지향하려 애쓰는 것은 인간적으로 제약된 수단이 허용하는 한에서 순수한 인지 행위이다.

이것을 좀 더 명확히 해주기 위해서는 비유가 도움이 될 것 같다. 그 어떤 정치적 또는 군사적 갈등 속에서 상대편 정보기관이 이용하는 정보를 포착하는 것은 이득이 된다. 그러나 이것은 훌륭한 첩보가 편견 없는 정보로 구성되었을 경우에만 그렇다. 만약 어떤 스파이가 그의 상관의 이데올로기와 야심에 맞춰서 보고한다면, 그의 첩보는 그것을 포착당한 적에게뿐만 아니라, 그 스파이 자신 편에게도 아무짝에도 쓸모가 없게 된다. 전체주의국가의 정보조직이 지닌 약점 가운데 하나가 바로 스파이들이 자신들이 발견한 것을 보고하지 않고 그들의 상관이 듣고 싶어 안달하는 것을 보고하는 것이라는 주장이 제기되어왔다. 이것은 매우 명백하게 잘못된 첩보 행위이다. 유능한 스파이는 사실로 존재하는 것만 보고한다. 다른 사람들은 그의 정보를 바탕으로 무엇을 할지 결정한다. 사회학자는 바로 그와 똑같은 의미에서 스파이다. 그의 임무는 어떤 사회적 영역에 대해 그가 할 수 있는 한 정확하게 보고하는 것이다. 다른 사람들이나, 사회학자의 역할을 벗어난 뒤의 그 자신이 그 영역에 어떤 조치가 취해져야 하는가를 결정해야 할 것이다. 우리는 이렇게 말하는 것이 곧 사회학자가 그를 고용한 사람들의 목적이나 그들이 자신의 연구를 어디에 사용할 것인지에 대해 질문할 책임이 없다는 것을 의미하지 **않는다**는 점을 힘주어 강조하고 싶다. 그러나 이런 질문은 사회학적인 질문이 아니다. 그것은 어느 누구라도 사회 속에서의 자기 행위에 대해 자신에게 물어야 하는 것과 똑같은 질문을 하는 것이다. 다시 한번 말하자면, 똑같은 방식으로 생물학적 지식은 사람의 병을 치료하는 데 사용될 수도 있고 죽이는 데 사용될 수도 있다. 이것은 생물학자가 자신이 어떤 일에 봉사하는가에 대해서 책임이 없다는 것을 뜻하지 않는다. 그러나 그가 자신에게 그 책임에 대해 질문하는 것은 생물학적 질문을 하는 것이 아니다.

앞에서 논의한 두 개의 이미지와 관계가 있는 또 다른 사회학자의 이미지가 있는데, 바로 사회개혁가의 이미지다. 이 이미지는 미국뿐만 아니라 유럽에도 그 역사적 뿌리를 갖고 있다. 19세기 초 프랑스 철학자로서 사회학이라는 학문의 이름을 지었던 오귀스트 콩트 Auguste Comte는 사회학을 진보의 교리로 여겼는데, 즉 그동안 학문의 여제로 군림했던 신학의 세속화된 후계자쯤으로 생각했다. 이러한 관점에서 사회학자는 인간의 복지를 위한 지식의 모든 분야 간 조정자 역할을 하는 사람이다. 그것이 지닌 한술 더 뜬 환상적인 허세를 상실했을 때조차 이러한 관념은 특별히 프랑스 사회학의 전개 과정에서는 좀처럼 사그라지지 않았다. 그러나 그런 관념은 미국 사회학의 초기에 대서양 건너편의 콩트 추종자들이 브라운대학 총장에게 보낸 서한에서 그 대학의 모든 학과를 사회학과 밑에 재배치해야 한다고 진지하게 제안하면서 미국에서도 반향을 일으켰다. 오늘날 자신들의 역할을 그와 같은 것으로 생각하는 사회학자는 거의 없을 것이고, 아마도 미국에는 전혀 없을 것이다. 그러나 사람들이 사회학자들에게 많은 사회문제에 대해서 개혁의 청사진을 만들어낼 것을 기대하고 있는 경우에는 그러한 관념이 여전히 어느 정도 존속하는 것이다.

사회학적 통찰이 도덕적으로 충격적인 조건들을 폭로하거나, 집단적인 환상을 제거하거나, 아니면 사회적으로 바람직한 결과를 좀 더 인도적인 방식으로 얻을 수 있다는 사실을 보여주거나 해서 많은 경우 다수의 인간 집단의 처지를 개선하는 데 일조한 특정한 가치 입장(필자의 것을 포함해서)은 기분 좋은 일이다. 서구 국가들의 행형 관행penological practice에 적용된 사회학적 지식이 그 예가 될 수 있다. 미국 공립학교에서의 인종 분리에 대한 1954년의 미국 대법원 판결에 사회학적 연구가 이용된 것도 그 예에 해당한다. 또는 도시재개발의 인도주의적 계획 수립에 적용된 여타 사회학적 연구를 거론할 수도 있다. 확실히 도덕적으로나 정치적으로 감수성이 예민한 사회학자는 그러한 예들로부터 만족감을 만끽할 것이다. 그러나 다시 한번 말하지만, 여기서 문제가 되는 것은 사회학적 이해 그 자체가 아니라 그러한 이해의 특정한 응용이라는 사실을 명심하면 좋겠다. 동일한 이해가 상반되는 의도를 갖고서 적용될 수 있음을 보는 것은 어려운 일이 아니다. 따라서 인종 편견의 역학에 대한 사회학적 이해는 집단 내부의 혐오감을 촉진하는 사람들이 효과적으로 활용할 수 있을 뿐만 아니라 관용을 확산시키길 원하는 사람들도 효과적으로 이용할 수 있다. 인간 응집력human solidarity의 본성에 대한 사회학적 이해도 전체주의 정권과 민주주의 정권 모두를 위해 똑같이 이용할 수 있다. 합의를 창출하는 똑같은 과정들을 애디론댁산맥의 여름 캠프에서 일하는 한 사회봉사 대원이 활용할 수 있지만, 동시에 중국 정치범 수용소의 공산주의 세뇌 담당관이 이용할 수도 있다는 사실을 냉정하게 깨달을 필요가 있다. 바람직하지 않아 보이는 어떤 사회적 조건을 바꾸어야 할 때는 사회학자가 간혹 충고를 요청받을 수 있다는 사실을 기꺼이 인정하는 사람들도 있을지 모르겠다. 그러나 사회개혁가로서 사회학자의 이미지는 사회사업가로서 사회학자의 이미지와 동일한 혼란을 겪는다.

사회학자에 대한 이러한 이미지 모두가 그들에 대한 일종의 뒤떨어진 "문화지체"적 요소를 갖고 있다면, 우리는 사회학의 좀 더 최근의 발전에 걸맞은 최근의 다른 이미지에 대해서도 언급해야 한다. 그중 하나는 인간 행동에 관한 통계 수집가로서 사회학자의 이미지다. 여기서 사회학자는 본질적으로 IBM 컴퓨터의 부관쯤으로 간주된다. 그는 설문지를 들고 나가서 무작위로 추출한 사람들을 면접조사하고, 다시 집으로 가서 표들을 무수한 펀치카드에 입력해 계산기에 집어넣는다. 이러한 일을 하는 와중에 그는 물론 많은 수의 보조 인력과 상당한 예산을 지원받는다. 이 이미지에는 이런 모든 노력의 결과가 시시하며 모든 사람이 어쨌든 다 알고 있는 것을 단지 현학적으로 풀어서 다시 이야기할 뿐이라는 의미가 내포돼 있다. 어떤 관계자가 간결하게 언급한 바와 같이, 사회학자란 창녀촌으로 가는 길을 찾는 데 10만 달러를 쓰는 그런 사람이다.

사회학자에 대한 이와 같은 이미지는 유사사회학적parasociological이라고 부를 수 있는 많은 기관들, 주로 여론조사와 시장동향 조사 관련기관들의 활동 때문에 대중의 마음속에 깊이 뿌리내리고 있다. 여론조사자들은 이제 미국 생활에서 유명한 인물이 되어 외교정책부터 화장지에 이르기까지 사람들의 의견을 시도 때도 없이 물어대고 있다. 여론조사 사업에서 사용되는 방법들이 사회학적 조사 연구와 너무나 똑 닮아서 사회학자에 대한 이러한 이미지가 증대되고 있는 것은 일견 이해가 간다. 미국인의 성생활에 관한 킨제이Kinsey의 연구가 아마도 이러한 이미지의 효과를 크게 증대시켰을 것이다. 혼전 애무에 관한 것이건 아니면 공화당원의 투표나 조직폭력배들의 폭력 사건에 관련되었건 간에 기본적인 사회학적 질문은 언제나 "얼마나 자주" 또는 "얼마나 많이"로 추정되고 있다. 어쨌든 사회학자들에 관한 얼마 안 되는 농담조차도 항상 모두 이러한 통계적인 이미지와 관련되어 있다(어떤 농담일지는 독자의 상상에 맡기는 게 좋을 것 같다).

사회학자와 그의 일에 관한 이 같은 이미지가 전혀 공상의 산물만은 아니라는 것은 비록 유감스럽지만 인정하지 않을 수 없다. 제1차 세계대전 직후부터 미국 사회학은 이론에서 단호히 벗어나 협소하게 한정된 경험적 연구에 집중적으로 몰두했다. 이런 전회와 관련해서 사회학자들은 점차 그들의 조사 기술을 세련화했다. 매우 자연스럽게도 그런 기술 중에는 통계 기법이 유난히 두드러졌다. 1940년대 중반 이후부터 사회학 이론에 대한 관심이 부활했으며, 협소한 경험주의에서 벗어나는 이런 경향은 계속해서 기세를 몰아가고 있다는 긍정적인 조짐이 있었다. 그러나 미국에서 사회학적 기획의 상당 부분이 여전히 좀 더 광범위한 이론적 관심과는 별개로 사회생활에서 극히 구석진 단편들에 관한 소소한 연구들로 구성되고 있는 것 또한 사실이다. 주요 사회학 학술지의 목차나 사회학 학술대회에서 발표 논문 목록을 한번 훑어보기만 해도 이런 사실은 바로 확인된다.

사회학만이 아니라 미국 학문 생활의 정치적, 경제적 구조가 이런 경향을 고무한다. 단과대학과 대학교는 보통은 해당 학교의 교수들이 생산한 전문 연구 업적을 자세히 들여다볼 시간은커녕 아예 그럴 의사도 없는 매우 바쁜 사람들에 의해 운영되고 있다. 그럼에도 불구하고 이들 학교 행정가들은 교직원의 채용과 해고, 승진 및 종신직 부여에 관해 결정을 내려야 한다. 이러한 결정에서 그들이 사용해야 하는 잣대는 무엇일까? 그들에게 해당 학교의 교수들이 쓴 연구서와 논문 읽기를 기대할 수는 없다. 그렇게 할 수 있는 시간이 없는 데다가 특히 보다 기술적인 학과들의 경우 그들이 교수들의 연구 업적 판단에 필요한 자격 요건을 갖추고 있지 못하기 때문이다. 논의되는 교수들의 측근인 동료들의 견해는 애초부터 *a priori* 의심스럽다. 보통 대학은 교수 파벌 간 냉혹한 전쟁이 벌어지는 정글이기에 자기 쪽이든 반대쪽이든 그 어느 쪽 사람들의 평가도 객관적 판단을 내리는 데 신뢰할 것이 없다. 학생들에게 교수들에 대한 평가를 내리게 하는 것은 더더욱 불확실한 절차가 될 것이다. 이처럼 대학 행정가들은 이와 동일한 불만족스러운 얼마간의 선택지 사이에 놓이게 된다. 그들은 대학이 모든 성원들이 업적에 상관없이 지위의 사다리를 꾸준하게 올라가는 동아리라는 신념에 의존할 수 있다. 이것은 이제껏 주로 채택되던 방식이지만, 대중의 지지와 재단의 기금을 노리고 벌어지는 경쟁의 시대에는 점점 더 어려워지고 있는 형국이다. 또 다른 선택 방법은 다소 합리적인 기초 위에 선정된 어떤 집단의 충고에 의존하는 것이다. 이것은 자신의 독립성 방어가 고질병이 된 집단의 행정가에겐 명백한 정치적 어려움을 안긴다. 오늘날 가장 일반적인 선택이 된 제3의 선택은 산업계에서 사용되고 있는 생산성 기준에 의지하는 것이다. 학교 행정가가 잘 알지 못하는 분야를 전공하는 학자의 생산성을 판단하는 것은 실로 어렵기 때문에, 담당자는 심사 대상인 학자가 동종 분야의 편파적이지 않은 동료들에게 얼마나 인정받고 있는지를 파악하려고 애쓰지 않으면 안 된다. 이 경우 그러한 인정도는 출판사나 전문 학술지의 편집자들이 심사 대상인 사람의 저서나 논문의 출간을 기꺼이 허용하는 숫자로 추론할 수 있다고 가정된다. 이것은 학자들이 전문 학술지에 게재될 만한 괜찮은 논문으로 손쉽게 재빨리 전환 가능한 연구에 집중하도록 몰아간다. 사회학자들에게 이것은 범위가 한정된 주제에 대한 그저 작은 경험적 연구를 뜻한다. 대부분의 경우 그러한 연구는 통계적 기술 활용을 요구할 것이다. 이 분야의 전문 학술지들 대부분이 약간의 통계자료조차 들어 있지 않은 논문에 대해서는 의심하기 때문에, 그러한 경향은 갈수록 더 짙어지고 있다. 그래서 시골 대학 어딘가에 갇혀서 열심히 연구하는 소장 사회학자들은 보다 큰 대학의 더 나은 환경을 열망하며, 학생들의 데이트 습관이나 주위 지역 토박이들의 정치적 견해나, 그들의 대학에서 통학 가능한 거리에 있는 촌락의 계급체계 등에 대한 사소한 통계적 연구를 끊임없이 쏟아낸다. 이 체계가 이 분야의 초짜들이 느끼는 것만큼 그렇게 두려운 것은 아니라는 사실을 여기에 덧붙여야 할지도 모르겠다. 왜냐하면 이 방식의 의례적인 요구는 관련된 모든 사람들에게 잘 알려져 있기 때문이다. 그 결과, 분별력이 있는 사람은 사회학 학술지를 주로 서평과 사망 기사만을 읽기 위해 펼쳐 든다. 그리고 직장을 구하거나 어떤 다른 음모를 꾸밀 때만 사회학 학술대회에 참석한다.

오늘날 미국 사회학에서 통계 기술이 현저한 중요성을 갖고 있다는 사실은 대부분의 사회학자들이 그 속에서 성공하지 않으면 안 되는 권력체계의 관점에 비추어 볼 때 쉽게 이해될 수 있는 어떤 의례적인 기능을 갖고 있다. 사실, 대부분의 사회학자들은 통계학에 대해서 요리책 정도의 알량한 지식만을 갖고 있으며, 마치 가난한 마을의 신부가 토마스 아퀴나스Thomas Aquinas 신학설의 강력한 라틴어 억양을 대할 때 느낄 법한 두려움과 무지, 소심한 조작 등이 뒤섞인 상태로 통계학을 다루고 있다. 그러나 일단 이러한 사실들을 깨닫게 되면 사회학을 그러한 상궤 일탈들을 가지고 판단해서는 안 된다는 것이 분명해진다. 이렇게 되면 그는 사회학에 대해서, 말하자면, 사회학적으로 세련되어지고, 나아가 외관적인 징표를 넘어서 그 배후에 숨겨져 있을 수 있는 모든 내적인 우아함까지 볼 수 있게 된다.

통계자료 그 자체만으로는 사회학이 되지 않는다. 통계자료는 사회학적인 이론적 준거틀 속에 들어가서 사회학적으로 해석될 때에만 사회학이 된다. 단순한 계산이나, 심지어 어떤 이가 계산한 다른 항목들의 상관관계까지도 사회학이 아니다. 킨제이 보고서에는 사회학이 거의 포함되어 있지 않다. 이러한 사실은 그 연구 속의 자료들이 사실이 아니거나, 그 자료들을 사회학적 이해와 관련지을 수 없다는 것을 뜻하지 않는다. 그 자료들 자체는 사회학적 해석에 이용될 수 있는 날것의 자료raw material이다. 그러나 해석은 자료 자체보다 더 폭넓지 않으면 안 된다. 따라서 사회학자는 혼전 애무나 혼외 남색extramarital pederasty의 빈도 조사표에 매달려서는 안 된다. 이런 조사

표들은 우리 사회의 제도나 가치 이해를 위한 보다 광범위한 함의의 측면에서만 사회학자에게 의미가 있다. 그러한 이해에 도달하기 위해서 사회학자는 특히 현대 사회생활에서 발생하는 대량적 현상을 다룰 때에는 종종 통계 기술을 사용해야 할 것이다. 그러나 언어학이 불규칙하게 변하는 동사로만 구성되지 않으며 화학이 시험관 속 고약한 냄새로만 이루어지지 않는 것과 마찬가지로 사회학도 통계로만 구성되지 않는다.

오늘날 널리 퍼져 있으며 통계학자의 이미지와 꽤 밀접한 관계가 있는 사회학자의 또 다른 이미지는 사회학자가 대체로 인간 현상에 도입할 수 있는 과학적 방법론의 개발에 관심이 있는 사람이라는 것이다. 이런 이미지는 인문학을 하는 사람들이 흔히 견지하고 있는데, 사회학이 지적인 야만의 한 형태라는 증거로 제시되고 있다. 사회학에 대한 문학가littérateurs들의 이런 비판에는 종종 많은 사회학 저술에 보이는 이상한 전문용어에 대한 가차 없는 혹평이 포함된다. 반면에 이런 비판을 하는 사람은 물론 그 자신을 고전문학humane learning의 고전적 전통의 수호자로서 내세운다.

그런 인신공격성ad hominem 주장에 근거한 비판에 대한 논박이 아주 불가능한 일은 아니다. 지적 야만은 "인간" 현상을 다루는 주요 학문에 꽤 골고루 퍼져 있는 것처럼 보인다. 그러나 인신공격성 논쟁은 품위 없는 짓이다. 따라서 야만적이라는 말이 역사와 철학에 대한 무지를 뜻하며, 또한 보다 넓은 지평을 지니지 않은 편협한 전문 지식, 기술적 기교에 대한 과도한 몰입, 그리고 언어 사용에 대한 전적인 무감각 등을 뜻한다면, 우리는 실제로 야만적이라고 불려 마땅한 것들이 사회학이라는 이름으로 통하고 있음을 기꺼이 인정해야 할 것이다. 다시 한번 말하지만, 그러한 요소들은 그 자체가 현대 학문 생활의 어떤 특징이라는 점에서 사회학적으로 이해될 수 있다. 이런 분야에서 위세와 직장을 겨냥한 경쟁은 갈수록 급격하게 복잡다단해지는 전문화를 강요하며, 이러한 전문화는 지나치게 자주 답답한 관심의 편협성으로 이끈다. 그러나 다시 한번 강조하지만, 사회학을 이처럼 널리 만연해 있는 지적 경향과 동일시하는 것은 부정확한 일이 될 것이다.

사회학은 그 시작부터 과학으로 자처했다. 이러한 자기규정의 정확한 의미에 대해 그동안 많은 논란이 있었다. 예를 들자면, 독일 사회학자들은 프랑스나 미국의 사회학자들보다 사회과학과 자연과학의 차이를 훨씬 더 강하게 강조했다. 그러나 과학적 정신에 대한 사회학자들의 충성은 어느 곳에서든 절차상 일정한 과학적 규범에 기꺼이 따르고 싶어 하는 것을 의미했다. 사회학자가 그의 소명에 충실하길 원한다면 그의 전문적 진술은, 다른 사람들도 검증하거나 반복하는 것을, 또는 그 사회학자의 발견을 더욱 발전시키는 것을 허락하는 특정한 증거 규칙rules of evidence에 의거한 관찰을 통해 이루어져야 한다. 말하자면 문제를 훨씬 더 인상적이며 설득력 있는 언어로 기술할 수도 있는 동일 주제를 다룬 소설을 읽는 대신에 종종 사회학적 저작을 탐독하려는 동기를 부여하는 것은 바로 이 과학적 규율이다. 사회학자들이 과학적인 증거 규칙들의 발전을 꾀했기 때문에 그들은 방법론적 문제에 대해서도 숙고해야 했다. 이것이 바로 방법론이 사회학적 사업에서 필수적이고 정당한 부분을 이루는 이유이다.

이와 동시에 몇몇 사회학자들이, 특히 미국의 사회학자들이 방법론 문제에 지나치게 몰두한 나머지 결국 정작 사회에 대해서는 아예 흥미를 잃어버리게 된 것 또한 엄연한 사실이다. 그 결과, 그들은 사회생활의 어떤 것에 대해서도 의미를 발견하지 못했다. 사랑을 나눌 때 기교에 지나치게 집중하다 보면 발기부전에 빠지는 법인데, 이와 같은 일은 과학에서도 마찬가지로 벌어지기 때문이다. 방법론에 대한 이러한 집착은 상대적으로 새로운 학문이 학문의 대열에 끼고 싶은 욕망으로 설명될 수 있다. 과학은 일반적으로 미국인, 특히 미국 학자들 사이에서는 거의 성스러운 실체이기 때문에 더 오래된 자연과학의 절차를 모방하고자 하는 욕구가 박학의 시장에 막 진입한 초짜들에게는 매우 강렬하다. 예를 들면, 실험심리학자들은 계속해서 이러한 욕망에 사로잡혀서 그들의 연구는 인간의 속성이나 행동과는 보통 아무런 관련이 없을 정도가 되었다. 이런 과정의 아이러니는 자연과학자들 자신이 그들의 모방자들이 아직도 채택하려고 안 달하는 바로 그 실증주의적 독단론positivistic dogmatism을 포기해버렸다는 사실에 있다. 그러나 여기서 이것은 우리의 관심사가 아니다. 몇몇 인접 학문과 비교해볼 때 사회학자들이 이 "방법론주의methodism"의 이상한 과장을 피하는 데 성공했다는 사실을 언급하는 것으로 충분하다. 사회학자들이 그들의 학문적 지위를 더욱 확고히 함에 따라, 이러한 방법론적 열등감은 앞으로 점차 사라질 것으로 기대한다.

많은 사회학자들이 야만적인 방언으로 글을 쓰고 있다는 비난도 비슷한 조건을 달아서 인정해야 한다. 과학적인 학문이라면 나름의 전문용어를 개발해야 한다. 이것은 이를테면 핵물리학과 같은 학문에서는 자명한 일이다. 대부분의 사람에게 알려지지 않은 문제를 다루고, 또 그런 문제에 대한 말들은 일상의 말 속에는 존재하지 않기 때문이다. 그런데 전문용어는 사회학자들에게 더욱 중요할 수도 있다. 왜냐하면 그들의 주제가 친숙**하며** 또 그 주제를 나타내는 말도 존재**하기** 때문이다. 우리가 우리를 둘러싼 사회제도들을 너무나 잘 알고 있기 때문에 그에 대한 우리의 인식은 부정확하며 때로는 그릇되다. 이와 마찬가지로 우리 대부분은 부모, 남편 또는 아내, 자녀 또는 가까운 친구들에 대해 정확하게 기술하는 데 상당한 어려움을 느낄 것이다. 또한 우리의 언어는 사회 현실을 언급함에 있어서, (어쩌면 축복일지 모르지만) 종종 모호하고 헷갈린다. 사회학에서 매우 중요한 개념인 **계급**class이라는 개념의 예를 보자. 이 용어가 일상적인 말 속에서 지닐 수 있는 의미는 수십 가지가 될 것이다. 소득계층, 인종, 인종 집단, 권력 파벌, 지능 수준, 그리고 그 외 많은 것들이 있다. 사회학자가 연구를 어느 정도의 과학적 엄밀성을 갖추어 진행하려면 개념에 대해서 정확하고도 분명한 정의를 지녀야 하는 것은 명백하다. 이러한 사실에 비추어 보면, 몇몇 사회학자들이 은어적인 사용의 의미론적 함정을 피하기 위해 완전히 새로운 말을 만들어내고 싶은 유혹에 빠진다는 것도 이해하지 못할 바는 아니다. 그래서 우리는 이러한 신조어가 어느 정도는 불가피하다고 주장할 수 있다. 그러나 우리는 또한 대부분의 사회학은 조금만 노력해도 이해할 수 있는 영어[1]로 표현될 수 있으며, 또한 작금의 많은 "사회학 용어sociologese"들은 작정하고 의식적으로 신비화한 것이라고 이해할 수 있다고 주장할 것이다. 그런데 여기서 다시 한번 우리는 다른 분야에도 영향을 미치고 있는 어떤 지적 현상과 맞닥뜨리게 된다. 그것은 미국 대학

---

[1] 연구자의 모국어.

의 발전이 이루어진 시기에 독일의 학문 생활이 끼친 강력한 영향력과 관련이 있을 수 있다. 과학적인 심오함은 과학적인 언어의 육중함을 기준으로 평가되었다. 과학적 산문이 문제가 되는 해당 분야에 가입한 소수의 사람들 이외에는 그 어느 누구도 이해하지 못하는 것이라고 하더라도, 바로 그 사실 때문에 *ipso facto* 그것은 지적으로 존경할 만함의 증거가 되었다. 미국의 많은 학술 저작들은 여전히 독일어 번역투 일색이다. 이것은 분명코 유감스러운 일이지만, 사회학적 기획 자체의 정당성과는 별로 관계가 없다.

마지막으로 직업적 역할로서가 아닌 인간으로서, 아마도 특정 종류의 인간으로서 사회학자의 이미지를 살펴보자. 이 이미지는 초연하며 냉소적인 관찰자, 그리고 인간을 교묘히 다루는 냉엄한 조종자로서 사회학자의 이미지이다. 이런 이미지가 득세하게 되면 그것은 진정한 과학자로서 인정받으려는 사회학자 자신의 노력이 아이러니하게도 성공했음을 말해줄 수 있다. 이 경우에 사회학자는 자칭 우월한 인간이 되어 평범한 사람들의 온기 있는 활력으로부터 멀리 떨어져서, 자신의 삶에서 만족을 찾는 것이 아니라 다른 사람들의 삶을 냉정하게 평가하는 데서 만족을 찾으며, 타인들의 삶을 몇 개의 범주로 분류하는데, 이렇게 되면 짐작건대 그가 관찰하는 대상의 진정한 의미를 놓치게 될 것이 뻔하다. 나아가, 사회학자 자신이 사회 과정에 조금이라도 참여하게 될 경우에도 그는 자신의 조작 기술을 당대의 실세들이 마음대로 이용할 수 있게 내맡긴 채 한 사람의 책임감 없는 기술자로 행세한다는 관념이 있다.

이 마지막 이미지는 아마도 매우 널리 견지된 것은 아닐 것이다. 그 이미지는 현대사회에서 정치적 이유 때문에 사회학의 실제적 오용이나 그 가능성에 대해 신경 쓰는 사람들이 주로 가지고 있다. 이를 반박할 요량으로 이런 이미지에 대해 말할 것은 별로 많지 않다. 현대 사회학자의 일반적 초상으로서 그런 이미지는 확실히 중대한 곡해이다. 오늘날 미국에서 그런 이미지에 들어맞는 사람은 극히 드물다. 그럼에도 불구하고 사회과학자의 정치적 역할 문제는 진짜 문제이다. 예를 들어, 산업 및 정부 부문에서 사회학자를 고용하는 것은 도덕적인 질문을 제기하는데, 그런 질문은 이제껏 해온 것보다 더 폭넓게 다루어져야 한다. 그러나 이러한 문제는 현대사회에서 책임 있는 자리에 있는 모든 사람들과 관련된 도덕적 질문들이다. 동정심 없는 관찰자와 비양심적인 조종자라는 사회학자의 이미지에 더 이상 얽매일 필요는 없다. 대체로 역사는 탈레랑Talleyrand[2] 같은 인물을 그리 많이 배출하지 않는다. 현대의 사회학자들에 관해 말하자면, 그들 대부분에게 그런 역할을 할 만한 정서적 소양 자체가 결여돼 있을 것이다. 비록 그들이 열광적인 희열의 순간에 그런 역할을 열렬히 원할지라도 말이다.

그렇다면 우리는 사회학자를 어떻게 인식할 것인가? 대중들의 마음속에 자리 잡은 사회학자들에 대한 다양한 이미지를 논하면서 우리는 우리의 이해 속에 들어가야 할 몇몇 요소들을 이미 제시했다. 이제 우리는 그것들을 한데 모을 수 있다. 그렇게 하면서 사회학자들 스스로가 "이념형ideal type"이라고 부르는 것을 구성할 것이다. 이것은 우리가 묘사하는 것을 그 순수한 형태로는 현실 세계에서 발견할

---

2 프랑스의 정치가이자 외교관.

수 없음을 의미한다. 그 대신, 이념형의 근사치나 그것으로부터 다양한 정도의 편차를 가진 것은 발견하게 될 것이다. 그것은 또한 경험적 평균치로도 이해될 수 없다. 우리는 오늘날 자신들을 사회학자로 부르는 모든 사람들이 우리가 이해하는 바대로 아무 거리낌 없이 스스로를 사회학자로 인식할 것이라고 감히 주장하지 않는다. 또한 자신들 스스로를 그런 식으로 인식하지 않는 사람들이 사회학자란 명칭을 사용할 수 있는 권리가 있는지 여부에 대해서도 논쟁을 벌이고 싶은 생각이 없다. 파문은 우리의 일이 아니다. 그러나 우리는 우리의 "이념형"이 (적어도 금세기[20세기]에는) 역사적으로나 오늘날에 있어서나 모두 이 학문의 주류에 있는 대부분의 사회학자들의 자기 개념self-conception과 일치한다고 주장할 수는 있다.

따라서 사회학자는 훈련된 방식으로 사회를 이해하는 데 관심을 갖는 사람이다. 이 학문의 본성은 과학적이다. 이것은 사회학자가 연구하는 사회현상에 대한 그의 발견이나 설명이 엄격하게 정의된 준거틀frame of reference 속에서 이루어진다는 것을 의미한다. 이 과학적인 준거틀의 주요한 특징 중 하나는 작업이 특정한 증거 규칙에 구속된다는 것이다. 한 사람의 과학자로서 사회학자는 규범적으로 판단하기보다는 오히려 명확하게 인식하기 위해서 그 자신의 개인적 호불호와 편견을 통제하기 위해 객관성을 유지하려 노력한다. 물론 이러한 억제가 한 인간으로서 사회학자의 존재 전체를 포함하지는 않는다. 그것은 사회학자로서 행하는 그의 활동에 국한된다. 또한 사회학자는 그의 준거틀이 사회를 검토할 수 있는 유일한 틀이라고 주장하지도 않는다. 그 때문에 오늘날 그 어떤 분야의 과학자들도 세계를 과학적으로만 살펴보아야 한다고 주장하지 않는다. 수선화를 관찰하는 식물학자는 같은 대상을 매우 다른 방식으로 바라보는 시인의 권리에 대해서 왈가왈부할 수 없다. 놀이의 방식은 수없이 많다. 요점은 다른 사람의 게임을 부정하는 것이 아니라 자신이 하는 게임의 규칙에 대해서 확실히 아는 것이다. 그리고 사회학자의 게임은 과학적 규칙을 사용한다. 그 결과, 사회학자는 그 규칙의 의미에 대해서 마음속에서 확실하게 꿰뚫고 있어야 한다. 즉 사회학자는 방법론 문제에 관심을 가져야 한다. 방법론이 사회학자의 목적이 되지는 않는다. 사회학자의 목적이 사회를 이해하려는 시도라는 것을 다시 한 번 상기할 필요가 있다. 방법론은 이 목적을 달성하는 데 도움을 준다. 사회를 이해하기 위해서, 또는 그가 현재 연구하고 있는 사회의 부분을 이해하기 위해서 사회학자는 다양한 수단을 활용할 것이다. 그중에는 통계 기법도 있다. 통계는 특정한 사회학적 질문에 대한 답을 제시하는 데 매우 유용할 수 있다. 그러나 통계학이 사회학을 구성하지는 않는다. 한 사람의 과학자로서 사회학자는 그가 사용하는 용어의 정확한 의미에 관심을 가져야만 할 것이다. 즉 그는 전문용어에 신경을 곤두세워야만 할 것이다. 이것이 사회학자가 자신만의 새로운 용어를 고안해야 한다는 것을 의미하지는 않는다. 다만 사회학자는 일상적인 담론의 언어를 순진하게 사용할 수 없다는 것을 의미한다. 마지막으로 사회학자의 관심은 일차적으로 이론적인 데 있다. 즉 사회학자는 이해 그 자체를 위한 이해에 관심이 있다. 사회학자는 자신이 발견한 것들의 실질적인 응용과 결과를 의식할 수 있고 심지어 그것에 관심을 가질 수도 있지만, 만일 그렇다면 바로 그 순간 그가 사회학적 준거틀을 떠나 사회학자가 아닌 다른 사람들과 공유하는 가치와 신념 그리고 이념의 영역으로 진입한 것이 된다.

아마도 이러한 사회학자의 이미지는 오늘날 이 학문 내에서 매우 광범위한 합의를 얻고 있을 것이다. 그러나 우리는 여기서 좀 더 나아가 약간은 더 개인적인(그리고, 그래서 의심할 여지 없이 논쟁의 여지가 충분한) 질문을 하고 싶다. 우리는 사회학자가 하는 일이 무엇이냐에 대해서뿐만 아니라 무엇이 그를 그렇게 하게 만드는가에 대해서도 묻고 싶다. 또는 막스 베버가 비슷한 맥락에서 사용했던 표현을 사용하자면, 우리는 사회학자의 악마적 본성에 대해 조금 더 알아보고 싶다. 그렇게 하면서 우리는 어떤 이미지를 환기할 것이다. 그 이미지는 앞서 언급한 의미에서의 이념형적인 것은 아니고, 개인적인 헌신이라는 의미에서 더욱 신앙고백적일 것이다. 다시 한번 말하지만, 우리는 어떤 사람을 파문하는 데 아무런 관심이 없다. 사회학이라는 게임은 광활한 운동장에서 벌어진다. 우리가 우리의 게임에 합류시키고 싶었던 이들에 대해 좀 더 면밀하게 기술하고 있을 뿐이다.

이제 우리는 (우리의 게임에 진정으로 초대하고 싶은 사람, 즉) 사회학자가 인간이 하는 일에 대해서 집중적으로, 끊임없이, 그리고 뻔뻔스럽게 관심을 지닌 사람이라고 말할 것이다. 사회학자의 자연스러운 거처는 어느 곳이든 사람들이 함께 있는, 세계의 사람들이 모이는 모든 장소이다. 사회학자도 다른 많은 것에 흥미를 가질 수 있다. 그러나 그를 애타게 만드는 관심은 인간의 제도, 인간의 역사, 인간의 열정 등 인간 세계에 있다. 그리고 사회학자는 인간에게 관심이 있기 때문에 인간이 하는 일이라면 그 어느 것도 사회학자에게 지루한 것은 없다. 그는 당연히 인간의 궁극적인 신념, 비극과 위대함 그리고 희열의 순간 등과 관련된 사건에 대해서 관심을 가질 것이다. 또한 흔한 평범한 일, 일상생활에도 매료될 것이다. 그는 위엄에 대해 알게 되겠지만 이 위엄이 그가 보고 이해하기를 원하는 것을 막지 못할 것이다. 그는 때때로 역겨움과 경멸을 느낄 수도 있을 것이다. 그러나 이것 역시 그가 자신의 질문에 답을 얻고자 하는 욕구를 단념시키지 못할 것이다. 이해를 추구함에 있어 사회학자는 일반적인 경계선을 개의치 않고 인간 세계를 꿰뚫고 들어간다. 고결함과 타락, 권력과 미천함, 총명함과 우둔함 등 이 모든 것들은 그에게는 똑같이 **흥미롭다**. 비록 그것들이 그의 개인적인 가치관이나 취향에서는 다를 수 있다손 치더라도 말이다. 따라서 그의 질문은 그 자신을 사회의 모든 가능한 차원으로, 즉 가장 잘 알려진 곳과 가장 덜 알려진 곳, 가장 존경받는 곳과 가장 멸시받는 곳으로 인도할 수 있다. 그리고 만일 그가 훌륭한 사회학자라면, 자신의 질문에 사로잡힌 나머지 그 답을 찾는 것 외에는 별다른 선택의 여지가 거의 없을 것이기 때문에 이런 모든 장소에 있는 자신을 발견하게 될 것이다.

동일한 사실을 다른 식으로 좀 더 낮은 수준에서 말할 수도 있다. 사회학자는 자신의 학문적인 직함의 우아함을 위해서라면 자기도 모르게 가십gossip에 귀를 기울이고, 열쇠 구멍으로 들여다보고 싶은 유혹을 느끼며, 다른 사람의 우편물을 몰래 엿보고 닫힌 사물함을 열어보고 싶어 하는 사람이라고 말할 수 있다. 달리 할 일이 없는 몇몇 심리학자들이 승화된 관음증을 근거로 사회학자들에 대한 적성검사에 착수하기 전에 재빨리 우리는 단지 비유를 통해 말하고 있을 뿐이라고 선수를 치도록 하자. 어쩌면 호기심에 사로잡혀 결혼 안 한 이모가 목욕하는 모습을 몰래 훔쳐보는 사내아이들이 나중에 집넘어린 사회학자가 될지도 모른다. 그러나 이것은 별로 흥미롭지 않은 일이다. 여기서 우리의 관심사는 사람의 목소리가 들려오는 닫힌 문

앞에서 어떤 사회학자라도 사로잡을 바로 그 호기심이다. 만일 그가 훌륭한 사회학자라면, 그는 그 목소리를 이해하기 위해 그 문을 열고 싶어 할 것이다. 그는 닫힌 각 방문 뒤에 아직 인식되지 않거나 이해 되지 않은 인간 생활의 어떤 새로운 측면이 있을 것으로 예상할 것이다.

사회학자는 다른 사람들이 볼 때 너무 경외스럽거나 너무 혐오스럽다고 여겨서 냉정하게 조사가 힘들다고 생각하는 그런 일에 뛰어들 것이다. 그는 자신의 개인적인 선호 때문이 아니라 그 순간 그가 묻고 있는 질문 때문에 사제나 창녀와도 자리를 함께할 만한 가치가 있음을 발견할 것이다. 그는 또한 다른 사람들은 매우 지루하다고 여길 그런 일에 관심을 가질 것이다. 그는 전쟁이나 위대한 지적 발견에 포함된 인간 상호작용에 흥미를 가질 것이고, 뿐만 아니라 식당 직원들 간의 관계 또는 인형을 갖고 노는 또래 소녀들의 관계에도 관심을 가질 것이다. 그의 관심의 주된 초점은 인간이 행하는 것의 궁극적 의미가 아니고, 인간 행동의 무한한 풍요를 보여주는 또 하나의 예로서 행동 그 자체이다. 우리 놀이에 끌어들이고 싶은 동료의 이미지에 대해서는 이쯤에서 멈추기로 하자.

인간 세계를 관통하는 이 여행에서 사회학자는 불가피하게 다른 직업의 관음증 환자Peeping Toms들과 마주칠 것이다. 종종 그들은 사회학자의 출현을 보며 자기 고유의 영역이 불법적으로 침입받았다고 느끼며 분개할 것이다. 사회학자는 어떤 곳에서는 경제학자와 마주칠 것이고, 다른 곳에서는 정치학자와, 또 다른 곳에서는 심리학자나 인종학자와 마주칠 것이다. 그러나 그를 그러한 장소에 가게 한 질문은 동료 침입자들을 그 동일한 장소로 이끈 질문과는 다르다. 사회학자의 질문은 언제나 본질적으로 동일하다. 즉, "사람들은 여기서 함께 무엇을 하는가?" "그들 간의 관계는 무엇인가?" "이들 관계는 제도 속에서 어떻게 조직되었는가?" "인간과 제도를 움직이는 집합적 관념은 무엇인가?" 등이다. 특정 사례에서 이러한 질문에 응하려 하면서, 사회학자는 물론 경제 또는 정치 문제를 다루어야 할 때도 있다. 그러나 그때 그는 경제학자나 정치학자가 하는 방식과는 다른 방식으로 다룰 것이다. 사회학자가 고려하는 장면은 다른 과학자들이 관심을 갖는 바로 그 인간의 장면이지만, 사회학자의 시각은 다르다. 이 점을 이해하면, 사회학자가 자신의 권리로서 자신의 업무를 수행할 영역 표시를 분명히 하려는 것은 이치에 맞지 않는다는 것이 명백해진다. 웨슬리John Wesley[3]처럼 사회학자는 자신의 교구가 전세계라고 고백해야 할 것이다. 현대판 웨슬리 추종자들과 달리 사회학자는 자신의 교구를 다른 사람들과 기꺼이 공유할 것이다. 그런데 사회학자의 여정에서 어느 누구보다 더 자주 마주치는 한 여행자가 있다. 바로 역사가이다. 사실 사회학자가 시야를 현재에서 과거로 돌리면, 곧 그의 관심사는 역사가의 그것과 실제로 구분하기가 매우 어려워진다. 그러나 이 관계는 뒤로 미루기로 한다. 여기서는 사회학적 여정은 다른 특별한 여행자와 자주 대화를 나누지 않는 한 매우 피폐해질 게 뻔함을 지적하는 것으로 충분하다.

어떠한 지적 활동도 그것이 발견의 길목에 들어선 순간부터 흥분을 불러일으킨다. 어떤 지식 분야에서는 이런 흥분을 불러일으키는

---

3 영국의 종교개혁가, 신학자. 감리교파의 창시자.

것이 이전에는 생각하지도 않았거나 생각할 수도 없었던 세계의 발견이다. 인간이 인식할 수 있는 현실의 정반대쪽 영역의 천문학자나 핵물리학자의 흥분이 그것이다. 또한 세균학이나 지질학에서의 흥분일 수도 있다. 다른 방식으로, 그것은 인간 표현의 새로운 영역을 발견한 언어학자의 흥분일 수도, 먼 나라의 인간 관습을 탐험하는 인류학자의 흥분일 수도 있다. 열정을 갖고서 착수한 그러한 발견에서 인식의 확대가 일어나며, 때로는 의식의 진정한 변화가 일어난다. 세계가 인간이 꿈꾸어왔던 것보다 훨씬 더 경이로운 일로 꽉 차 있다는 것으로 다가온다. 그런데 사회학의 흥분은 늘 이런 종류의 흥분이 아니다. 때때로 사회학자는 이전에는 자신에게 전혀 생소했던 세계 속으로 침투해 들어가는 것이 사실이다. 예를 들자면, 범죄의 세계 또는 기괴한 종파의 세계, 의료 전문가나 군사 지도자 또는 광고업계 경영진 등과 같은 몇몇 집단들의 배타적 관심으로 만들어진 세계가 그것이다. 그러나 많은 경우에 사회학자는 그 자신과 그가 속한 사회의 대부분의 사람들에게 친숙한 그런 경험의 영역으로 들어간다. 사회학자는 사람들이 매일 신문으로 접하는 사회, 제도, 그리고 행동 등을 연구한다. 그러나 그의 연구에는 그에게 유혹의 손짓을 하는 또 다른 발견의 흥분이 있다. 그것은 전혀 친숙하지 않았던 것을 만나는 흥분이 아니라, 친숙했던 것의 의미가 변하는 것을 발견하는 흥분이다. 사회학의 매력은 그것의 관점에 따라 이미 우리가 살고 있는 바로 그 세계를 새로운 조명 속에서 볼 수 있게 해준다는 사실에 있다. 이것은 또한 의식의 변화를 일으킨다. 더욱이 이 변화는 다른 많은 지적 학문 분야의 변화보다 실제 생활과 더 관련이 있다. 왜냐하면 그런 의식 변화를 정신의 어느 특정한 부분 속에 따로 격리해 떼어놓기가 다른 학문보다 더 어렵기 때문이다. 천문학자는 저 멀리 떨어진 은하계에 살지 않으며, 핵물리학자는 자기 실험실 밖에서는 원자의 내부에 대해 생각하지 않으면서 먹고 웃으며 또 결혼하고 투표도 한다. 지질학자는 적절한 시간에만 암석을 관찰하며, 언어학자는 자기 부인과 영어[모국어]로 이야기한다. 그러나 사회학자는 연구 작업을 하든 그렇지 않든 간에 사회 속에서 살아간다. 그 자신의 생활이 불가피하게 그의 연구 주제의 일부가 된다. 사회학자들도 역시 그들의 일상적인 일들로부터 자신들의 직업적 통찰력을 어떻게든 격리시키려 들 것이다. 그렇지만 인간인 이상 그것은 사회학자가 성실하게 수행하기 꽤 어려운 과업이다.

사회학자는 대부분의 사람들이 현실이라고 부르는 것에 가까운 인간들의 평범한 세계 속으로 들어간다. 사회학자가 그의 분석에서 사용하는 범주들은 다른 이들이 그것에 따라 살고 있는 범주들, 즉 권력, 계급, 지위, 인종, 민족색[종족]ethnicity 등을 세련한 것에 불과하다. 그 결과 어떤 사회학적 연구들 여기저기에는 기만적 단순함과 너무 뻔함이 있다. 어떤 이는 그런 것을 읽으면서 친숙한 장면에서 고개를 끄덕이며, 그러한 것은 이미 전에도 들은 적이 있기 때문에 사람들이 그런 뻔한 사실에 괜한 시간을 낭비하기보다는 생산적인 일을 하는 게 낫지 않겠냐고 말하기도 한다. 그러다가 그는 이러한 친숙한 장면에 관해 그가 이전에 당연한 일로 치던 모든 것들에 근본적으로 의문을 제기하는 통찰력과 졸지에 직면하게 된다. 이때가 바로 그가 사회학의 흥분을 느끼기 시작하는 순간이다.

구체적인 예를 들어보자. 거의 모든 학생들이 백인Southerner인 미국 남부의 어느 대학 사회학 강의실을 떠올려보자. 남부의 인종 체제를 주제로 한 강의가 진행되고 있고, 여기에서 강사는 학생들이 어릴 때부터 이미 친숙한 주제에 대해 이야기하고 있다. 사실 강사보다는 학생들이 이 체제의 사소한 대목까지 더 잘 알고 있을지도 모른다. 그래서 학생들은 아주 지루해서 좀이 쑤신다. 그들에겐 강사가 하는 말이 이미 그들이 알고 있는 것들을 단지 좀 더 젠체하는 말투를 사용해 기술하는 것쯤으로 보인다. 그래서 강사는 이제는 미국 남부의 인종 체제를 기술하기 위해 흔히 사용하는 "카스트caste"라는 용어를 언급할지도 모른다. 그 개념을 좀 더 명확하게 하기 위해서 전통 인도 사회로 이야기를 돌린다. 그리고 그는 카스트의 금기에 내재하는 주술적 신념, 공생commensalism과 혼인의 사회적 역학, 카스트제도 속에 숨겨진 경제적 이해관계, 종교적 믿음이 금기와 관련된 방식, 그리고 카스트제도가 인도 사회의 산업 발전에 미치는 영향 또는 그 역으로 산업 발전이 카스트제도에 미치는 영향 등에 대한 분석을 계속해 나간다. 그러면 갑자기 인도는 결코 저 멀리 아주 먼 나라처럼 보이지 않게 된다. 곧바로 강의는 미국 남부 상황으로 되돌아온다. 친숙한 것들이 이제는 더 이상 그렇게 친숙해 보이지 않게 된다. 새로운 질문이 제기된다. 어쩌면 분노에 차서 그럴 수도 있지만 그래도 여전히 제기될 것이다. 그리고 적어도 몇몇 학생들은 그들이 신문에서(적어도 그 지역 신문에서는) 읽어보지 못했고, 또 그들의 부모들이 적어도 부분적으로는 신문이나 그들의 부모들 모두 그것에 관해 몰랐기 때문에 말해주지 않은 인종 문제에 관련된 어떤 기능들이 있다는 것을 이해하기 시작한다.

사회학의 첫 번째 혜안은 바로 이것, 사물은 보이는 그대로가 아님을 아는 것이라고 이야기할 수 있다. 이것 또한 현혹될 정도로 간단해 보이는 진술이다. 하지만 잠시 후에 결코 단순하지 않게 된다. 사회 현실은 많은 의미의 층을 가진 것으로 드러나고, 새로운 의미의 층이 발견될 때마다 전체에 대한 인식이 바뀐다.

인류학자들은 완전히 새로운 문화를 접한 신참의 경험을 묘사할 때 "문화 충격cultural shock"이라는 용어를 사용한다. 극단적인 예를 들자면, 그러한 체험은 서양 탐험가가 식사 도중에 그가 먹고 있는 것이 바로 전날 그와 담소를 나누었던 친절한 부인의 살이라는 소리를 들었을 때의 충격일 것이다. 물론 그런 충격은 비록 도덕적인 영향이 없다 하더라도 생리적인 영향은 예측할 수 있다. 오늘날 대부분의 탐험가들은 여행 중에 더 이상 식인 풍습을 만나지는 않는다. 그러나 일부다처제나 사춘기 의식puberty rites 또는 심지어 몇몇 나라의 자동차 운전법까지도 그것을 처음 접하는 미국인 방문자에게는 큰 충격을 줄 수 있다. 그 충격은 반감과 역겨움을 일으킬 뿐만 아니라, 모든 것들이 자기네 고향과는 **정말로** 다르다는 흥분을 일으킬 수 있다. 최초로 맛본 해외여행이라면 적어도 그 정도까지는 흥분을 자아낸다. 사회학적 발견의 경험은 지리학적 위치 변경을 뺀 "문화 충격"이라고 묘사할 수 있다. 달리 말하면, 사회학자는 자기 나라[고향]를 여행하면서 충격적인 결말을 얻어낸다. 그가 저녁 식사로 친절했던 부인의 살을 먹는 일은 없을 것이다. 그러나 예를 들어 그가 출석하는 교회가 미사일 산업에 상당한 돈을 투자하고 있다거나 그의 집에서 멀지 않은 곳에 난교 의식cultic orgies을 치르는 사람들이 있음을 발견할 때, 정서적 충격은 식인 풍습을 경험했을 때와 크게 다르지 않을 것이다. 그러나 우리는 사회학적 발견이 도덕적인 감정에 항상 또는 흔하게라도 비정상적이라는 것을 은연중에 암시하고 싶지 않다. 결코 그렇지 않다. 사회학적 발견이 멀리 떨어진 나라의 탐험과 가지는 공통점은 사회 속에서의 인간 삶의 예상치 않은 새로운 측면을 갑자기 깨닫는 것이다. 이것이 바로 흥분이고, 우리가 뒤에서 보여주려는 사회학의 인간주의적 정당성이다.

충격적인 발견을 회피하고자 하는 사람들, 사회를 주일학교에서 가르쳐준 대로 믿기를 원하는 사람들, 알프레드 슈츠Alfred Schutz가 "당연시되는 세계The world-taken-for-granted"라고 부른 세계의 규칙과 격언의 안정성을 좋아하는 사람들은 사회학으로부터 멀리 떨어져 있어야 한다. 닫힌 문 앞에서 어떠한 유혹도 느끼지 못하는 사람들, 인간에 대해서 어떠한 호기심도 없는 사람들, 강 건너편 집에 살고 있는 사람들에 대해서는 궁금해하지 않으면서 그저 기꺼이 경치를 감탄하며 바라보기만 하는 사람들 역시 아마 사회학으로부터 멀찍이 떨어져 있어야 할 것이다. 그런 사람들은 사회학을 불쾌하게 여기거나, 적어도 쓸데없는 것으로 생각할 것이다. 인간을 변화시키고 개조하고 개혁할 수 있을 때에만 인간에 대해 관심을 갖는 사람들은 사회학이 그들이 희망하는 것보다 훨씬 더 쓸모가 없다는 것을 알게 될 것이기 때문에 그들 역시 경고를 받아야 한다. 그리고 주로 자신의 개념구성에만 관심이 있는 사람들도 역시 작은 흰 생쥐를 연구하는 쪽으로 방향을 바꾸는 게 낫다. 결국 사회학은 인간을 관찰하고 인간적인 것들을 이해하는 것 이외에 더 황홀한 것은 없다고 생각하는 사람들에게만 만족스러울 것이다.

비록 의도적이었지만, 우리가 이 장의 제목에서 조심스럽게 말했던 것이 이제는 분명해졌을 것이다. 확실히 사회학은 어떤 이들에겐 흥미를 일으키지만 또 다른 이들에겐 지루함을 가져온다는 의미에서 개인이 할 수 있는 하나의 소일거리이다. 어떤 사람들은 인간을 관찰하기를 좋아하며, 또 어떤 이들은 생쥐를 갖고 실험하기를 좋아한다. 세계는 모든 종류를 포괄할 수 있을 정도로 충분히 크며, 이런저런 관심들 간의 논리적 우위도 없다. 그러나 "소일거리[놀이]"라는 말은 우리가 의미하는 바를 묘사하기에는 취약하다. 사회학은 오히려 열정에 가깝다. 사회학적 전망은 오히려 인간의 영혼을 사로잡은 악마와도 같은 것이다. 계속해서 강력하게 그것 자체의 질문을 하게 몰아간다. 그러므로 사회학에 대한 소개는 매우 특별한 종류의 열정으로의 초대이다. 위험이 따르지 않는 열정은 없다. 자신의 물건을 파는 사회학자는 거래 초기에 **매수자 위험부담 원칙**caveat emptor을 반드시 확실히 고지해야 한다.

앞 장의 논의가 성공적이었다면, 사회학을 특정한 사람들의 지적인 관심의 몰두로 여길 수 있을 것이다. 그런데 여기서 멈춘다면 그 자체가 실로 매우 비사회적일 것이다. 사회학이 서구 역사의 특정한 단계에 학문의 한 분야로 등장했다는 바로 그 사실은 우리가 위에서 언급한 지점에 머물지 않고 곧장 더 나아가 다음의 질문을 하도록 만든다. 그 질문들은 바로 어떻게 그 특정한 사람들이 사회학에 마음을 빼앗겼으며, 또 사회학이란 일을 하기 위한 전제 조건은 무엇인가이다. 달리 말하면, 사회학이란 인간 정신의 영원한 일이 아니며 또한 필연적인 일도 아니다. 만일 이러한 사실이 인정된다면, 사회학을 특정한 사람들에게 필요한 것으로 만든 시간적 요인에 관해서 당연히 묻게 된다. 아마 사실상 그 어떤 지적인 기획도 영원하거나 필연적이지 않을 것이다. 그러나 예를 들면 종교는 거의 전세계적으로 인류 역사 전체를 통틀어 강도 높은 정신적인 몰두를 자극하는 데 있어서는 거의 타의 추종을 불허할 정도로 보편적이었다. 한편 경제적인 생존 문제를 해결하기 위해 고안된 사상들도 대부분의 인간 문화에 필요한 것이었다. 분명히 이러한 사실은 현대적 의미에서의 신학이나 경제학이 보편적으로 존재하는 정신 현상이라는 것을 의미하지는 않는다. 오늘날 그러한 학문들의 주제를 구성하는 문제를 향한 인간의 사유가 항상 존재했던 것으로 보인다고 말하는 게 적어도 안전할 것 같다. 그러나 사회학의 경우에는 이 정도의 이야기도 통하지 않는다. 사회학은 그 자신을 오히려 특별하게 현대적이고 서구적인 인식으로서 드러낸다. 그리고 우리가 이 장에서 주장하려는 바와 같이, 사회학은 특히 현대적인 의식의 한 형태로 구성되어 있다.

사회학적 관점의 특징은 이 학문이 유별난par excellence 대상을 가리키는 용어인 "사회society"라는 단어의 의미에 대해 어느 정도 숙고해보면 분명해진다. 사회학자들이 사용하는 대부분의 용어와 마찬가지로 사회라는 말도 일상적인 용법에서 끌어왔는데, 일상적으로 쓰는 그 말의 의미는 부정확하다. [영어] 소사이어티society라는 말은 때로는 어떤 특별한 사람들의 무리("동물학대방지협회Society for the Prevention of Cruelty to Animals"에서와 같이)를 의미하기도 하고, 어떨 땐 대단한 위세나 특권을 가진 사람들("보스턴 상류사회 부인들Boston society ladies"에서와 같이)만을 의미하기도 하며, 또 어떤 경우에는 단지 어떤 종류의 교제(예를 들면, "그 당시 몇 년간 교제society가 없어서 고통을 받았다"에서와 같이)를 뜻하기 위해 사용되기도 한다. 자주는 아니지만 이외에 다른 의미로도 쓰인다. 물론 사회학 자체 내에서도 용법의 차이가 다소 있기는 하지만, 사회학자는 이 용어를 보다 엄밀한 의미로 쓴다. 사회학자는 "사회"가 인간관계의 큰 복합체를 뜻한다고 생각한다. 좀 더 전문적인 말로 표현하자면, 상호작용의 체계system of interaction를 지칭하는 것으로 생각한다. 이러한 문맥에서 "큰"이란 말을 양적으로 특정화하기는 어렵다. 사회학자는 수백만 명의 사람을 포함하는 "사회"를 말할 수 있다(말하자면, "미국 사회"). 그는 또한 숫자상으로 훨씬 더 작은 집합체를 가리키기 위해 이 용어를 사용할 수도 있다(이를테면, "이 대학 2학년 학생들의 사회"). 길모퉁이에서 잡담을 나누는 두 사람은 "사회"를 구성하기가 거의 어렵다고 봐야 하지만, 어떤 섬에 갇혀 오도 가도 못 하게 된 세 사람은 분명히 "사회"를 구성할 것이다. 그러므로 사회라는 개념의 적용 가능성은 양적인 근거만으로 결정될 수는 없다. 오히려 제 관계들의 복합체가 그 자체만으로도 충분히 간결하게 분석될 수 있을 때, 즉 같은 종류의 다른 것들과 비교해서 하나의 자율적인 실체autonomous entity로 이해될 때 그 용어가 적용된다.

마찬가지로 "사회적social"이라는 형용사도 사회학적으로 사용하기 위해서는 그 의미가 더 분명해져야 한다. 일상 대화에서 사회적이란 말도 역시 수많은 다른 의미로 쓰인다. 즉, 어떤 모임의 비공식적 성격("이 모임은 사교적social 모임이니 사업 이야기는 삼갑시다"), 어떤 이의 이타적 태도("그는 자기 직업에서 사회적 관심이 지대하다") 또는 좀 더 일반적으로 다른 사람들과의 접촉에서 유래된 것("성병social disease") 등을 의미할 수 있다. 사회학자는 상호작용의 특성, 상호 관계, 상호성을 지칭하기 위해 이 용어를 더욱 범위를 좁혀 정확하게 사용하고자 한다. 따라서 길모퉁이에서 잡담하는 두 사람은 "사회"를 구성하지는 않지만 그 둘 사이에서 일어나는 것은 분명히 "사회적"이다. "사회"는 이렇게 그러한 "사회적" 사건들의 복합체로 구성된다. "사회적"이라는 것의 정확한 정의와 관련해서는 막스 베버가 내린 정의가 발군으로 그것보다 더 나은 정의를 내리기가 매우 어려운데, 그는 "사회적" 상황이란 사람들이 그들의 행위를 서로에게 향하게 하는 것이라고 정의했다. 그러한 상호 지향에서 기인한 의미와 기대 그리고 행동의 거미줄이 바로 사회학적 분석의 재료이다.

그렇지만 전문용어를 이렇게 다듬어도 사회학적 시각의 독특성을 보여주기에는 충분하지 못하다. 우리는 인간 행위에 관심을 두는 여타 학문 분야의 시각과 사회학적 시각을 비교해봄으로써 그것에 더욱 근접할 수 있을 것이다. 예를 들어 경제학자는 사회 속에서 일어나고 사회적인 것으로 기술할 수 있는 과정의 분석에 관심을 갖는다. 이러한 과정은 경제행위의 기본적 문제, 즉 사회 내에서의 희소 재화와 용역의 배당과 관련이 있다. 경제학자는 사람들이 이 기능을 어떻게 수행하는가 또는 어떻게 해서 수행에 실패하는가라는 측면에서 이들 과정에 관심을 가질 것이다. 동일한 과정을 살펴보면서 사회학자는 당연하게 사람들의 경제적 목적을 고려해야 할 것이다. 그러나 사회학자의 독특한 관심이 그런 목적 자체와 반드시 관련될 필요는 없다. 사회학자는 그러한 과정에서 일어날 수 있지만 문제가 되는 경제적 목적과 전혀 관련이 없을 수도 있는 그런 다양한 인간관계와 상호작용에 관심을 가질 것이다. 따라서 경제행위에는 권력, 위세, 편견, 심지어 놀이까지도 포함되는데, 그 행위의 고유한 경제적 기능을 단지 주변적으로만 언급하면서 분석될 수 있는 것들이다.

사회학자는 인간의 모든 행동에서 주제로 삼을 만한 것을 발견하지만, 이런 행동의 모든 측면이 그 주제를 구성하지는 않는다. 사회적 상호작용은 사람들이 서로 함께 행하는 것의 어떤 특정한 부분이 아니다. 그것은 오히려 그 같은 모든 행동의 특정한 측면이다. 이것을 다른 식으로 표현하면 사회학자는 어떤 특별한 종류의 추상화를 수행한다고 말할 수 있다. 탐구 대상으로서의 사회적인 것the social은 인간 행동의 어떤 격리된 분야가 아니다. 그것은 오히려, (루터파의 성찬 신학의 구절을 빌려 표현하면) 그러한 행동의 많은 여러 분야 "그 속에, 그것과 함께, 그 아래in, with and under" 존재한다. 사회학자는 어느 누구도 모르는 현상을 살펴보는 게 아니다. 다만 같은 현상을 다른 방식으로 바라볼 뿐이다.

추가적 예로 우리는 법률가의 관점을 들 수 있을 것이다. 여기서는 실제로 경제학자의 관점보다 그 시야가 더 광범위한 관점을 발견한다. 거의 모든 인간 행동은 한 번쯤은 법률가의 영역에 들어갈 수 있다. 사실 이것이 법의 매력이다. 우리는 여기서 또다시 매우 특별한 추상화의 과정을 보게 된다. 법률가는 무한히 풍부하고 다양한 인간의 행동거지로부터 각자 나름의 특별한 준거틀에 적절한 (또는 그가 "중요한material"이라 말할 수 있는) 측면들을 선택한다. 소송에 휘말리게 된 사람이라면 잘 알겠지만, 법적으로 관련 있는지 없는지를 가르는 기준이 문제가 된 소송 장본인들을 종종 크게 당황하게 만든다. 여기서 그것이 우리의 관심사는 아니다. 우리는 다만 법적 준거틀이 세심하게 정의된 인간 행동의 많은 모델로 구성된다는 것을 관찰하면 그만이다. 따라서 우리는 의무, 책임 또는 비행의 명백한 모델을 가지고 있다. 어떤 경험적 행위가 이러한 모델 중 하나에 포함되기 위해서는 그전에 명확한 조건을 갖추어야 한다. 그리고 그러한 조건들은 법규나 판례에 의해 정해진다. 이러한 조건이 충족되지 않는다면 문제가 된 그 행위는 법률과 무관하다. 법률가의 전문 지식은 이러한 모델들을 구성하는 규칙들을 아는 것으로 구성된다. 그는 그 준거틀 속에서 사업 계약이 언제 구속력을 갖는지, 자동차 운전자가 언제 태만의 책임을 지는지, 또는 언제 강간이 성립되는지를 안다.

사회학자도 이와 동일한 현상을 살필 수 있다. 그러나 그가 동원하는 준거틀은 아주 다를 것이다. 가장 중요한 것은, 그 현상에 대한 그의 관점은 법규나 판례로부터 도출될 수 없다는 것이다. 사업상의 거래에서 발생하는 인간관계에 대한 사회학자의 관심은 체결된 계약의 법적 효력과는 아무런 관련이 없다. 그것은 마치 사회학적으로 관심을 끄는 성적 기행이 어떤 특정한 법률적 표제에 포함될 수 없는 것과 마찬가지이다. 법조인의 관점에서 보면, 사회학자의 탐구는 법률적 준거틀과 관련이 없다. 법의 개념체계에 비추어 볼 때 사회학자의 활동은 그 성격상 언더그라운드적이라 말할 수 있다. 법률가는 상황의 공식적 개념이라고 불리는 것들에 관심을 갖는 반면, 사회학자는 실로 매우 비공식적인 개념들을 흔히 다룬다. 법률가가 이해해야할 본질적인 것은 법이 특정 유형의 범인에 대해서 어떻게 보느냐이다. 그러나 사회학자에게는 그 범인이 법을 어떻게 보느냐를 살피는 것 또한 똑같이 중요하다.

그래서 사회학적인 질문을 제기한다는 것은 어떤 이가 흔히 받아들여지거나 공식적으로 규정된 인간 행위의 목적들을 넘어서 일정한 거리를 두고 사태를 바라보는 데 관심이 있다는 것을 전제로 한다. 그것은 인간사human events가 다차원적인 의미를 지니고 있으며, 그중 어떤 차원들은 일상생활의 의식에서는 감추어져 있다는 것을 어느 정도 알고 있음을 전제로 한다. 그것은 또한 심지어 권위가 인간사를 공식적으로 해석하는 방법에 대한 어느 정도의 의심까지 전제로 할지도 모른다. 그 권위는 특성상 정치적일 수도, 사법적일 수도, 또는 종교적일 수도 있다. 만일 어떤 이가 이 정도까지 기꺼이 이해했다면, 모든 역사적인 환경이 똑같이 사회학적 조망의 발전에 호의적이지 않을 것이라는 사실은 명백해 보일 것이다.

따라서 문화의 자기개념[자아상], 특히 공식적이고 권위적이며 일반적으로 수용되는 자기개념이 심각하게 충격을 받는 그러한 역사적 환경이, 사회학적 사상이 발전하는 데 최적의 호기가 될 것임은 설득력이 있어 보인다. 통찰력을 보유한 사람들이 이러한 자기개념의 주장을 넘어서 사고하고, 그 결과로 기존 권위에 대해서 의문을 제기하도록 자극받을 가능성이 농후한 곳은 바로 이러한 환경이다. 앨버트 살로몬Albert Salomon은 현대 사회학적인 의미에서 "사회"라는 개념은 기독교와 그 후 구체제ancien régime의 규범적 구조가 붕괴되면서 비로소 출현할 수 있었다고 설득력 있게 주장했다. 그래서 우리는 또다시 "사회"를 어떤 건조물의 숨겨진 구조로 인식하고, 그 외관이 그 구조를 보통 사람들의 눈으로부터 감추고 있다고 이해할 수 있다. 중세 가톨릭 시대에는 유럽인의 공통된 세계를 구성하는 위용 있는 종교·정치적 외관에 의해 "사회"가 드러나 보이지 않았다. 살로몬이 지적한 것처럼, 종교개혁이 가톨릭 기독교계의 통일성을 와해시킨 이후에는 절대국가absolute state의 보다 세속화된 정치적 외관이 그와 동일한 기능을 수행했다. 밑에 감추어져 있던 "사회"라는 틀이 수면 위로 올라오게 된 것은 절대국가의 해체와 더불어서였다. 이것은 곧 동기와 힘으로 구성된 세계는 사회 현실에 대한 공식적인 해석으로 이해될 수 없다는 것을 의미한다. 따라서 사회학적 관점은 "꿰뚫어 봄seeing through" "배후를 살핌looking behind"이라는 표현들로 이해될 수 있다. 이런 표현들은 "그의 수법을 간파함"과 "막후를 살펴봄", 다른 말로 표현하면 "모든 농간에 환함[모든 잔꾀를 훤히 꿰뚫어 봄]" 등과 같은 일상적인 용법에서도 사용된다.

우리가 만일 사회학적 사유를 니체Nietzsche가 "불신의 기예the art of mistrust"라고 부른 것의 부분으로 여긴다고 하더라도 아주 잘못된 것은 아닐 것이다. 그러나 이런 기예가 단지 현대에만 존재해왔다고 생각하는 것은 지나친 단순화일 것이다. 사물을 "꿰뚫어 보는 것"은 아마도 심지어 아주 원시적인 사회에서도 지성의 매우 일반적인 기능이었을 것이다. 미국의 인류학자 폴 래딘Paul Radin은 회의주의자를 원시 문화에서의 한 인간 유형으로 생생하게 묘사했다. 우리는 현대 서구 문명뿐 아니라 다른 문명에서도 "원형사회학적protosociological"이라고 부를 수 있는 의식 형태들의 증거를 본다. 예를 들면, 헤로도토스Herodotus나 이븐할둔Ibn-Khaldun을 지적할 수 있다. 고대 이집트 문서들 가운데는 인류 역사상 가장 응집력이 강했던 것 중 하나로 명성을 떨친 당시의 정치 및 사회질서에 대해 엄청난 환멸을 표한 문서들도 있다. 그러나 서구에서 현대의 시작과 더불어 이러한 의식 형태는 강화되고 집중되고 체계화되었으며, 또 점점 그 수가 늘어가는 통찰력 보유자들의 사고에 흔적을 내게 되었다. 이 자리가 사회학적 사상의 이전 역사를 상세하게 논의하는 자리는 아니다. 그런 논의는 살로몬에게 큰 빚을 지고 있다. 그리고 우리는 여기서 마키아벨리Machiavelli, 에라스무스Erasmus, 베이컨Bacon, 17세기 철학과 18세기 순수문학belles-lettres 등과의 연관을 보여주면서 사회학 선조들의 지적인 계보표를 제시하고 싶지도 않다. 이에 대해서는 필자보다 더 자격이 출중한 사람들이 다른 곳에서 논의했다. 여기서는 다만 사회학적 사상이 현대 서양사에서 매우 특별한 위치를 점유하고 있는 많은 지적 발전의 성과라는 사실을 다시 한번 강조하는 것으로 충분하다.

대신 우리는 사회학적 관점이 사회구조의 외관을 "꿰뚫어 보는"

과정을 포함한다는 전제로 되돌아가보자. 우리는 이것을 대도시에 사는 사람들의 공통된 경험을 통해서 생각해볼 수 있다. 대도시의 매력 중 하나는 밋밋하게 특색이 없고 획일적인 가옥들이 끝없이 늘어선 배후에서 일어나는 인간 행동의 무한한 다양성이다. 이러한 도시에 살고 있는 사람이라면 겉으로는 거리의 다른 모든 집들과 비슷비슷해 보이는 집 안에서 사람들이 아주 드러나지 않게 행하는 이상한 짓거리들을 발견하게 될 텐데, 그로 인해 놀라거나 심지어 충격까지 받는 경험을 되풀이해서 하게 될 것이다. 이러한 경험을 한두 번 하게 되면, 그는 아마도 늦은 저녁 길거리를 걸으면서 드리워진 커튼 사이로 비치는 밝은 불빛 아래서 무슨 일이 벌어지고 있는지를 궁금해하는 자신을 자주 발견하게 될 것이다. 평범한 가족이 손님과 즐거운 환담을 나누고 있는 것일까? 질병과 죽음으로 에워싸인 절망의 장면이 펼쳐지는 것은 아닐까? 아니면 방탕한 쾌락의 광경이 벌어지고 있을까? 혹시 괴기스런 사교 의식이나 위험한 음모가 펼쳐지는 것은 아닐까? 그 집들의 외관은 어쩌면 이제는 그 거리에 더 이상 살지도 않는 어떤 집단이나 계급들의 취향에 맞춰 조성된 건축학적 유사성만을 보여줄 뿐 그 외에는 우리에게 아무것도 말해주는 게 없다. 사회적 신비는 외관의 배후에 자리 잡고 있다. 이러한 신비를 꿰뚫어 보고 싶은 소망은 사회학적 호기심과 유사하다. 졸지에 재난이 밀어닥친 도시들에서는 이러한 소망이 뜻밖에 실현될 수도 있다. 전시에 폭격을 경험한 사람들은 아파트 건물의 방공호에서 뜻밖에 (때로는 상상조차 하지 못한) 동료 세입자들과 갑작스럽게 상면하는 것에 대해서 들어 알고 있다. 또는 그들은 간밤에 폭격으로 부서진 집을 이튿날 아침에 보았을 때의 끔찍한 장면을 회상할 수 있다. 건물이 절묘하게 반쪽으로 두 동강이 났으며, 외관은 떨어져 나갔고, 이전까지는 감추어져 있던 집 내부가 무자비하게 백일하에 드러나는 장면 말이다. 그러나 인간이 정상적으로 생활하는 대부분의 도시에서 건물의 외관은 호기심 많은 침입으로만 뚫리게 된다. 이와 유사하게, 역사적 상황들 속에는 사회의 외관이 난폭하게 찢겨 나가 가장 호기심이 없는 사람들을 제외하고는 모든 사람들이 외관의 배후에 그동안 내내 감추어져 있던 실상을 결국엔 볼 수밖에 없는 그런 상황들이 있다. 보통 이런 일은 일어나지 않으며, 우리가 계속해서 직면하는 그 외관은 바위와 같은 영구적인 것으로 보인다. 그러므로 외관 배후의 현실을 인식하는 것은 상당한 지적 노력을 요구한다.

사회학이 어떻게 사회구조의 "배후를 살피는"지를 보여주는 몇 가지 예가 우리의 논의를 더 명확히 하는 데 도움이 될 것 같다. 어떤 지역사회의 정치조직을 예로 들어보자. 만일 어떤 사람이 현대 미국 도시가 어떻게 통치되는지 알기를 원할 경우, 이 주제에 대한 공식적인 정보를 얻는 것은 식은 죽 먹기다. 그 도시는 해당 주의 법률 아래서 작동하는 헌장을 갖고 있을 것이다. 그 주제에 정통한 전문가들에게 자문을 받아서 그는 그 도시의 헌법을 규정하는 여러 법규를 살펴볼 수 있을 것이다. 이렇게 하면 특정 지역사회가 시정 담당관 형태의 행정 체제를 갖추고 있으며, 정당 소속 관계가 기초의원 선거의 투표용지에는 나타나지 않는다는 것, 또는 시청이 광역 상수 지구 regional water district에 관여한다는 것을 알게 될 것이다. 유사한 방식으로 신문을 읽으면, 공식적으로 인정되고 있는 그 도시의 정치 현안들에 대해서 알게 될 수도 있다. 그 도시가 어떤 교외 지역을 흡수할 계획을 세우고 있다거나, 어떤 지역의 산업 개발 촉진을 위해 용도지

역조례를 수정했다거나, 심지어 시의회 의원이 사적 이익을 위해 공직을 남용한 죄로 기소되었다는 기사도 접할 수 있을 것이다. 이러한 모든 일들은 말하자면 정치 생활의 가시적이고 공식적이거나 공적인 차원에서 일어나고 있다. 그러나 이러한 종류의 정보가 그 지역사회의 정치 현실의 완벽한 모습을 전해준다고 믿는 사람이 있다면 그는 대단히 순진한 사람일 것이다. 사회학자는 무엇보다도 "비공식 권력구조informal power structure"(그러한 연구에 관심을 가진 미국 사회학자 플로이드 헌터Floyd Hunter가 지칭해온 바와 같이)의 지반constituency에 대해 알고 싶어 한다. "비공식 권력구조"는 사람들과 그들의 권력 배치 형태로서, 어떤 법규에서도 발견할 수 없고 아마 신문에서도 찾아볼 수 없는 것이다. 정치학자나 법률 전문가는 그 도시의 헌장과 여타 유사한 지역사회의 헌법을 비교하는 데 큰 흥미를 느낄지도 모른다. 그러나 사회학자는 강력한 기득권이 그 헌장 아래서 선출된 공무원들의 행동에 어떠한 영향을 미치는지, 또는 심지어 그들의 행동을 어떻게 통제하는지를 발견하는 데 더 많은 관심을 가질 것이다. 이러한 기득권은 시청 안에서 발견되지 않겠지만, 오히려 그 지역사회에 위치하지도 않는 회사들의 중역실에서나 소수 권력자들의 고급 사저에서, 또는 어쩌면 어떤 노조 사무실에서, 어떤 경우에는 범죄 조직 본부에서 발견될 수도 있다. 사회학자가 권력에 관심이 있다면, 그는 그 지역사회의 권력을 통제하는 것으로 알려진 공식 기구의 "배후를 살펴볼" 것이다. 그렇다고 해서 그가 그 공식 기구를 완전히 무능한 것으로 보거나 그것들의 법적 정의를 완전히 헛된 것으로 본다는 것을 반드시 의미하지는 않는다. 그러나 적어도 사회학자는 특정한 권력체계에서 짚고 넘어가야 할 또 다른 차원의 현실이 있다고 주장할 것이다. 어떤 경우엔 그는 공적으로 인정된 장소에서 진정한 권력을 찾는다는 것은 커다란 착각이라고 결론 내릴 수도 있다.

다른 예를 들어보자. 미국의 개신교는 각 교파의 공식적인 운영 방법인 이른바 "행정조직polity"에 있어서 크게 다르다. 성공회, 장로교 또는 조합 교회라는 "행정조직"이 있을 수 있다(이때 행정조직이라는 말은 이 같은 명칭으로 불리는 교파를 의미하는 게 아니라 다양한 교파들이 공유하고 있는 교회 행정 형태를 뜻한다. 예컨대 성공회파 형태는 성공회와 감리교가 공유하고 있고, 조합 교회 형태는 조합 교회와 침례교가 공유하고 있다). 거의 이 모든 경우에 있어서 한 교파의 "행정조직"은 오랜 역사적 발전의 결과이며 교리 전문가들이 논쟁을 계속하고 있는 신학 원리에 근거를 두고 있다. 그러나 미국 교파의 행정조직 연구에 관심을 갖는 사회학자는 이러한 공식적 정의에 그리 오래 눈길을 주지는 않을 것이다. 그는 권력과 조직에 대한 진정한 질문은 신학적인 의미에서의 "행정조직"과는 별로 상관이 없다는 것을 곧 깨닫고, 조직의 규모에 상관없이 모든 교파의 기본적인 조직 형태가 관료적이라는 것을 발견할 것이다. 행정 행태의 논리는 관료제적 과정에 의해 결정되고, 아주 드문 경우에만 성공회나 조합 교회적 관점의 작용에 의해서 결정된다. 사회학적 연구자는 교회 관료제도에서 교직자들을 의미하는 많은 용어의 혼란을 "꿰뚫어 보게" 될 것이다. 그리고 명칭이야 뭐든, 예를 들면 "주교"이든 "장로회 부의장"이든 아니면 "종교회의 의장"이든 상관없이 실권을 쥐고 있는 사람들을 정확히 가려낼 것이다. 교파의 조직이 보다 큰 종류의 관료제에 속한다는 것을 이해함으로써 사회학자는 이제 조직 안에서 일어나는 과정을 파악할 수 있고, 이론상 책임 있는 자리에 앉아 있는 사람들에게 가해지는 내적 및 외적 압력을 관찰할 수 있을 것이다. 달리 표현하면, 사회학자는 "성공회 행정조직"의 외관 배후에서 감리교나 연방정부 기관, 또는 제너럴모터스GM나 미국자동차노조 등에서와 놀라울 정도로 다르지 않은 관료제적 기구의 작용을 인지하게 될 것이다.

아니면 경제생활에서 예를 들어보자. 어떤 산업체 공장의 인사관리자는 생산과정 관리로 여겨지는 조직 편성을 보여주는 밝은 색상의 차트를 만들면서 기쁨을 느낄 것이다. 직원들은 각자 자기 부서가 있고, 조직 속 모든 성원들은 누구에게서 명령을 받고 누구한테 그 명령을 전달할 것인가를 알고 있으며, 각 작업반은 생산이라는 거대한 드라마 속에서 각각의 역할을 부여받는다. 그러나 실제로는 모든 일이 이런 식으로 작동하지는 않는다. 그리고 모든 우수한 인사관리자는 이러한 사실을 알고 있다. 조직의 이 공식적인 청사진 위에 훨씬 더 미묘하고 더구나 눈에 보이지 않는 인간 집단의 네트워크가 겹친다. 그리고 이 같은 인간 집단의 네트워크에는 구성원들의 충성심, 편견, 반감 및 (가장 중요한) 행동 강령 등이 작동한다. 산업사회학industrial sociology은 이 같은 비공식 네트워크의 작동에 대한 자료들로 충만한데, 이 비공식 네트워크는 항상 공식적인 체계 및 다양한 정도의 적응과 갈등 속에 존재한다. 많은 사람이 하나의 규율체계system of discipline하에서 함께 일하거나 살아가야 하는 곳에서는 어디서나 바로 이와 같은 공식 조직과 비공식 조직의 공존이 발견된다. 군대 조직, 감옥, 병원, 학교 등이 그러하며, 아이들이 만드는 신비로운 패거리 속에도 이것들이 공존하지만 그 부모는 이것을 거의 알아차리지 못한다. 다시 한번 사회학자는 현실에 대한 공식적인 해석(감독이나 장교 또는 교사의 해석)의 연막을 뚫고 들어가려고 노력할 것이고, "지하세계underworld"로부터 나오는 신호(노동자나 사병 또는 학생들의 신호)를 간파하려 노력할 것이다.

또 다른 예를 하나 더 살펴보자. 서구 국가에서, 특히 미국에서는 남녀가 서로 사랑하기에 결혼한다고 여긴다. 사랑의 성격에 관한 광범위하게 알려진 대중적인 신화가 하나 있다. 사랑은 갑작스레 덮치는 격렬하고 항거 불능한 감정이고, 대부분의 젊은이들과, 때로는 그다지 젊지 않은 사람들의 목적이 되는 신비로운 것이라는 신화 말이다. 그러나 어떤 사람들이 실제로 서로 결혼하는가를 조사하자마자 조사자는 큐피드의 전격적인 화살이 오히려 계급, 소득, 교육, 인종 및 종교적 배경이라는 매우 한정된 경로를 통해 강력히 유도되고 있는 것 같다는 사실을 발견하게 된다. "구애"라는 다소 오해의 소지가 있는 완곡한 표현 아래, 결혼에 앞서 행해지는 행동을 조금 더 자세히 조사해보면, 상호작용의 경로가 종종 의례적이라고 할 만큼 엄격하다는 것을 발견하게 된다. 대부분의 경우, 사랑의 감정이 어떤 종류의 관계를 만들어내기보다는 오히려 조심스럽게 미리 정해지거나 흔히 계획된 관계가 결국엔 바람직한 감정을 야기시키는 것은 아닌가 하는 의심이 움트기 시작한다. 달리 말하면, 어떤 조건들이 부합하거나 이루어진 다음에야 사람은 스스로 "사랑에 빠지는 것"을 허용한다. 사회학자가 "구애"나 결혼에 관한 우리의 유형을 조사해보면, 이내 개인이 그가 살아가는 전체 제도적 구조, 즉 계급, 경력, 경제적 야망, 권력과 위세에 대한 갈망 등에 여러 방식으로 관련된 복잡한 동기의 거미줄이 발견된다. 이제 사랑의 기적은 약간 진짜가 아닌 것처럼 보이기 시작한다. 다시 말하지만, 이것이 곧 사회학자가 낭만적인 해석은 환상이라고 선언할 것이라는 의미는 아니다. 그러나 다시 한번 사회학자는 즉각적으로 주어지거나 공적으로 승인된 해석들을 뛰어넘어 관찰하려고 든다. 데이트 도중 어느 순간 차례가 되어 달을 응시하고 있는 한 쌍의 남녀를 고려해볼 때, 사회학자는 그 같은 광경이 주는 정서적 효과를 부인할 심리적 제약을 전혀 느낄 필요가 없다. 그러나 그는 달과 관련되지 않은 측면에서 그 장면을 구성하고 있는 기제를 관찰할 것이다. 달을 음미하는 무대인 자동차의 지위 지표status index, 감상자들의 옷을 결정하는 취향과 책략의 기준, 그들의 사회적인 위치를 가늠할 수 있는 말과 품행의 다양한 방식을 관찰해서, 이러한 전체 일들의 사회적 위치와 의도 등에 초점을 맞추려 할 것이다.

여기서 사회학자에게 흥미를 끄는 문제가 다른 사람들이 "문제"라고 부르는 것과 반드시 일치하지는 않는다는 사실이 명백해진 것 같다. 공무원과 신문 등이 (그리고 안타깝게도 몇몇 사회학 교재가) "사회문제social problems"에 대해 말하는 방식은 이러한 사실을 흐리게 하는 데 일조할 뿐이다. 통상적으로 사람들은 사회에서 어떤 것이 공식적인 해석에 따라 기대된 대로 작동하지 않을 때 "사회문제"에 대해 말한다. 그들은 또한 그들이 규정해놓은 "문제"를 사회학자가 연구하길 기대하고, 때로는 그들 자신이 만족할 수 있도록 문제를 처리할 "해결책"을 찾기를 기대한다. 이러한 기대에 반해 사회학적 문제는 그런 의미에서 "사회문제"와는 전혀 다르다는 것을 이해하는 것이 중요하다. 예를 들어, 법 집행기관이 범죄를 문제로 규정하고, 결혼에 대해 도덕주의적인 생각을 지닌 사람에게 이혼이 "문제"가 된다고 해서, 범죄나 이혼을 문제로 삼아 몰두하는 것은 순진한 짓이다. 감독이 자기 일꾼들을 더욱 효율적으로 작업시키는 문제나 일선 지휘관이 자기 부대로 하여금 적을 향해 더욱 맹렬하게 돌진하게 하는 "문제"가 사회학자에게는 전혀 문제가 될 필요가 없다는 사실은 더욱 명백하다(사회학자가 기업이나 군대에 고용되어 그런 "문제"를 연구하도록 요구받는 경우는 여기선 일단 고려 밖에 두자). 사회학적 문제는 항상 사회적 상호작용이라는 관점에서 현장에서 일어나고 있는 일을 이해하는 것이다. 따라서 사회학적 문제는 당국자의 관점에서나 사회적 장면의 관리자 관점에서 볼 때, 어떤 일이 왜 "잘못되고" 있는가를 이해하는 것이 아니라 우선 전체 체계가 어떻게 작동하고 있는가, 그 전제들은 무엇이며 그 전체 체계가 어떻게 결합되어 있는가를 이해하는 것이다. 기본적인 사회학적 문제는 범죄가 아니라 법이며, 이혼이 아니라 결혼이고, 인종차별이 아니라 인종적으로 규정된 계층이며, 혁명이 아니라 통치이다.

이 점은 하나의 예를 들면 더 명확해질 수 있다. 공공연하게 비난을 받고 있는 비행 청소년 갱들로부터 십대들을 떼어놓기 위해 애쓰고 있는 하층 빈민가의 사회복지관을 예로 들어보자. 사회사업가와 경찰관들이 이러한 상황을 "문제"로 규정하는 준거틀은 중산층의 존경받을 만하고 사회적으로 공인된 가치로 구성되어 있다. 십대들이 훔친 차로 돌아다니면 "문제"이지만, 대신 사회복지관에서 그룹 게임을 하고 논다면 그것은 "해결"이다. 그러나 준거틀을 바꿔서 청소년 갱의 우두머리 입장에서 보면 "문제"는 거꾸로 정의된다. 청소년 갱 사회에서 조직에 위세를 가져다주는 행동으로부터 손을 떼도록 갱단 성원들이 유혹을 받게 된다면, 그것은 갱단의 응집력이라는 점에서 "문제"가 된다. 그리고 만일 사회사업가들이 그들의 본거지인 부유층 지역으로 되돌아간다면, 그것은 "해결"이 될 것이다. 한 사회체계에 "문제"가 되는 것이 다른 체계에는 정상적인 일상이며, 그 반대도 마찬가지다. 충성 또는 불충, 단결과 일탈은 이 두 체계의 대표자들 사이에서 모순되게 정의된다. 이제 사회학자는 자기 자신의 가치관에 따라 품위 있는 중산층의 세계를 더욱 바람직한 것으로 여길 수 있고, 따라서 이를테면 적대적인 비신자들의 지역*in partibus infidelium*에서 선교의 전초기지 격인 사회복지관을 도우려 들지도 모른다. 그러나 이것이 사회복지관 책임자의 골칫거리와 사회학적으로 "문제"가 되는 것의 동일시를 정당화하지는 않는다. 사회학자가 해결하기를 원하는 "문제"는 전체 사회 상황과 **두** 사회체계 속에서의 가치와 행동 양식, 그리고 두 사회체계가 시간과 공간 속에서 공존하는 방식에 관한 이해이다. 우리가 나중에 보다 명확하게 살펴보겠지만, 경쟁 중인 해석체계들을 묶을 수 있는 이런 유리한 위치에서 하나의 상황을 바라보는 이 능력이야말로 사회학적 의식의 특징 중 하나이다.

그렇다면 우리는 사회학적 의식에 정체폭로적 동기debunking motif가 내재한다고 주장할 수 있다. 사회학자는 바로 그 학문의 논리에 의해 그가 연구하는 사회체계의 정체를 폭로하도록 누누이 강요받을 것이다. 정체를 폭로하는 이러한 경향은 반드시 사회학자의 기질이나 성향 때문은 아니다. 사회학자가 한 개인으로서는 융화적인 기질을 가지고 있어서 자신의 사회적인 삶의 기반인 안락한 가정이 흔들리는 것을 아주 꺼린다고 할지라도, 그 자신의 연구 때문에 주변 사람들이 당연시하는 것에 정면으로 충돌하도록 강요받는 일도 사실상 일어날 수 있다. 다른 말로 표현하면, 우리는 정체폭로적 동기의 뿌리가 심리학적인 것이 아니고 방법론적인 것이라고 주장할 수 있을 것이다. 사회학적 준거틀은 사회에 대한 공식적 해석 속에 주어진 것과는 다른 차원에서 현실을 탐구하는 고유의 절차 때문에 사람들이 서로 자신들의 행동을 은폐하고 있는 가식과 선전의 정체를 폭로하는 논리적 불가피성을 갖고 있다. 이러한 정체폭로의 명령은 현대의 기질에 특히 잘 맞는 사회학의 특징 가운데 하나이다.

사회학적 사고에 있어서 이 같은 정체폭로적 경향은 이 분야에서의 다양한 발전을 통해 설명될 수 있다. 예를 들어, 베버 사회학의 중요한 주제 중 하나는 바로 사회 속 인간 행위가 지니는 비의도적이고 예측하지 못한 뜻밖의 결과라는 것이다. 베버는 가장 유명한 저서《개신교 윤리와 자본주의 정신The Protestant Ethic and the Spirit of Capitalism》에서 개신교 가치관의 특정한 결과와 자본주의 기풍ethos의 발전 사이의 관계를 보여준다. 그런데 이 책은 비평가들에게 종종 오해를 받는 것도 사실인데, 그들이 그 주제를 간과했기 때문이다. 그러한 비평가들은 베버가 인용한 개신교 사상가들이 그들의 교훈들을 문제가 되는 특정한 경제적 결과를 창출하기 위해서 적용시킬 의도가 전혀 없었다는 것을 지적한다. 특히 베버는 운명예정설predestination이라고 하는 칼뱅파 교리Calvinist doctrine가 사람들로 하여금 그가 "현세금욕주의적inner-worldly ascetic"방식으로 행동하도록 이끌었다고 주장했다. 즉 현세의 일, 특히 경제적인 일과 관련해서는 자신들을 집중적으로, 체계적으로 그리고 사심 없이 행동하도록 이끌었다는 것이다. 베버 비평가들은 칼뱅Calvin이나 칼뱅식 종교개혁을 이끈 다른 지도자들의 생각은 전혀 달랐다고 지적한다. 하지만 베버는 칼뱅파의 사상이 그러한 경제적 행동 유형을 만들어내려고 **의도**했다고는 결코 주장한 적이 없다. 그와 반대로, 베버는 의도가 전혀 달랐음을 너무나도 잘 알고 있었다. 의도와 상관없이 결과가 양산된 것이다. 다른 말로 하면, (방금 언급했던 그 책의 그 유명한 부분뿐만 아니라) 베버의 저작은 우리에게 인간 행위의 **역설**irony을 적나라하게 보여준다. 이처럼 베버의 사회학은 역사를 이념의 실현, 또는 개인이나 집단의 의도적인 노력의 결실로 이해하는 모든 견해에 대해서 극단적인 대조를 우리에게 제공한다. 이것은 결코 이념이 중요하지 않다는 것을 의미하지 않는다. 이념의 결과가 보통은 맨 처음 그 이념을 품었던 사람들이 계획했거나 희망했던 결과와 매우 다르다는 것을 의미한다. 역사의 이러한 역설적 측면을 인식하는 것은 정신을 번쩍 들게 하며, 또한 갖가지 종류의 혁명적 유토피아주의에 대한 강력한 해독제가 된다.

사회학의 정체폭로적 경향은 사회적 과정의 자율적 성격을 강조하는 모든 사회학 이론 속에 은연중에 내포되어 있다. 예를 들어, 프랑스 사회학에서 가장 중요한 학파를 창시한 에밀 뒤르켐Émile Durkheim은 사회가 그것 자체로 독특한 하나의 현실a reality sui generis, 즉 분석의 다른 차원에서 심리학적 요인이나 다른 요인들로 환원될 수 없는 현실이라고 강조했다. 이러한 주장의 결과는 다양한 현상에 대한 뒤르켐의 연구에서 개인적으로 의도된 동기 및 의미에 대한 주권적인[당당한] 무시였다. 이것은 아마도 그의 유명한 자살 연구에서 가장 예리하게 드러날 것이다. 자살이라는 제목의 저작에서는 자살을 하거나 자살을 시도하는 사람들의 개인적인 의도가 분석에서 완전히 제외되었는데, 그 이유는 뒤르켐이 그러한 개인들의 여러 사회적 특성에 관한 통계를 선호해서이다. 뒤르켐의 시각에서 사회 속에 산다는 것은 사회 논리의 지배하에 존재한다는 것을 의미한다. 흔히 사람들은 이것을 의식하지 못한 채 이 논리에 따라서 행동한다. 그러므로 사회의 이런 내적인 역학을 발견하기 위해서 사회학자는 그의 질문에 대해 사회적 행위자들 스스로가 제시하는 답변을 종종 무시하면서 그들 자신도 의식하지 못하고 있는 숨겨진 설명을 강구해야 한다. 본질적으로 뒤르켐적인 이러한 접근은 오늘날 기능주의functionalism라고 부르는 이론적 접근으로 이어졌다. 기능론적 분석에서 사회는 하나의 체계로서 그 자신의 작동이라는 관점에서 분석되며, 그 작동은 그 체계 속에서 행동하고 있는 사람들에게 모호하거나 불투명하다. 현대 미국의 사회학자인 로버트 머튼Robert Merton은 이런 접근을 "표출적manifest"기능과 "잠재적latent"기능이라는 개념으로 잘 표현했다. 표출적 기능은 사회적 과정의 의식적이며 의도적인 기능이며, 잠재적 기능은 무의식적이며 비의도적인 기능이다. 따라서 도박금지법의 표출적 기능은 도박을 억제하는 것이지만, 그것의 잠재적 기능은 도박 조직 제국을 불법화하는 것이다. 또한 아프리카 도처에서 전개되는 기독교 선교는 "표출적으로"는 아프리카인들을 기독교에 귀의시키려 노력하는 것이지만, "잠재적으로"는 토착적인 부족 문화를 파괴하는 데 일조하여 급속한 사회적 변혁을 향한 중요한 자극을 제공했다. 또한 러시아에서 사회생활 전반에 걸친 공산당의 통제는 "표출적으로" 혁명적 사회 기풍의 우세를 계속 이어가는 것이지만, "잠재적으로"는 안락한 관료들의 새로운 계급을 만들어냈는데, 이들은 그 열망에 있어서 묘하게 부르주아적이며 볼셰비키적Bolshevik 헌신이라는 극기self-denial에 대해 점차 등을 돌리고 있다. 또는 미국에서 여러 자발적 결사체의 "표출적"기능은 사교와 공익사업이지만, 그 "잠재적"기능은 그러한 단체에 속하는 게 허용된 사람들에게 신분 지수를 부여하는 것이다.

사회학 이론에서 핵심 개념인 "이데올로기ideology"가 앞서 논의한 정체폭로적 경향의 또 하나의 예가 될 수 있다. 사회학자들이 어떤 집단의 기득권을 합리화하는 구실을 하는 견해에 대해 논의할 때 "이 데올로기"라는 개념을 말한다. 그러한 견해는 어떤 이가 그를 불편하게 하는 생활의 어떤 점들을 신경질적으로 부인하거나 변형시키는 것 또는 재해석하는 것과 아주 똑같은 방식으로 사회 현실을 매우 자주 체계적으로 왜곡한다. 이탈리아 사회학자 빌프레도 파레토Vilfredo Pareto의 중요한 접근 방법이 이 같은 관점에서 핵심적인 위치를 차지하고 있으며, 우리가 다음 장에서 살펴볼 것과 같이, "이데올로기" 개념은 "지식사회학sociology of knowledge"이라고 불리는 접근의 본질을 이룬다. 이러한 분석에서 사람들이 자신들의 행위를 설명하는 데 쓰이는 이념은 자기기만, [감언이설의] 구매 권유, 또는 데이비드 리스먼 David Riesman이 자기가 한 자신의 선전을 상습적으로 믿는 사람의 정신 상태로 적절하게 묘사한 개념인 일종의 진정성[성실성]sincerity[4] 같은 것으로 그 정체가 드러난다. 진료별수가제 폐지는 곧 국민 건강수준의 저하를 가져올 것이라고 말하는 많은 미국 의사들의 신념과, 저렴한 장례식은 곧 고인에 대한 애정이 부족하다는 것을 보여준다고 믿는 대다수 장의사의 신념, 또한 TV 퀴즈 프로 진행자들이 그들의 행동을 "교육"이라고 정의하는 것 등을 분석할 때 우리는 "이데올로기"에 대해 말할 수 있다. 아버지 같은 중고자의 이미지로 젊은 부

4　여기서 '진정성'으로 번역한 'sincerity'를 뒤에서는 다른 용어로 번역한다.

부들에게 접근하는 보험 외판원, 예술가의 이미지를 부각시키는 스트립쇼 댄서, 커뮤니케이션 전문가 이미지의 선전선동가, 공무원이라는 자기 이미지가 확고한 교수형 집행인 등 이와 같은 모든 자기 이미지라는 관념은 개인적인 죄의식이나 지위 불안에 대한 완화책일 뿐만 아니라, 집단에서 파문의 처벌이 따른다고 위협하며 그들 성원에겐 필수적인 전체 사회적 집단의 공식적인 자기해석을 구성한다. 이데올로기적 분식pretensions의 사회적 기능성을 폭로하는 데서 사회학자는 마르크스Karl Marx가 비판한 어떤 역사가들을 닮으려 하지 않을 것이다. 마르크스는 인간 그 자체와 인간이 주장하는 것 사이의 차이를 이해하는 데 있어서는 길모퉁이 채소 장수가 역사가들보다 훨씬 낫다고 언급한 바 있다. 사회학의 정체폭로적 동기는 말의 연막을 꿰뚫고 들어가 행위의 비밀스럽고 때로는 불쾌한 주요 동기에 도달하는 데 놓여 있다.

사회학적 의식은 통상적으로 받아들여지거나 권위 있게 언급된 사회에 대한 해석이 흔들리게 될 때 발생할 가능성이 높다고 앞에서 논의했다. 이미 우리가 말한 것처럼, (사회학이라는 학문의 조국) 프랑스에서 사회학의 기원을 프랑스혁명, 즉 1789년의 대파국뿐만 아니라 드토크빌de Tocqueville이 19세기의 지속되는 혁명이라고 부른 것의 결과에 지적으로 대처하기 위한 노력이라는 면에서 생각해볼 만한 충분한 논거가 있다. 프랑스의 경우에 외관의 붕괴, 낡은 교리의 위축, 사회적 무대에서 무서운 신진 세력의 쇄도 등 근대사회의 급격한 변화라는 배경에 비추어 사회학을 인식하는 것은 그리 어렵지 않다. 19세기에 하나의 중요한 사회학적 운동이 일어났던 다른 유럽 나라 독일의 경우는 사정이 약간 다른 모양새를 띤다. 마르크스를 다시 한

번 인용하자면, 독일인들은 프랑스인들이 바리케이드를 치고서 감행했던 혁명을 교수들의 연구에서 수행하는 경향을 보인다. 이러한 혁명의 학문적 기초들 가운데 적어도 하나, 아마도 가장 중요한 것은 소위 "역사주의historicism"라고 불리는 광범위한 사상운동 속에서 발견될 수 있다. 여기서 이 운동에 관한 모든 것을 다룰 수는 없다. 다만 역사주의란 역사에 있어서 모든 가치의 상대성이라는 매우 중요한 의미를 철학적으로 다루려는 하나의 시도를 나타낸다고 짚고 넘어가는 것만으로도 충분하다. 상대성에 대한 이와 같은 인식은 생각할 수 있는 모든 분야에서 독일 역사학파의 거대한 축적으로부터 나온 거의 불가피한 결과이다. 사회학적 사상은 이러한 역사적 지식의 집합이 몇몇 관찰자에게 안겨준 혼돈의 인상에 질서와 명료성을 가져다줄 필요에 최소한 부분적인 근거를 두고 있다. 그러나 강조할 필요도 없이 19세기 후반에 독일이 산업 강대국과 국민 통합을 향해 돌진하면서 독일 사회학자가 속한 사회는 프랑스 동료들의 그것처럼 자신 주위의 모든 것들을 변화시켰다. 하지만 이것을 여기서 더 파고들지는 않겠다. 사회학이 가장 널리 받아들여진 나라인 미국으로 장면을 돌리면, 우리는 급속하고 극심한 사회변동의 배경에 비추어 일련의 또 다른 상황을 다시 한번 발견하게 된다. 미국의 발전을 살펴보면, 우리는 사회학의 또 다른 동기를 탐지할 수 있다. 정체폭로적 동기와 동일시할 수는 없지만 그것과 밀접히 관련돼 있는, 사회의 흉한 몰골에 대한 매료이다.

적어도 모든 서구 사회에서는 품위 있는 부분과 그렇지 않은 저질스러운 것을 구분하는 게 가능하다. 그런 점에서 미국은 특이한 위치에 있지 않다. 그러나 미국적 품위American respectability는 그와 관련해 특히 널리 만연된 특성을 가지고 있다. 이것은 어쩌면 부분적으로 청교도적 생활 방식의 오랜 여파 탓으로 돌릴 수 있을 것이다. 또한 아마도 미국 문화 형성에 있어서 부르주아지가 수행한 두드러진 역할과 더 많은 관련이 있을 것이다. 역사적 인과관계의 면에서는 그렇지만, 어쨌든 미국 사회현상을 살펴보면서 그것을 이들 두 부분 중 하나로 손쉽게 규정하는 일은 그리 어렵지 않다. 우리는 상공회의소, 교회, 학교, 그리고 그 밖의 시민 의례 회관centers of civic ritual 등에 의해 상징적으로 대표되는 공식적이고 품위 있는 미국을 인식할 수 있다. 그러나 "또 다른 미국"이 이 같은 품위 있는 세계와 마주하고 있다. 그것은 그 규모가 어떻든지 간에 모든 마을과 도시에 존재한다. 그리고 그것은 다른 상징을 지니고 있으며 다른 언어를 사용하는 엄연한 또 하나의 미국이다. 이 언어는 아마도 가장 안전한 신분 인식표일지도 모르겠다. 그것은 당구장과 포커 게임, 술집과 사창가 그리고 군대 막사에서 사용하는 말이다. 또한 일요일 아침에 기차가 깨끗한 중서부 마을을 지날 때, 두 명의 판매원이 특실 객차에 마주 앉아 그 깨끗한 작은 마을의 촌사람들이 죄다 하얗게 석회 칠을 한 성소로 모여드는 것을 보며 술을 한잔하면서 안도의 한숨을 내쉬며 내뱉는 말이기도 하다. 이러한 언어는 한 세대의 허클베리 핀으로부터 다음 세대의 허클베리 핀들에게로 구전되어 그 명맥을 유지하고 있지만 숙녀나 성직자들과 자리를 같이할 때는 금지되는 말이다(비록 근년에는 숙녀와 성직자들을 열광시키기 위한 몇몇 서적에서 이러한 말들이 문학적 진술의 형태로 발견되지만 말이다). 이런 말을 사용하는 "또 다른 미국"은 중산층의 교양 세계에서 배제되거나 스스로 배제한 사람들이 있는 곳이면 어디서나 발견할 수 있다. 이러한 언어는 빈민가나 판자촌 그리고 도시사회학자들이 "천이지대areas of transition"라고 부르는 도시 지역 등, 부르주아지화embourgeoisement의 도상에서 아직 멀리 나아가지 못한 노동계급의 구역에서 발견된다. 그 언어는 미국 흑인 세계에서 강력하게 표현된다. 우리는 또한 이러한 언어를 이런저런 이유로 메인스트리트[5]와 매디슨가[6]에서 자진해서 빠져나온 사람들 — 최신 유행에 민감한 사람들, 동성연애자, 부랑자, 기타 "경계인[주변인]marginal man" — 의 하위세계subworld에서도 발견하게 된다. 이런 세계는 점잖은 사람들이 가족끼리 일하고 즐기며 사는 그런 거리에서는 눈에 띄지 않는다(비록 어떤 경우에는 이러한 세계가 그 "점잖은 사람"축에 속하는 남성들에게 오히려 편리할지도 모르지만 말이다. 정확하게는 가족이 없을 때가 더 좋은 남자들의 경우가 여기에 속한다).

일찍이 학계와 복지 활동에 관련된 사람들이 받아들인 미국 사회학은 처음부터 "공식적인 미국official America", 즉 사회와 국가의 정책 결정자들의 세계와 관계를 맺었다. 오늘날의 사회학은 대학이나, 기업 또는 정부에서 이러한 고상한 제휴를 유지하고 있다. 1954년의 인종차별대우 폐지 결정문의 각주를 읽을 수 있을 만큼 문자를 해득한 미국 남부의 인종차별주의자들을 제외하고는 사회학이라는 명칭에 눈살을 찌푸릴 사람들은 별로 없다. 그러나 우리는 미국 사회학 속에 중요한 암류undercurrent가 흐르고 있다고 주장할 수 있다. 그것은 외설적 말과 시큰둥한 태도의 "또 다른 미국", 즉 공식적인 이데올로기에 감명받거나 혼미하게 되는 것을 거부하는 정신 상태와 관

---

5   중심가 또는 미국 중산층.
6   뉴욕시의 광고업 중심지.

계가 있다.

미국적 상황을 보는 이 같은 비천한[보기 흉한] 시각은 중요한 초기 미국 사회학자 가운데 한 사람인 소스타인 베블런Thorstein Veblen이라는 인물에게서 명백히 찾아볼 수 있다. 그의 일대기 자체가 주변성marginality의 실천이었다. 까탈스럽고 걸핏하면 성내는 성격의 소유자인 베블런은 미국 위스콘신주 경계에 있는 노르웨이인 농장에서 태어나 영어를 외국어로 배웠으며, 일생 도덕적으로 그리고 정치적으로 의심받는 사람들과 어울렸고, 학문적인 이민자였으며, 유부녀를 상습적으로 유혹하는 호색한이기도 했다. 이런 삶을 배경으로 한 시각에서 습득한 미국에 대한 전망은 베블런의 저서에 마치 도드라진 자색 실purple thread처럼 면면히 흐르는 정체폭로적 풍자에서 발견할 수 있다. 그의 가장 유명한 저서인 《유한계급론Theory of the Leisure Class》은 미국 상층 부르주아지haute bourgeoisie의 가식을 가차 없이 그 민낯에서부터 적나라하게 검토하고 있다. 베블런의 사회관은 일련의 비로터리클럽적non-Rotarian 통찰력으로 가장 쉽게 이해될 수 있다. "좀 더 나은 것finer things"에 대한 중산계급의 열광과 대비시킨 "과시 소비conspicuous consumption" 이해, 경제적 과정을 미국의 생산성 기풍과 대비시킨 조작과 낭비의 관점에서 행한 분석, 미국적 공동체 이념과 대조해 제시한 부동산 투기의 기제에 대한 이해, 그리고 (《미국에서의 고등교육The Higher Learning in America》에서) 교육에 대한 미국적 숭배와 대비시켜 협잡과 허세의 측면에서 가장 가혹하게 행한 미국 학계 풍토에 대한 묘사 등에서 그러한 그의 비로터리클럽적 통찰이 엿보인다. 우리는 여기서 미국의 몇몇 젊은 사회학자들 사이에 부는 네오베블런주의neo-Veblenism 바람에 동참하려는 것도 아니고, 그렇다고 베블런이 사회학 발전에 있어서 하나의 거인이었다고 주장하는 것도 아니다. 다만 우리는 그의 불손한 호기심과 명민함을 일요일에는 정오경에 일어나 면도를 하는 문화가 있는 그런 장소로부터 유래한 관점의 특징으로서 지적할 뿐이다. 우리는 또한 명민함이 비천함의 일반적인 특성이라고 주장하는 것도 아니다. 사고의 우매함과 우둔성은 아마도 사회의 스펙트럼 전반에 걸쳐 균등하게 분배되어 있을 것이다. 고매함이라는 안경으로부터 자신을 해방시킬 수 있는 지성을 지녔을 때, 우리는 수사적인 이미지가 실제로 받아들여지는 경우보다 더욱 명료한 사회관을 기대할 수 있다.

미국 사회학에서 경험적 연구의 많은 발전은 그 비천한 사회관이 이와 같은 매력을 지녔다는 증거를 제시한다. 예를 들어, 1920년대 시카고대학에서 착수했던 도시 연구의 강력한 발전을 돌이켜볼 때, 우리는 이들 연구자들이 도시 생활의 불결한 측면이 가진 명백하게 거부할 수 없는 매력에 빠져 있었다는 사실에 충격을 받게 된다. 이 같은 발전에서 가장 중요한 인물로 꼽히는 로버트 파크Robert Park가 그의 학생들에게 사회조사로 그들의 손을 더럽히라는 취지로 한 충고는 종종 노스쇼어North Shore[7] 주민들이 문자 그대로 "불결하다"고 여길 법한 모든 것들에 대한 지독한 관심을 의미했다. 우리는 이러한 많은 연구에서 대도시의 빌린 같은 이면, 즉 빈민가의 삶, 하숙집의 우울한 세계, 빈민굴Skid Row, 범죄 및 매춘의 세계 등을 들추어내는 데서 느끼는 흥분을 감지한다. 이러한 소위 "시카고학파"의 지류

---

7 미시간 호숫가에 접한 시카고 북쪽의 부유한 교외 지역.

중 하나는 직업사회학이다. 이것은 에버렛 휴스Everett Hughes와 그의 제자들이 수행한 선구적인 작업 덕택으로 발전했다. 여기서도 또한 우리는 사람들이 살고 생계를 꾸려나가는 모든 세계, 즉 번듯한 직업의 세계뿐만 아니라 직업 댄서, 아파트 관리인, 프로 권투 선수와 재즈 연주자 등의 세계도 포함하는 그런 세계에 대한 매혹을 발견한다. 이와 같은 경향은 로버트 린드Robert Lynd와 헬렌 린드Helen Lynd의 유명한 연구 《미들타운Middletown》[8]의 전철을 밟은 미국 공동체 연구에서도 찾아볼 수 있다. 이러한 연구는 불가피하게 지역사회 생활에 대한 공식적 해석을 건너뛸 수밖에 없었고, 또 지역사회의 사회 현실을 시청의 관점에서뿐만 아니라 시 교도소의 관점에서도 보지 않으면 안 되었다. 이러한 사회학적 절차는 오직 특정한 세계관만이 진지하게 받아들여져야 한다고 하는 고매한 전제를 사실상ipso facto 거부하는 것이다.

우리는 그러한 연구들이 사회학자들의 의식에 미친 영향에 대해 과장된 인상을 주고 싶지는 않다. 우리는 그러한 연구들 중 어떤 것들에 깃든 추문 폭로와 낭만주의적 요소들에 대해 익히 잘 알고 있다. 우리는 또한 많은 사회학자들이 자기 동네의 학부모회 회원들과 똑같이 고매한 세계관Weltanschauung에 전적으로 동참하고 있다는 것도 알고 있다. 그럼에도 불구하고 우리는 사회학적 의식이 어떤 이로 하여금 중산층의 고매함과는 다른 세계에 대한 인식, 즉 이미 자체 내부에 지적인 비천함의 씨앗을 품고 있는 인식 쪽으로 기울어지

8 전형적인 미국 중산층의 문화를 대표하는 도시 연구로, 미들타운은 가상의 도시 이름.

게 한다고 말할 수 있다. 두 번째 미들타운 연구에서 린드 부부는 일련의 "당연함의 표현of course statements"에서 미국 중산층의 의식의 고전적인 분석을 제시했다. 즉, 그러한 표현은 강력한 의견 일치를 반영하는 것으로, 중산층 자신들에 관한 어떤 질문에 답할 때는 언제나 "당연하죠of course"라는 말이 습관적으로 맨 앞에 붙는다는 것이다. "우리는 자유기업 경제입니까?" "당연하죠!" "우리의 모든 중요한 결정은 민주적 과정을 통해 내려지고 있습니까?" "당연하죠!" "일부일처제가 자연스러운 결혼 형태입니까?" "당연하죠!" 그러나 제아무리 보수적이고 순응주의자인 사회학자라고 하더라도 이러한 "당연하죠"라는 말 각각에 대해서 심각한 질문이 제기될 수 있다는 것을 알고 있다. 이 사실을 아는 것만으로 그 사회학자는 비천함의 문턱까지 와 있는 것이다.

사회학적 의식의 이러한 비천한 동기가 반드시 혁명적 태도를 의미할 필요는 없다. 더 나아가서 우리는 사회학적 이해가 혁명적 이데올로기에 대해 적대적이라는 견해를 피력하고 싶다. 그것은 사회학적 이해가 일종의 보수적 편견을 지니고 있어서가 아니다. 사회학적 이해는 현재의 상태status quo에 대한 환상을 꿰뚫어 볼 뿐만 아니라 혁명가들에게는 통상적인 정신적 자양분이 되는, 가능한 미래에 대한 환상적인 기대도 간파하기 때문이다. 우리는 사회학의 이러한 비혁명적이며 온건한 냉담함을 높이 평가하고 싶다. 더 안타까운 것은 인간의 가치라는 관점에서 볼 때, 사회학적 이해 자체가 반드시 인류의 약점에 대해서 더 큰 관용으로 이어지지 않는다는 사실이다. 동정심이나 냉소주의 그 어느 것으로도 사회 현실을 볼 수 있다. 이 두 가지 태도는 모두 명철한 혜안과 양립할 수 있다. 그러나 사회학자가 그 자신이 연구하는 현상에 대해 동정심을 갖든 갖지 않든 간에, 그는 자신이 속한 사회를 당연시하는 태도로부터 어느 정도 떨어져 있을 것이다. 비천함[비속함], 그것이 감정과 의지에 어떤 파급효과를 가져오든지 간에, 그것은 사회학자의 마음속에 항상 하나의 가능성으로 남아 있어야만 한다. 비천함은 일상생활의 통상적인 정신 상태에 압도돼 그의 일생으로부터 격리될 것이며, 심지어 이념적으로 부인될 수도 있다. 그러나 전적으로 고매한 사고[9]는 반드시 사회학의 서거를 의미하게 될 것이다. 이것이 바로 전체주의국가에서 진정한 사회학이 무대에서 이내 사라져버리는 이유 가운데 하나이다. 이것은 나치 독일의 사례에서 잘 보인다. 그러한 의미에서 사회학적 이해는 경찰관이나 여타 공공질서 수호자들에게 항상 잠재적 위험이 된다. 왜냐하면 사회학적 이해는 그런 사람들이 의지하고 싶어 하는 절대적 옳음rightness에 대한 주장을 항상 상대화하는 경향이 있기 때문이다.

이 장을 끝마치기 전에 앞서 몇 차례 언급한 이 상대화 현상phenomenon of relativization을 다시 한번 살펴보기로 하자. 이제 우리는 사회학이 현대의 기질과 조화를 매우 잘 이룬다고 분명히 말할 수 있다. 사회학은 가치들이 급격하게 상대화되고 있는 세계의 의식을 대표하기 때문이다. 이런 상대화는 우리 일상의 상상력의 매우 큰 부분을 차지하게 되어버려서 다른 문화의 세계관이 얼마나 폐쇄적이고 절대적인 구속력을 지녀왔는지, 또 일부 지역에서는 여전히 그러

---

9 모든 것을 좋게만 보려는 사고.

한지를 완전히 파악하기란 쉬운 일이 아니다. 미국의 사회학자 대니얼 러너Daniel Lerner는 현대 중동 연구(《전통사회의 소멸The Passing of Traditional Society》)에서 완전히 새로운 종류의 의식으로서의 "근대성modernity"이 해당 국가에서 무엇을 의미하는지에 대해 생생히 묘사했다. 전통적인 사고방식에서 인간은 그가 바로 그인 것이며, 그가 처해 있는 곳[사회적 위치]이며, 그래서 그것을 벗어나 다른 것이 될 수 있다는 상상조차 하지 못한다. 이와 대조적으로 현대적 사고에서 인간은 유동적이고 자신과 다른 위치에 있는 타인의 삶에 대리 참여하며, 자신의 직업이나 거처를 바꾸는 것을 쉽게 상상한다. 따라서 러너는 문맹인 응답자 중 일부가 통치자의 위치에 있다면 어떤 일을 할 것인가 하는 질문에 그저 웃음으로만 대답할 뿐이었고, 어떤 상황에서 고향을 기꺼이 떠날 것인지에 대한 질문에 대해선 그 질문 자체를 일고의 가치도 없는 것으로 여긴다는 사실을 발견했다. 이것을 다른 식으로 표현하면 전통사회에선 그 성원들에게 확고부동하고 영원한 정체성identity을 부여해준다고 말할 수 있다. 반면, 현대사회에서는 정체성 자체가 불확실하고 유동적이다. 사람들은 통치자로서, 부모로서, 교양인으로서, 또는 성적 정상인으로서 기대되는 것이 무엇인지 진정으로 알지 못한다. 늘 그렇듯이, 사람들은 그들 자신들에게 그것을 말해줄 여러 전문가를 필요로 한다. 독서 클럽 편집자는 문화가 무엇인지 우리에게 말해주고, 실내장식가는 우리가 가져야 할 취향이 무엇인지 알려주며, 정신분석가는 우리가 누구인지를 알려준다. 현대사회를 산다는 것은 끊임없이 변화하는 역할의 만화경kaleidoscope의 중심에 산다는 것을 의미한다.

다시 말하지만, 우리는 이 점을 확대하려는 유혹을 버려야 한다.

그렇게 되면 우리는 현재의 논의에서 멀리 벗어나 현대적 존재의 사회심리학이라는 일반적인 논의에 빠져들게 될 것이기 때문이다. 그래서 우리는 오히려 이 같은 상황의 지적인 측면만을 강조해두고자 한다. 그 측면에서 우리는 사회학적 의식의 중요한 차원을 찾아보게 될 것이기에 그렇다. 현대사회에서 전례 없을 정도로 활발해진 지리적 및 사회적 이동은 사람들이 전례 없이 다양한 세계관에 노출된다는 것을 의미한다. 여행을 통해서만 가능했던 다른 문화에 대한 통찰이 이제는 대중매체를 통해 거실 안으로 들어왔다. 어떤 이는 도시적 세련미를, 자기 집 앞에서 터번을 쓰고 허리에 천을 걸친 사람이 목에다 뱀을 감고 길거리로 호랑이를 몰고 가면서 북을 치는 것을 보고도 놀라지 않고 태연자약하는 능력으로 규정한 적이 있다. 의심할 여지 없이 그 세련미에는 정도의 차이가 있지만 모든 아이들까지도 텔레비전을 보면서 어느 정도 습득한다. 또한 의심의 여지 없이 이러한 세련미는 일반적으로 단지 피상적일 뿐이어서 대안적 생활방식에 대한 진정한 고심으로 확장되지는 않는다. 그럼에도 불구하고, 직접적으로든 상상을 통해서든 여행의 가능성이 엄청나게 확장되었다는 것은 기본 가치를 포함해 자신의 문화가 시공간적으로 상대적이라는 인식을 적어도 잠재적으로 암시한다. 사회적 이동성social mobility, 즉 한 사회계층에서 다른 계층으로의 이동은 이러한 상대화 효과를 증대시킨다. 산업화가 일어나는 곳이면 어디서든, 사회체계 속에 새로운 활력이 주입된다. 많은 사람들이 집단으로서든 또는 개인으로서든 그들의 사회적 위치를 변화시키기 시작한다. 그리고 흔히 이러한 변화의 방향은 "상향적upward"이다. 이러한 이동으로 한 개인의 일대기는 종종 여러 개의 사회집단을 거칠 뿐만 아니라, 지적인 세계,

즉 그러한 집단에 연결된 지적 우주intellectual universes까지 거치는 상당한 편력을 갖게 된다. 따라서 이전에는《리더스 다이제스트Reader's Digest》를 주로 읽곤 했던 한 침례교도인 우체국 직원이《더 뉴요커 The New Yorker》를 읽는 성공회교인 하급 간부가 되기도 하며, 남편이 대학의 학과장이 된 교수 부인이 베스트셀러 목록 위주의 독자 수준을 졸업해 프루스트Proust나 카프카Kafka의 독자가 되기도 한다.

현대사회에서 세계관의 이러한 전반적인 유동성을 고려할 때 우리 시대를 전환conversion의 시대로 특징짓는 것은 놀라운 일이 아니다. 특히 지식인들이 그들의 세계관을 근본적으로, 그리고 놀라울 정도로 자주 바꾸는 경향이 있다는 사실도 놀랄 것이 못 된다. 가톨릭이나 공산주의 같은 강력하게 표현되고 이론적으로 폐쇄된 체계의 지적 매력이 자주 언급되었다. 모든 형태의 정신분석은 개인이 자신에 대한 관점뿐만 아니라 세계관 전반을 바꾸는 제도화된 전환 기제로 이해될 수 있다. 그 지지 회원의 교육 수준에 따라 다양한 수준의 지적인 세련미로 제시되는 다수의 신종 사이비 종교집단(컬트) 및 신조에 대한 인기는 우리 동시대인들의 전환 경향을 나타내는 또 다른 징후이다. 현대인, 특히 현대 교육을 받은 현대인은 마치 자신의 본성과 자신이 살고 있는 우주의 본성에 대해 끊임없이 의심하는 상태에 있는 것처럼 보인다. 다시 말해, 역사의 모든 시대를 통틀어 소수 지식인 집단의 소유였던 상대성에 대한 인식이 오늘날에는 사회체계의 저층까지 파급되는 광범위한 문화적 사실로 나타난다.

우리는 이러한 상대성 감각과 그에 따른 전체 세계관을 변화시키려는 성향이 지적 또는 정서적 미성숙의 징후라는 인상을 주고 싶지는 않다. 확실히 우리는 이런 패턴의 일부 대표자들을 너무 심각하게 받아들여서는 안 된다. 그럼에도 불구하고 우리는 본질적으로 유사한 패턴이 가장 진지한 지적 기획에서도 거의 숙명이 되고 있다고 주장할 것이다. 도덕적, 정치적, 철학적 헌신이 상대적이라는 사실을 깨닫지 않고서 현대 세계에서 완전한 인식을 가지고 존재하기란 불가능하다. 즉, 파스칼Pascal의 말을 빌리면, 피레네산맥 한쪽에서 진실인 것은 산맥 다른 쪽에서는 진실이 아니다. 우리 시대에 사용 가능한 보다 완벽하게 정교한 의미체계를 집중적으로 사용하면 어떻게 이러한 체계가 현실에 대한 총체적 이해를 제공할 수 있는지에 대해 진정으로 소름 끼치는 이해를 할 수 있다. 거기에는 대체 체계에 대한 해석과 한 체계에서 다른 체계로 전달되는 방식에 대한 해석도 포함된다. 가톨릭은 공산주의에 대한 하나의 이론을 가지고 있을지 모르지만 공산주의는 가톨릭에게 받은 대로 되갚아줄 요량으로 가톨릭에 대한 이론을 만들어낼 것이다. 가톨릭 사상가들 입장에서 공산주의자는 삶의 진정한 의미에 관해 유물론적 망상의 암담한 세계 속에 살고 있다. 공산주의자는 적수 격인 가톨릭이 속수무책으로 부르주아적 사고방식이라는 "허위의식false consciousness"에 사로잡혀 있다고 여긴다. 정신분석가는 가톨릭과 공산주의자 양자 모두 단지 그들을 움직이는 무의식적인 충동을 지적 수준에서 단순하게 실행한다고 생각할 것이다. 그리고 정신분석은 가톨릭에게는 죄의 현실로부터의 도피이고, 공산주의자에게는 사회 현실로부터의 도피일지도 모른다. 이것은 개인의 관점 선택이 자신의 전기를 회고해보는 방식을 결정한다는 것을 의미한다. 중국 공산당에 "세뇌"된 미국인 전쟁 포로들은 사회적, 정치적 사안에 대한 자신들의 관점을 완전히 바꾸었다. 미국으로 돌아온 포로들에게 이러한 변화는 회복 중인 환자가 악몽을 회상하는 것처럼 외부 압력으로 일어난 일종의 질병 같은 것이다. 그러나 그들을 세뇌했던 중국 공산주의자들에게 이러한 변화된 의식은 오랜 무지의 기간 동안 잠시 희미하게 깜박이는 진실된 이해의 빛처럼 보일 것이다. 그리고 귀환하지 않기로 결정한 포로들에게 그들의 전환은 여전히 암흑에서 빛으로 향하는 결정적인 통로로 보일 수 있다.

전환이라는 말(이 용어가 개종이라는 종교적 의미도 내포하고 있기 때문에) 대신 이러한 현상을 기술하는 데 보다 중립적인 용어인 "변역 alternation"이라는 말을 사용하는 것이 좋겠다. 방금 묘사한 바와 같은 지적 상황은 한 개인이 논리적으로 서로 모순되는 의미체계들 사이에서 앞뒤로 오가며 변화할 수 있는 가능성을 가져다준다. 어느 경우든 그가 진입하는 의미체계는 그가 포기한 의미체계에 대한 설명까지 포함해서 그 자신의 존재와 그가 살고 있는 세계에 대한 해석을 그에게 제공해준다. 또한 그 의미체계는 그에게 자신의 의심과 싸울 수 있는 도구를 제공한다. 가톨릭의 고해성사나 공산주의의 "자아비판", 그리고 "저항"에 대처하는 정신분석학의 기법 등은 모두 특정한 의미체계로부터 벗어나는 변역의 방지라는 동일한 목적을 수행한다. 개인으로 하여금 자신의 의심을 체계 자체에서 파생된 용어로 해석하도록 해서 그 의미체계 속에 남도록 한다. 그보다 덜 정교한 수준에서는 의미체계에 대한 개인의 충성심을 위협할 수 있는 의문들을 제거하기 위해 다양한 수단들이 동원될 것이다. 우리는 여호와의 증인이나 흑인회교도파와 같이 비교적 덜 세련된 집단의 변증법적 곡예에서 그러한 수단들이 사용되는 것을 볼 수 있다.

그러나 그러한 변증법을 받아들이고 싶은 유혹을 물리치고 변역

현상이 가져오는 상대성의 경험을 정면으로 직시하고자 할 때 비로소 또 하나의 중요한 차원의 사회학적 의식을 갖게 된다. 그 사회학적 의식은 바로 정체성뿐만 아니라 이념까지도 특정한 사회적 위치와 관계가 있다는 인식이다. 우리는 다음 장에서 사회학적 이해에 있어 이러한 인식의 상당한 중요성을 살펴볼 것이다. 여기서는 이처럼 상대화하는 동기가 사회학적 기획에 있어서 또 하나의 기본적인 추진력이라는 사실을 말해두는 것으로 충분하다.

이 장에서 우리는 정체폭로, 비천함[저급함], 그리고 상대화라는 세 가지 동기를 분석함으로써 사회학적 의식의 차원들을 개략적으로 설명하려고 노력했다. 이 세 가지 동기에다 마지막으로 네 번째 동기를 덧붙이고자 한다. 그 의미는 훨씬 덜 광범위하지만 우리의 그림을 완성하는 데는 유용한 것으로, 바로 범세계주의적인 동기cosmopolitan motif이다. 고대로 거슬러 올라가면 도시에서 세계에 대한 개방성, 다른 사고방식 및 행동 방식에 대한 개방성이 발전했다. 아테네나 알렉산드리아, 중세 파리나 르네상스 시대의 피렌체, 또 현대사에서 격동적인 도시 중심지들을 생각하면, 우리는 특히 도시 문화의 특징인 특정한 범세계주의적 의식을 확인할 수 있다. 그때 도시적일 뿐만 아니라 도시풍으로 세련된 개인은 그가 속한 도시에 아무리 열정적으로 애착을 갖고 있다 하더라도 지적 항해를 통해 전 세계를 배회하는 그런 사람이다. 사고하는 사람들이 있는 곳이라면 어디서든지, 비록 그의 몸이나 감정은 그렇지 않다고 하더라도 정신만은 편안함을 느낀다. 우리는 사회학적 의식이 이와 같은 종류의 범세계주의에 의해 특징지어진다고 주장할 것이다. 이것이 바로 관심의 초점에 있어서 협량한 편협성이 사회학적 모험에 위험신호가 되는 이유이다(불행하게도 오늘날 미국에서 꽤 많은 사회학적 연구들을 끌어올릴 위험신호가 그것이다). 사회학적 관점은 인간의 삶에 대한 폭넓고 개방적이며 해방된 전망이다. 최상의 상태에서 사회학자는 다른 나라에 대한 취향을 지니고, 인간 가능성의 무한한 풍요함에 대해서 내면적으로 개방적이고, 인간 의미의 새로운 지평과 세계를 갈구하는 사람이다. 이러한 유형의 사람이 오늘날의 사태 전개 과정에서 특히 유용한 역할을 할 수 있다는 점을 지적하는 데 굳이 부연 설명을 할 필요는 없을 것이다.

앞 장에서 우리는 사회학적 의식은 특히 우리가 "변역"이라고 일컫는 것으로 특징짓는 문화적 상황에서 발생할 가능성이 높다는 것을 보여주려 노력했다. 그리고 이때 "변역"이란 다양하고 때로는 상충되는 의미체계 사이에서 선택할 수 있는 가능성을 말한다. 이 책에서 우리가 할 주장의 주요 부분은 곧 인간 존재에 대한 사회학적 관점의 몇 가지 핵심 특징들을 기술하는 시도이다. 우리의 주된 경로에서 약간 이탈하는 것이지만, 그 부분으로 곧장 진행하기 전에 잠시 이 "변역" 현상에서 멈추어 이 현상이 자신의 일대기를 이해하려는 개인에게 어떤 의미가 있는지 묻고자 한다. 이 여담을 통해 사회학적 의식이란 사람이 유익하게 연구할 수 있는 흥미로운 역사적 유령일 뿐만 아니라 자기 삶의 사건들을 의미 있는 방식으로 정리하려는 개인에게 실제로 경험할 수 있는 선택도 된다는 사실이 더욱 분명해질 것이다.

상식적으로 보면, 우리는 어떤 것은 더 중요하고 어떤 것은 그렇지 않은 일련의 사건들 속에 살고 있으며, 어쨌든 그런 사건들을 한데 모은 총합이 우리의 전기가 된다. 전기를 편찬한다는 것은 이러한 사건들을 시간대별로 또는 중요한 순서대로 기록하는 것이다. 그러나 순전히 연대기적으로 기록한다고 하더라도 어떤 사건들을 포함시킬 것인지의 문제가 발생한다. 분명히 기록의 주체가 지금까지 수행한 모든 것을 다룰 수는 없기 때문이다. 다시 말해 순전히 연대기적 기록이라 할지라도 특정 사건의 상대적 중요성에 관한 질문은 제기되기 마련이다. 이것은 역사가들이 소위 "시대 구분[주기화]periodization" 이라고 부르는 것을 결정할 때 특히 분명해진다. 서구 문명의 역사에서 정확히 언제 중세가 시작되었다고 볼 것인가? 그리고 한 개인의 전기에서 그의 젊음이 끝났다고 추정할 수 있는 바로 그때는 언제인가? 일반적으로 이러한 결정은 역사가나 전기 작가가 "전환점turning points"이라고 간주하는 사건들, 말하자면 샤를마뉴Charlemagne 대제의 대관식이라든가, 김아무개라는 사람이 교회에 나가고 딴 여자들에게 향하던 눈길을 거두고 아내에게만 충실할 것을 결심한 날을 기준으로 이루어진다. 그러나 가장 낙천적인 역사가나 전기 작가, 그리고 마찬가지로 중요한 자서전 작가조차도 이러한 특정 사건을 진정으로 결정적인 사건으로 선택하는 것에 대해 의심하는 순간이 있다. 어쩌면 그들은 위대한 전환점으로 택해야 할 것은 샤를마뉴 대제의 대관식이 아니라 그의 색슨족Saxons 정복이라고 말할지도 모른다. 또한 김아무개의 중년이 시작되는 순간은 그가 작가가 되려는 야망을 포기한 시점이라고 말할지도 모른다. 이 사건이 아닌 다른 사건을 전환점이라고 결정하는 것은 전적으로 그것을 결정하는 사람의 준거틀에 명백히 달려 있다.

이러한 사실은 상식적인 생각만으로도 알 수 있다. 자신의 삶이 진정으로 어떤 것이었는지 이해하기 위해서는 어느 정도의 성숙이 요구된다는 것으로 이러한 사실은 처리된다. 그런데 자기 자신에 대한 성숙한 의식이란, 말하자면 인식론적으로 특권적인 위치에 있는 의식이다. 중년의 김아무개는 자기 아내가 한창 때처럼 예뻐지는 일은 없을 것이고, 자신의 광고 담당 대리라는 직업이 더 이상 흥미로워지지 않을 것이라는 사실을 받아들였기 때문에, 자신의 과거를 되돌아보면서 수많은 예쁜 여자들을 자기 것으로 만들고 싶어 했던 젊은 날의 욕망과 반세기의 결정판이 될 소설을 쓰고야 말겠다는 지난날의 열망이 한낱 풋내 나는 것이었다고 단정하게 된다. 성숙은 모험과 성취에 대한 무모한 꿈을 포기하고 현 상태*status quo*를 받아들이고 정착한 마음의 상태이다. 이러한 성숙의 개념이 눈높이를 낮춘 개인에게 합리화를 제공해주는 데 심리학적으로 기능적이라는 사실을 어렵지 않게 알 수 있다. 또한 점치는 능력을 가진 젊은 김아무개가 훗날의 패배와 절망의 자기 이미지를 보고 움찔했을까를 상상하는 것도 그리 어렵지 않다. 달리 말하면, 성숙의 개념은 한 사람의 전기에 있어서 무엇이 중요하고 중요하지 않느냐 하는 문제를 단정 짓는다고 주장할 수 있다. 어떤 관점에서 원숙한 듯 보이는 것도 다른 관점에서 보면 비겁한 타협으로 해석될 수 있다. 아뿔싸! 나이를 먹어간다는 것은, 딱하게도 반드시 더 현명해진다는 것을 의미하지는 않는다. 그리고 현재 보유한 관점이 지난해에 지녔던 관점보다 인식론적 우위에 있는 것도 아니다. 덧붙이자면, 오늘날 대부분의 역사가들이 인간사*human affairs*의 그 어떠한 진보나 진화 개념을 경계하는 것은 이와 같은 인식에서다. 우리의 시대가 인간이 지금까지 성취한 것의 전형*epitome*이라고 생각하기가 너무 쉽기 때문에, 현재 우리가 서 있는 지점으로부터 어느 정도 멀거나 가까운가 하는 근접성과 거리의 측면을 진보의 척도로 해서 과거의 모든 시기를 판단할 수 있다. 어쩌면 이 지구라는 행성에서 벌어진 인류 역사상 가장 결정적인 사건은 기원전 2405년 어느 조용한 오후에 이집트의 한 사제가 낮잠에서 깨 갑자기 인간 존재의 수수께끼에 대한 궁극적 해답을 깨닫고 다른 사람들에게 이야기할 겨를도 없이 숨을 거두었다는 것일 수도 있다. 그렇다면 그 후에 일어난 모든 일은 단지 하찮은 후주곡에 불과하다. 아마도 신들을 제외하고는 아무도 알 수 없으며 신들의 전갈마저도 유감스럽게도 모호해 보인다.

그러한 형이상학적 사색에서 전기의 문제로 돌아가면, 따라서 한 사람의 생애를 구성하는 사건의 과정에 대한 서로 엇갈리는 해석이 가능할 것으로 보인다. 이것은 단지 외부 관찰자에 의해서만 행해질 수 없기 때문에 우리가 죽은 후 경쟁하는 전기 작가들이 우리가 행하거나 말한 것의 진정한 의미를 두고 논쟁을 벌일 가능성도 있다. 인간은 계속해서 자신의 삶을 해석하고 재해석한다. 앙리 베르그송 Henri Bergson이 보여주듯 기억 자체는 해석의 반복 행위이다. 우리는 과거를 기억하면서, 무엇이 중요하고 중요하지 않은지에 대해 현재 지닌 생각에 따라서 과거를 재구성한다. 이것은 심리학자들이 "선택적 지각selective perception"이라고 부르는 것인데, 그들이 보통 이 개념을 현재에 대해서 적용한다는 점만을 빼면 얼추 그 개념에 부합한다. 이것은 어떠한 상황에서든 눈에 띌 수 있는 사물은 거의 무한대인데 그중에서 우리는 당면한 목적에 중요한 것에만 주목한다는 것을 의미한다. 그 나머지는 무시한다. 그런데 현재라는 시점에 우리가 무시한 것들도 그것들을 문제 삼는 누군가에 의해 우리의 의식 속으로 파고들 수 있다. 우리가 문자 그대로 미치지 않은 한, 우리는 그러한 것들에 대해서 별로 관심이 없다는 것을 강조할 수 있을지는 몰라도 그러한 것들이 거기에 있다는 사실만큼은 인정해야 할 것이다. 그러나 우리가 무시하기로 결정한 과거의 것들은 우리의 소멸하는 무기억nonremembrance에 대해서는 훨씬 더 속수무책이다. 그것들은 우리의 의지에 반하여 우리를 지적하기 위해 여기에 있는 것도 아니며, 오직 (예를 들어 형사소송처럼) 드문 경우에만 반박할 수 없는 증거에 직면하게 된다. 이것은 끊임없이 변화하고 유동하는 현재에 반하여 과거가 고정되고 불변하며 일정하다는 상식이 상당히 잘못되었음을 의미한다. 그와 반대로, 적어도 우리 자신의 의식 내에서 과거는 유연하고 신축성이 있으며 우리의 기억이 과거에 일어났던 일들을 재해석하고 다시 설명하면서 끊임없이 변화한다. 따라서 우리는 우리가 지닌 관점의 수만큼 많은 생애를 가지게 되는 셈이다. 스탈린주의자Stalinists들이 어떤 사건들은 결정적인 중요성을 가진 것으로 부각시키고 다른 사건들은 수치스러운 망각 속에 추방하면서 소비에트 백과사전을 계속 다시 썼듯이, 우리는 우리의 전기를 계속 재해석한다.

　우리는 과거를 재구성하는 이러한 과정(아마도 이러한 과정은 언어 자체에 내재할 것이다)이 유인원 시대에 시작된 것은 아니라고 해도 인류만큼은 오래되었으며, 이러한 과정이 인류가 주먹도끼로 뭔가를 심드렁하게 계속하는 것 외에는 별로 할 일이 없었던 기나긴 수천 년을 보내는 데 도움이 되었다고 가정해도 무리는 없을 것이다. 모든 통과의례rite of passage는 역사적 해석 행위이며 모든 현명한 노인은 역사 전개에 관한 이론가이다. 그러나 독특하게 현대적인 것이란 그런 재해석이 많은 사람들의 삶 속에서 자주 일어난다는 그 빈도와 신속성을 특징으로 하며, 세계를 재창조하는 이 게임에서 서로 다른 해석체계를 선택할 수 있는 상황이 점점 더 보편화되는 것이다. 앞장에서 이미 지적했듯이 지리적 및 사회적 이동이 크게 강화되는 것이 이 현상의 주요 원인이다. 몇 가지 예가 이 점을 더 분명하게 하는 데 도움이 될 수 있다.

물리적으로 이동 중인 사람들은 종종 자기이해self-understanding에 있어서도 이동 중이다. 단순한 거처 변경의 결과로 초래될 수 있는 정체성과 자아상의 놀라운 변화의 예를 들어보자. 특정한 곳은 그러한 변화가 거의 조립라인assembly line에서 생산되는 고전적인 장소들의 역할을 해왔다. 예를 들어 캔자스시Kansas City를 이해하지 않고서는 그리니치빌리지Greenwich Village[10]를 이해할 수 없다. 그리니치빌리지는 자신의 정체성을 바꾸는 데 관심을 가진 사람들의 모임 장소로 이용되기 시작한 이래로, 남자들과 여자들이 마법의 증류기retort를 통과하듯이 그들에게 사회심리학적 장치로서 작동했다. 즉 그곳을 들어갈 때는 선량했던 중서부인Midwestern[11]이 역겨운 도착자가 되어 나오는 장치 말이다. 전에는 올바르던 일이 후에는 올바르지 않고, 반대로 전에는 올바르지 못했던 것이 후에는 올바른 것이 된다. 전에는 금기였던 것이 이제는 필요한de rigueur 것이 되며, 전에는 당연했던 것이 터무니없는 것이 되며, 이제껏 어떤 이의 온전한 세계였던 것이 극복해야 할 대상으로 변한다. 이러한 변화를 겪는다는 것은 분명히 자신의 과거에 대한 재해석, 그것도 근본적인 재해석을 수반한다. 그는 이제 지난날 겪었던 정서적 대격변이 단지 유치한 흥분에 불과했

---

10   뉴욕에 있는 예술가 거주 지역, 1960년대 반문화운동의 진원지.
11   여기선 앞에서 거론한 캔자스시 시민을 말함.

고 그가 중요한 인물로 생각했던 사람들은 애초부터 줄곧 깡촌의 촌놈에 불과했다는 것을 깨닫는다. 한때는 그가 그토록 자랑스럽게 여겼던 일들이 이제는 아주 먼 옛날에 일어났던 부끄러운 삽화가 된다. 그것들이 만일 그가 현재 자신에 대해 생각하고 싶어 하는 방식과 너무 많은 차이가 날 경우, 기억에서 억제될지도 모른다. 따라서 졸업식에서 졸업생 대표가 된 그 찬란했던 날은 재구성된 전기에서는 그가 처음 그림을 그리려고 애썼던, 당시로서는 매우 시시하게만 여겨졌던 어느 날 오후에게 자리를 양보하게 되며, 교회의 여름 성경학교에서 예수를 영접하던 날로부터 한 시대를 계산하는 대신, 이전에는 수치심으로 마음을 졸인 날이었지만 지금은 단호한 자기정당화의 날이되는 다른 날, 즉 주차된 자동차의 뒷좌석에서 동정을 잃던 그때로부터 하나의 시대가 시작된다. 우리는 우리의 달력에 성스러운 날들을 다시 지정하며, 시간이 지남에 따라 끊임없이 새롭게 정의된 성취를 향한 우리의 진보를 표시하는 이정표를 다시 세우고 철거하면서 우리의 인생을 살아간다. 어떠한 마술도 새로운 마술로 극복할 수 없을 만큼 강력한 것은 없다는 것이 이제는 분명할 것이기 때문이다. 그리니치빌리지는 나중에 자신의 생에서 또 하나의 단계, 또 하나의 실험, 심지어 또 하나의 실수에 불과한 것이 될지도 모른다. 버려진 연대기의 잔해 속에서 오래된 이정표들이 다시 회수될 수도 있다. 예를 들어, 성경학교에서 겪었던 개종 경험은 나중에 그가 가톨릭 신도가 되면서 완전히 깨달은 진리를 향한 최초의 불확실한 암중모색으로 판명될지도 모른다. 그리고 동일한 과거에 대해 완전히 새롭게 정리하는 범주들이 부과될지도 모른다. 그래서 그는, 예를 들면, 개종과 성적인 입문 모두, 그리고 그가 자랑스러워했던 것과 부끄럽게 생각하는 것 모두, 또 이러한 사건들에 대해서 그가 이전과 이후에 내렸던 해석들 모두 동일한 신경성 증후군의 주요 부분이었다는 것을 정신분석을 통해 발견하게 될지도 모른다. 그리고 이것은 이렇게 무한히 *ad infinitum*, 그리고 지겹도록 *ad nauseam* 계속된다.

앞 문단에서 필자는 따옴표 사용에 인색했다. 그렇게 한 이유는 빅토리아시대 소설처럼 보이는 것이 싫어서다. 그래도 이런 것이 "깨달아지고 realized" 저런 것이 "발견됐다 discovered"라고 말했을 때, 그것이 조롱조였음을 이제는 분명히 해야 하겠다. 우리의 과거에 대한 "진정한" 이해는 우리의 관점의 문제이다. 그리고 분명히 우리의 관점은 변하기 마련이다. 그래서 "진리"는 지리적 문제일 뿐만 아니라 시간의 문제이기도 하다. 오늘의 "통찰"은 내일의 "정당화"가 되며, 그 반대가 되는 경우도 있다.

(사회의 어떤 수준에서 다른 수준으로의 이동인) 사회이동 social mobility 도 생애에 대한 재해석이라는 측면에서 지리적 이동과 매우 유사한 결과를 갖게 된다. 어떤 사람이 지위의 사다리를 올라감에 따라 그의 자아상 self-image이 변하는 방식을 살펴보자. 아마도 이 변화의 가장 슬픈 측면은 그가 자신과 가장 가까웠던 사람들과 사건들과의 관계를 재해석하는 방식일 것이다. 예를 들면, 그가 어린 시절을 보냈던 리틀이탈리아 Little Italy [12]와 관련한 모든 것은, 이를 악물고 마침내 도달한 교외의 집이라는 공간적으로 유리한 위치에서 바라볼 때 악의적인 변역 과정을 겪게 된다. 10대에 동경했던 소녀는 예쁘기는 하지

---

12 뉴욕시 차이나타운 북쪽에 위치한 이탈리아인 거주 지역.

만 무식한 시골뜨기로 변질된다. 소년 시절의 우정은 그 당시 지녔던 명예, 신비, 그리고 길모퉁이 애국심 등의 오래된 관념들과 함께 그가 오래전에 내동댕이쳤던 수치스러운 과거의 자아를 떠올리게 하는 짜증스러운 것이 된다. 심지어 온 우주가 그녀를 중심으로 돌아가는, 즉 우주의 중심이었던 "엄마"마저도 이제는 더 이상 존재하지 않는 과거의 자아를 속임수로 가끔 보여줘서 달래야만 하는 어리석은 이탈리아 노파가 되어버렸다. 다시 말하지만, 이런 그림에는 아마도 인류만큼 오래된 요소가 있다. 짐작건대 소년 시절이 끝난다는 것은 언제나 신들의 쇠퇴를 뜻하기 때문이다. 새로운 점은 우리와 같은 사회에서는 많은 아이들이 성인으로 성장할 뿐만 아니라 그렇게 함으로써 부모가 완전히 이해할 수 없는 사회세계로 이동한다는 것이다. 이것은 대규모 사회이동의 불가피한 결과이다. 미국 사회는 꽤 오랫동안 이동성이 높은 사회였으며, 그 결과 많은 미국인들은 자신의 배경을 재해석하고 자신이 어떤 사람이었으며 또 지금 어떤 사람이 되었는지를 (자신 그리고 다른 사람에게) 거듭해 계속 말하면서 인생의 많은 시간을 보내고 있는 것 같다. 그리고 이런 과정에서 정신적 희생 의례를 통해 자신들의 부모를 살해하고 있다. 덧붙일 필요도 없는 말이지만, "그들이 어떤 사람이었고"와 "어떤 사람이 되었다"라는 표현은 인용 부호 속에 들어간다. 덧붙여, 프로이트의 존속살해 신화가 미국 사회에서 쉽게 받아들여졌다는 것, 특히 전기를 다시 쓰는 것이 자신이 힘들게 얻은 지위를 정당화하는 데서 하나의 사회적 필수 요건이 되는 신흥 중산층에게서 쉽게 신임을 받았다는 것은 그리 놀라운 일이 아니다.

지리적 및 사회적 이동의 예들은 사회 전반에 걸쳐, 다양한 사회적 상황에서 진행되는 과정을 단지 더 선명하게 예시할 뿐이다. 과거의 연애를 재해석해서 결혼의 절정에 이르게 하는 데 동원하며 사랑을 고백하는 남편, 결혼 생활의 매 단계를 통해 마지막 낭패를 설명할 수 있도록 자신의 결혼을 그 시초부터 _ab initio_ 재해석하는 최근 파경에 이른 이혼녀, 자신이 가입하는 각각의 새로운 수다방gossiping group에서 자신의 다양한 관계를 각기 재해석하는 상습적인 떠버리(B에게 특정한 방식으로 A와의 관계를 설명하고, 자신이 진정한 친구인 것처럼 B에게 보이게 한 다음, 뒤돌아서 A에게는 B에 대해 뒷담화를 늘어놓아서 B와의 소위 우정이라 생각되던 것을 희생하는 것 등등), 이들 모두는 역사를 다시 개조함으로써 운명을 바로 잡는 영구히 계속되는 동일한 유희에 빠져 있다. 그런데 대부분의 경우, 재해석 과정은 부분적이며 기껏해야 반의식적half-conscious이다. 손을 대야만 하는 과거는 수정하지만, 현재의 자아상에 통합시킬 수 있는 과거는 그대로 내버려둔다. 이러한 전기적 정경biographical _tableau_에 있어서 이와 같은 지속적인 수정과 조정이 자신에 대한 명확하고 일관된 정의로 통합되는 경우는 거의 드물다. 우리 대부분은 의도적으로 초장부터 웅장한 자화상을 그리려고 마음먹지는 않는다. 오히려 우리는 자아 개념이라는 거대한 캔버스 위에서 주정뱅이처럼 비틀거리면서 여기에 물감을 조금 던지고 저기에 선 몇 개를 지우면서 아무렇게 휘갈기며 그림을 그려대지만, 실로 우리가 만들어낸 초상을 보기 위해 멈추는 법은 결코 없다. 다시 말해, 이러한 창조의 대부분이 우연히 일어나며, 기껏해야 반쯤만 인식하고 있는 상태에서 일어난다는 관찰을 추가한다면, 우리가 우리 자신을 창조한다는 실존주의적 관념을 받아들일 수 있을 것이다.

과거에 대한 재해석이 다분히 의도적이며, 완전히 의식한 상태이고 지적으로 통합된 활동의 일부인 경우도 있다. 이것은 누군가의 전기의 재해석이 지난날과는 다른 종교적 또는 이데올로기적 세계관 *Weltanschauung*으로의, 즉 그의 전기가 위치할 수 있는 보편적인 의미체계로의 전환(개종)의 한 측면일 때 발생한다. 따라서 개종자는 이제 그의 이전 생애 전체를 눈앞에서 안개가 걷힌 순간을 향한 섭리적 활동으로 이해할 수 있다. 어거스틴Augustine의《고백록*Confessions*》이나 뉴먼Newman의《자기 생애의 변론*Apologia Pro Vita Sua*》은 이에 대한 고전적인 진술이다. 개종은 개인의 전기에 B.C와 A.D., 기독교인 입문 이전과 그 이후, 가톨릭교인 입문 이전과 그 이후 등 새로운 시대구분을 도입한다. 이제 결정적인 것으로 지정된 사건 전의 시기는 불가피하게 이 사건을 위한 준비 단계로 해석된다. 구율법시대의 예언자들은 새로운 시대의 선구자와 선견자로 지칭된다. 달리 말하면, 개종은 과거를 극적으로 변형하는 행위이다.

선불교에서 추구하는 깨달음의 체험인 견성satori은 "새로운 눈으로 사물을 보는 것"이라고 풀이된다. 이것은 종교적 개종과 신비적 변태에 관련해서는 명백히 적절하지만, 현대의 세속적 신념들 또한 그 신봉자들에게 이와 유사한 경험을 제공한다. 예를 들어 공산주의자가 되는 과정도 어떤 이의 과거 생애에 대한 철저한 재평가를 수반한다. 새로 기독교인이 된 사람이 이제까지의 생애를 죄의 기나긴 밤과 구원의 진리로부터의 소외로 이해하듯이, 젊은 공산주의자는 그의 과거를 부르주아지 정신의 "허위의식"에 사로잡힌 포로로 이해한다. 과거의 사건들은 근본적으로 재해석돼야 한다. 이전에는 마음 놓고 즐겼던 것들이 이제는 교만의 죄로 분류되거나, 전에는 개인의 고결함이었던 것이 이제는 부르주아지적 감상주의로 간주된다. 결과적으로 과거의 관계들도 재평가돼야만 한다. 심지어 부모의 사랑마저도 배교의 유혹이나 당에 대한 반역이라고 해서 버려야 할지도 모른다.

정신분석학도 우리 사회의 많은 사람들에게 그들의 전기에서 어긋나는 부분들을 의미 있는 도식 속에 정렬하는 유사한 방법을 제공한다. 이 방법은 종교나 혁명이 요구하는 용감한 헌신을 하기에는 너무 "닳고 닳은", 세상 편한 중산층 사회에서 특히 제구실을 한다. 그 논리체계 안에 인간의 모든 행동을 설명하는 정교하고 소위 과학적인 수단을 포함하고 있는 정신분석학은 그 신봉자들에게 어떤 도덕적 요구도 하지 않고, 그들의 사회경제적 계획도 망쳐놓지 않으면서 그들 자신의 설득력 있는 자기상이라는 사치를 제공한다. 이것은 분명히 기독교나 공산주의와 비교할 때 기술적으로 개선된 개종 관리이다. 이와 별개로, 과거의 재해석은 유사하게 진행된다. 아버지, 어머니, 형제, 자매, 아내, 자식들은 하나씩 개념적 가마솥에 던져져 프로이트적 신전 속의 변형된 인물로 등장한다. 오이디푸스는 이오카스테를 영화관에 데리고 가기도 하고, 아침 식탁 너머로 원초적 아버지Primal Father를 바라보기도 한다. 그러면 이제 다시 모든 것이 이해되기 시작한다.

자신의 전기의 흩어진 데이터들이 정리할 수 있는 의미체계로 전환되는 경험은 해방감을 주고 큰 만족감을 준다. 아마도 이것은 질서, 목적 및 명료성에 대한 인간 내면에 깊숙이 자리 잡은 요구에 그 뿌리를 두고 있을 것이다. 그러나 이러한 개종, 또는 다른 어떤 개종이 반드시 최종적인 것은 아니며, 즉 다시 재개종하고 재재개종할 수 있다는 인식이 떠오르는 것은 인간 정신이 취할 수 있는 가장 끔찍한 생각 중 하나이다. 우리가 "변역"이라고 부르는 것의 경험(정확히 말하면, 무한한 일련의 거울 앞에서 자기 자신을 인식하는 것으로, 각 거울은 자신의 이미지를 상이한 잠재적 개종으로 변형시킨다)은 현기증을 느끼게 한다. 그것은 사람에게 가능한 존재의 지평선들이 무한히 겹치는 광경을 보면서 형이상학적 광장공포증agoraphobia을 느끼게 한다. 우리가 이제 사회학을 삼킬 수 있는 마법의 알약으로 만들어서 이 모든 지평이 즉시 제자리를 잡을 수 있도록 할 수 있다면 참으로 만족스러울 것이다. 만약 그렇게 한다면, 그것은 "변역"병 "alternation" sickness의 인식론적 불안으로부터 구제를 약속하는 다른 모든 신화에 또 하나의 신화를 추가하는 것일 뿐이다. 사회학자**로서**qua 사회학자는 그러한 구원을 제공할 수 없다(그가 본업 외의 활동에서는 도사guru일 수도 있지만 그 점이 여기서 우리의 관심사가 될 필요는 없다). 사물의 궁극적 의미에 관한 정보가 희박하고, 분명 허위인 경우도 흔히 있으며, 어쩌면 압도적으로 받아들일 수 있는 정보는 결코 없는 상황 속에 존재해야 한다는 점에서 그는 다른 사람과 아주 다르지는 않다. 그는 내다 팔 인식론적 기적을 갖고 있지 않다. 사실 사회학적 준거틀은 존재에 적용될 수 있고, 전기 해석학의 다른 시도로 다시 대체될 수 있는 또 하나의 해석체계에 불과하다.

그럼에도 불구하고 사회학자는 경쟁하는 세계관의 정글에서 길을 찾으려고 노력하는 사람들에게 매우 간단하고 따라서 훨씬 더 유용한 통찰력을 제공할 수 있다. 그것은 이러한 세계관들이 모두 **사회적으로 근거하고**socially grounded 있다는 통찰이다. 조금 다르게 표현하면, 모든 세계관은 하나의 음모conspiracy이다. 공모자들은 특정 세계관이 당연시되는 사회적 상황을 구성하는 사람들이다. 이러한 상황에 처한 개인은 날이 갈수록 거기에 깃든 기본적 가정을 더욱 공유하는 경향이 있다. 즉, 인간은 이 사회세계에서 다른 사회세계로 옮겨 갈 때 세계관을 바꾼다(그리고 따라서 자신의 전기에 대한 해석과 재해석을 변역한다). 미친 사람이나 천재 중 극소수만이 혼자만의 의미세계에서 살 수 있다. 우리 대부분은 다른 사람들로부터 우리의 의미를 획득하고, 그 의미가 계속 힘을 얻으려면 타인들의 지속적인 지원이 필요하다. 교회는 의미 있는 해석을 상호 강화하기 위한 기관이다. 비트족Beatnik은 평화주의자, 채식주의자, 크리스천 사이언스 교도Christian Scientist[13]와 마찬가지로 나름의 비트족 하위문화subculture를 가져야 한다. 그러나 완전히 적응하고 성숙하며, 중도적이고 건전하며 분별력 있는 교외 거주자도 역시 그의 생활 방식을 승인하고 지탱하게 하는 특정한 사회적 맥락을 필요로 한다. 실로 "적응" "성숙" "정상" 등의 용어는 모두 사회적으로 상대적인 상황들을 가리키며, 그것들과 분리되면 무의미한 것이 된다. 인간은 특정한 사회에 적응하며, 익숙해짐으로써 성숙해진다. 인간은 그 사회의 인지적이고 규범적인 가정들을 공유할 때 비로소 정신이 온전한 사람이 된다.

　따라서 자신의 의미체계를 변경하는 사람들은 사회적 관계도 변경해야 한다. 어떤 여자와 결혼함으로써 자신을 재규정하는 사람은 이러한 자기정의에 맞지 않는 친구들을 버리지 않으면 안 된다. 비트족이 부유촌에 사는 중개상과 자주 점심을 같이 먹으면 **그의** 이데올

13　1879년 보스턴에서 자생한 기독교 이단 분파.

로기가 위험에 처하는 것처럼 가톨릭 신자가 비가톨릭 신자와 결혼하려면 신앙의 위험을 무릅써야 한다. 의미체계는 사회적으로 구성된다. 중국의 "세뇌자brainwasher"는 정신분석가가 환자와 하는 것처럼 피해자와 공모해서 그의 새로운 인생사를 날조해낸다. 물론 이 두 상황에서 피해자/환자는 이 특정의 음모가 시작되기 훨씬 오래전에 존재했던 자신에 대한 진실을 "발견discovering"하고 있다고 믿는다. 사회학자는 이러한 확신에 대해 적어도 회의적일 것이다. 사회학자는 발견으로 보이는 것이 실제로는 발명[날조]invention이라고 강하게 의심할 것이다. 그리고 이렇게 날조된 것이 그럴듯해 보이는 정도는 날조가 만들어지는 사회적 상황의 강도와 직접적인 관련이 있음을 알게 될 것이다.

뒤에서 우리는 우리가 어떤 생각을 하는가와 누구와 저녁 식사를 함께하는가 사이의 성가신 관계에 대해 더 자세히 설명할 것이다. 이 여담의 장에서 우리는 상대성과 "변역"의 경험이 전세계적인 역사적 현상일 뿐만 아니라 개인 삶의 진정한 실존적인 문제이기도 하다는 것을 보여주려 애썼다. 이런 경험의 사회적 뿌리에 대한 사회학의 통찰은 이렇게 제기된 고통스러운 문제에 관해 철학적 또는 신학적 해답을 찾는 사람들에게 약간의 위안이 될 수 있을지 모른다. 그러나 계시가 고통스러울 정도로 소량으로 배급되는 이 세상에서는 조그만 은전에도 감사할 줄 알아야 한다. "세계관"에 대한 웅장한 토론 속에 **누가 그런 말을 하는가?**라는 까탈스러운 질문을 별안간 끼워넣는 사회학적 관점은 최소한 너무 쉽사리 촐랑대며 개종[전환]하지 않도록 조금은 보호해준다는 점에서 직접적인 효용성을 지닌 냉철한 회의주의sober skepticism의 요소를 제시한다. 사회학적 의식은 특정 의미체계가 부착된 특정 사회세계 내에서, 그리고 특정 사회세계를 통과하는 운동으로 자신의 전기를 인식하게 하는 준거틀 속에서 작용한다. 이것은 결코 진리 문제를 해결하지는 못한다. 그러나 우리가 길에서 마주치는 모든 전도단 무리에 갇힐 가능성을 약간은 줄여준다.

어느 정도 나이가 되면 아이들은 지도 위에서 자기 위치를 찾을 수 있다는 가능성에 큰 흥미를 느낀다. 한 개인의 친숙했던 삶이 실제로 지도상의 매우 비인격적인, 그리고 그때까지는 익숙하지 않은 일련의 좌표로 표시된 영역에서 모두 발생해야 했다는 사실은 이상한 기분이 들게 한다. "내가 저기 갔었어"와 "내가 지금 있는 곳이 여기구나"라는 아이의 감탄사는 작년 여름방학 때 가보았던 장소, 개를 처음으로 가져보았다든가 아니면 남몰래 지렁이를 채집해 감춰둔 곳 등 아주 개인적인 사건으로 인해 기억에 남을 장소들에, 그곳에 있는 그의 개, 지렁이, 그리고 그 자신에게 낯선 사람들이 만든 특정한 위도와 경도가 매겨진다는 데 대한 놀라움이 무심결에 흘러나온 것이나 진배없다. 낯선 사람이 고안해낸 좌표에 자신을 위치시키는 것은 완곡하게 표현하면 아마도 "성장growing up"이라고 불리는 것의 중요한 측면 중 하나일 것이다. 사람은 하나의 주소를 가지면서 비로소 성인들의 현실 세계에 참여하게 된다. 바로 얼마 전까지만 해도 [봉투에] "할아버지께"라고 적힌 편지만을 보냈던 아이가 이제는 지렁이를 같이 채집한 친구에게 자신의 정확한 주소(주, 도시, 마을, 거리

등)를 알려주고, 얼마 지나지 않아 편지가 도착하면 그 아이는 어른의 세계관에 대한 시험적인 충성이 극적으로 정당화되는 것을 깨닫게 된다.

아이는 이 세계관의 현실을 계속 받아들이면서 호칭[주소]¹⁴을 계속 모아간다. "나는 6살이에요" "내 이름은 우리 아빠처럼 브라운이고, 부모님은 이혼하셨어요." "나는 장로교 신자예요" "나는 미국인이에요", 그리고 결국에는 어쩌면 "나는 영재들이 다니는 특별반에 있어요. 내 IQ가 130이거든요"까지 말이다. 어른들이 정의하듯이, 세상의 지평은 저 멀리 떨어진 지도 제작자의 좌표에 의해 결정된다. 그 아이는 집에서 소꿉놀이할 때는 아빠나 인디언 추장, 데이비 크로켓Davy Crockett¹⁵이라고 부르면서 다른 신분을 만들어내기도 하지만, 그러면서도 자신은 지금 놀이를 하고 있을 뿐이며 자신에 관한 진짜 사실은 학교 당국에 등록된 내용이라는 사실을 줄곧 알고 있을 것이다. 우리는 따옴표를 생략했고, 따라서 우리도 어린 시절에 온전한 정신 상태에 빠져 있었음이 무심코 드러났다. 물론 모든 핵심 단어, 즉 "진짜" "사실" "알고" 같은 말에는 인용 부호를 붙여야 한다. 제정신인 아이는 학교 기록부에 적힌 것들을 믿는 아이다. 그리고 정상적인 어른은 그에게 부여된 좌표라는 울타리 내에서 사는 사람이다.

상식적 견해라고 불리는 것은 실제로는 당연시되는 어른들의 견해이다. 이것은 존재론이 된 학교 기록의 문제이다. 이제 인간은 그가 사회 지도에서 자신이 어디에 위치하는지 지적받는 방식으로 마

---

14 'address'를 중의적으로 씀.
15 미국의 군인 정치가.

땅히 자신을 규정한다. 이것이 인간의 정체성과 사고에 어떤 의미를 갖는지에 대해서는 다음 장에서 더 자세히 살펴보기로 한다. 지금 우리의 관심사는 그러한 위치 설정이 인간에게 그가 무엇을 할 수 있고 또 인생에서 무엇을 기대할 수 있는지를 알려주는 방식이다. 사회 속에 위치한다는 것은 특정한 사회적 세력들의 교차점에 있다는 것을 의미한다. 보통 이런 세력들을 무시하면 위험을 각오해야 한다. 인간은 세심하게 정의된 권력과 위세의 체계 내에 있는 사회 안에서 움직인다. 인간은 일단 자신의 위치를 설정하는 법을 알게 되면 이에 대해 재량으로 할 수 있는 일이 그리 많지 않다는 것도 알게 된다.

하층계급의 사람들이 "저들이they"와 "저들을them"이라는 대명사를 사용하는 방식이 이러한 삶의 타율성에 대한 의식을 잘 표현하고 있다. "저들이" 특정한 방식으로 사물을 고정시키고, "저들이" 모든 일을 결정하고, "저들이" 규칙을 만든다. 이러한 "저들" 개념은 어떤 특정 사람들이나 집단으로 아주 쉽게 확인되지 않을 수도 있다. 낯선 사람들이 만든 지도, 그것은 사람들이 그 위를 계속해서 기어가야 하는 "체계system"이다. 그러나 이 개념이 사회의 상층으로 올라감에 따라 그 의미를 상실한다고 가정하면, 그것은 그 "체계"를 한쪽으로 치우쳐 보는 것이 될 것이다. 확실히 상층으로 이동하면 이동과 결정의 자유가 더 커진다고 느낄 것이며 실제로도 그럴 것이다. 그러나 인간이 움직이고 결정할 수 있는 기본 좌표들은 여전히 다른 사람들이 그렸으며, 그들 중 대부분은 낯선 사람들이고, 그들 중 상당수는 이미 오래전에 죽어 땅속에 있는 이들이다. 심지어 전제군주조차 끊임없는 저항에 부딪히며 폭정을 행사한다. 꼭 정치적 저항만은 아니다. 그는 관습과 전통, 그리고 순전히 습관이라는 저항에도 부딪힌다. 제도institutions는 아마도 궁극적으로 인간의 어리석음이라는 단단한 바위 위에 세워진 그 자체의 관성의법칙을 그 내부에 담고 있다. 전제군주도 자신의 말을 감히 거역하는 자가 없다고 할지라도 단순한 이해 부족으로 인해 그의 명령이 계속해서 수포로 돌아간다는 것을 알게 된다. 이처럼 다른 사람이 만든 사회라는 조직은 심지어 공포에 대해서도 맞서면서 스스로 살아 있음을 재천명한다. 그러나 폭정의 문제는 뒤로 남겨두자. 필자와 이 글을 읽는 거의 모든 독자를 포함해서 (아마도) 대부분의 사람들이 차지하는 수준에서 이야기하면, 사회에서 위치 설정은 곧 준수해야 할 규칙의 정의를 구성한다.

이제껏 살펴본 것처럼, 사회를 보는 상식적인 관점은 이러한 사실을 이해하고 있다. 사회학자도 이런 이해를 부정하지 않는다. 사회학자는 그것을 더 벼리고, 그 근원을 분석하며, 때로는 그것을 수정하거나 확장한다. 나중에 다루겠지만 사회학적 관점은 결국엔 그 "체계"와 우리가 그것의 포로가 되는 데 대한 상식적 이해를 뛰어넘는다. 그러나 사회학자가 분석에 착수한 대부분의 특정한 사회 상황에서 사회학자는 "저들이" 책임자라는 생각에 딴지를 걸 이유를 거의 찾지 못할 것이다. 오히려 반대로, "저들은" 사회학적 분석 이전에 우리가 생각하는 것보다 훨씬 더 확실하고 더 크게 위세를 떨치고 있는 듯 보일 것이다. 이러한 측면은 사회학적 관점의 두 가지 중요한 연구 분야인 사회통제social control와 사회계층social stratification을 살펴봄으로써 명확해질 수 있다.

사회통제는 사회학에서 가장 일반적으로 사용되는 개념 중 하나이다. 이 개념은 사회에 완강히 저항하는 구성원들을 다시 협조의 대열로 보내기 위해 사회가 사용하는 다양한 수단을 말한다. 사회통제

없이는 어떠한 사회도 존재할 수 없다. 심지어 가끔 모이는 소규모 집단이라고 할지라도 아주 단기간에 해체되지 않으려면 통제 기제를 개발해야 한다. 사회통제 수단이 사회 상황에 따라 크게 달라진다는 것은 두말할 나위가 없다. 사업 조직에서 계통체계에 반대하는 것은 인사 담당관이 말하는 마지막 면담을 의미할 수 있고, 범죄 조직에서는 최후의 자동차 드라이브를 의미할 수 있다. 통제 방법은 해당 집단의 목적과 특성에 따라 다르다. 어느 경우든, 통제 기제는 바람직하지 않은 인원을 제거하고 "다른 사람을 격려하는"(아이티의 크리스토프 왕King of Christophe of Haiti이 일찍이 강제 노역 집단의 10분의 1을 처형하며 이렇게 표현했다) 기능을 한다.

사회통제의 궁극적 수단이며, 의심의 여지 없이 가장 오래된 수단은 물리적 폭력이다. 아이들의 야만적 사회에서 그것은 여전히 주요한 통제 수단이다. 그러나 심지어 세련되게 운용되는 현대 민주주의 사회에서조차 궁극적인 주장은 결국 폭력이다. 어떤 국가도 경찰력이나 이에 상응하는 무장된 무력 없이는 존재할 수 없다. 이러한 궁극적인 폭력은 자주 사용되지 않을 수도 있다. 폭력을 사용하기 전에 가령 경고나 질책 등 취할 수 있는 조치는 수없이 많다. 그러나 이런 모든 경고를 무시한다면, 심지어 교통법규 위반 범칙금 같은 매우 사소한 문제에서도 재차 경고를 무시한다면, 마지막에 일어날 일은 경찰관 두 명이 수갑을 가지고 호송차를 불러 문 앞에 나타나는 것이다. 심지어 처음에 교통법규 위반 범칙금을 부과하는 덜 엄격해 보이는 경찰관일지라도 만일을 대비해 권총을 차고 있을 가능성이 높다. 평상시에 경찰이 총을 휴대하지 않는 영국에서조차 총기가 필요한 사건이 생기면 총기를 지급한다.

대중적으로 제정된 규칙의 자발적 준수를 이념적으로 강조하는 서구 민주주의국가에서는 이러한 공권력이 행사하는 폭력이 항상 존재한다는 것이 충분히 강조되지 못했다. 공권력의 폭력이 있음을 아는 것이 무엇보다 중요하다. 폭력은 모든 정치 질서의 궁극적인 토대이다. 사회를 보는 상식적인 관점은 이것을 감지하고 있으며, 형법에서 사형 폐지를 거부하는 널리 만연해 있는 대중적 거부감과도 무관하지 않을 것이다(비록 이러한 거부감은 아마도 법학자들과 대부분의 동료 시민들이 공유하는 어리석음, 미신, 천성적인 야수성에 기반을 두고 있지만 말이다). 그러나 정치적 질서가 궁극적으로 폭력에 의존하고 있다는 진술은 사형을 폐지한 국가에서도 마찬가지로 사실이다. 자유로운 비준에 따라 전기의자가 핵심적인 형벌 시설을 장식하는 코네티컷주에서는 특별한 상황에서 경찰들에게 무기 사용이 허락된다. 그러나 경찰과 교정 당국에 그런 시설이 없는 로드아일랜드주의 경찰에게도 코네티컷주 경찰에게 일어난 것과 같은 일이 일어날 수 있는 동일한 가능성이 존재한다. 덜 민주적이고 인도주의적인 이념 성향이 덜한 국가들에서 폭력 수단이 훨씬 덜 신중하게 드러나고 사용된다는 것은 말할 필요도 없다.

폭력을 지속적으로 사용하는 것은 비현실적이고 또한 비효율적이기 때문에 공식적인 사회통제 기관은 대개 일반적으로 알려진 폭력 수단의 가용성availability[16]이라는 억제력에 주로 의존한다. 여러 가지 이유로 이러한 의존은 파국적 해체 직전(이를테면 혁명, 군사적 패배

---

16 필요 시 동원 및 실행 가능성.

또는 자연재해 상황)에 있지 않은 모든 사회에서 일반적으로 정당화된다. 이러한 현상이 일어나는 가장 중요한 이유는 바로 심지어 독재 및 테러 국가에서조차 정권은 단순히 시간만 지나면 용인되고 심지어 용인될 가능성을 지니게 된다는 사실이다. 그렇다고 여기서 이러한 사실의 사회심리학적 역학을 다룰 생각은 없다. 민주주의 사회에서는 적어도 대부분의 사람들이 폭력 수단이 사용되는 가치를 공유하는 경향이 뚜렷하다(이것은 그런 가치들이 훌륭해야 한다는 의미는 아니다. 하지만 예를 들어 일부 미국 남부 지역사회의 백인 대다수는 인종차별을 유지하기 위해 경찰이 폭력을 사용하는 것에 찬성할지도 모르고, 이것은 대부분의 대중이 폭력 수단 사용을 승인한다는 것을 의미한다). 제대로 작동 중인 사회라면 어떤 사회든 폭력은 경제적으로 또 최후의 수단으로 사용되고 있으며, 이러한 궁극적인 폭력의 단순한 위협만으로도 일상적인 사회통제가 충분히 가능하다. 이러한 논의에서 우리의 목적을 위해 강조해야 할 가장 중요한 문제는 바로 거의 모든 인간이 만일 다른 모든 강제 수단이 실패할 경우에 폭력이 공식적으로나 합법적으로 사용될 수 있는 사회적 상황 속에 살고 있다는 사실이다.

사회통제에서 폭력의 역할을 이런 식으로 이해한다면, 소위 강압에 있어서 제일 끝에서 두 번째 수단이 대부분의 경우에 많은 사람들에게 더 중요하다는 것이 분명해진다. 법조인과 경찰이 고안한 위협 방법에는 독창적이지 않은 단조로움이 있는 반면, 한결 덜 폭력적인 사회통제 도구는 커다란 다양성과 때로는 상상력까지 보여준다. 정치적 및 법적 통제 다음으로 가할 수 있는 수단은 아마도 경제적 압박일 것이다. 생계나 이익을 위협하는 것만큼 효과적인 강제 수단도 드물 것이다. 경영진과 노동자 모두 우리 사회에서 이 위협을 효과적인 통제 수단으로 사용한다. 경제적 통제 수단은 경제라고 불리는 게 당연한 제도 밖에서도 똑같이 효과적이다. 대학이나 교회 역시 당국이 허용 가능한 선을 넘어 구성원들이 막 나가는 것을 제지하기 위해서 경제적인 제재를 그와 똑같이 효과적으로 사용한다. 목사가 오르간 연주자를 유혹하는 것이 실제로는 불법이 아닐 수도 있지만, 그가 영원히 직업을 수행하지 못할 거라는 위협은 감옥에 처넣겠다는 위협보다 훨씬 더 효과적으로 그러한 유혹을 통제할 것이다. 어떤 신부가 성당 관료들이 차라리 침묵 속에 묻히길 바라는 문제에 대해 소신 발언을 하는 것은 의심의 여지 없이 불법이 아니다. 그러나 그럴 경우 괘씸죄로 그 성직자가 극히 적은 보수를 받는 시골 교구로 쫓겨나 여생을 보낼 가능성이 있다는 것은 앞선 논의의 매우 강력한 논거가 된다. 당연히 그러한 주장은 바로 경제 제도에서 더 공개적으로 사용되지만, 교회나 대학에서 경제적 제제를 가하는 것의 결과는 재계에서 사용되는 것과 별반 다르지 않다.

사람들이 개인적으로 알려져 있고 개인적인 신의로 서로 묶여 있는 소규모 집단(사회학자들이 1차집단[원초적 집단]primary group이라고 부르는 종류의 집단) 속에서 살거나 일하는 경우, 매우 강력하면서도 동시에 매우 섬세한 통제 메커니즘이 실제적이거나 잠재적인 일탈자에게 항상 영향을 미친다. 그것은 설득, 조롱, 험담gossip, 그리고 먹칠[비난]의 메커니즘이다. 일정 시간 동안 진행되는 집단토론에서 개인은 집단에서 표현된 모든 의견의 산술평균에 해당하는 집단 규범에 맞게 원래 자신이 가지고 있던 의견을 수정한다는 사실이 밝혀졌다. 이 규범이 어디에 있는지는 그 집단의 구성원층에 따라 분명히 달라진다. 예를 들어 20명의 식인종 집단이 비식인종 한 사람과 식인 풍습에 대해 논쟁을 벌일 경우, 결국 그 비식인종은 그들의 논점으로 보게 되고 체면을 유지하는 정도의 몇 개의 조건(예를 들면, 가까운 친척을 먹는 것에 대한 조건)을 달아 대다수의 관점으로 완전히 넘어갈 가능성이 있다. 그러나 60세 이상의 인육은 교양인의 미각에는 너무 질기다고 생각하는 10명의 식인종과 그것도 아니라며 그 연령 선을 50세로 낮추자고 까다롭게 선을 긋는 10명의 다른 식인종 사이에 집단토론이 벌어질 경우, 결국 그 집단은 식탁에 오를 포로를 구분할 때 점심 식사용 고기와 그냥 버릴 것을 구분하는 나이를 55세로 합의할 가능성이 높다. 이것이 바로 집단역학group dynamics의 경이로움이다. 이와 같은 의견 일치를 향한 명백히 피할 길 없는 압력의 저변에 놓인 것은, 추측하건대 주위에 있는 어떠한 집단이든지 간에 사람을 받아들일 요량이라면 거기에 수용되길 바라 마지않는 인간의 내면에 깊숙이 자리 잡은 욕망일 것이다. 이러한 욕망은 잘 알려진 것처럼 합의 공학consensus engineering 분야에 속한 집단치료사, 선동가 그리고 기타 전문가들에 의해 가장 효과적으로 조작될 수 있다.

조롱과 험담은 모든 종류의 원초적 집단에서 가장 강력한 사회적 통제 수단이다. 많은 사회가 조롱을 아동에 대한 주요한 통제 수단 중 하나로 사용한다. 아동은 처벌이 두려워서가 아니라 비웃음을 당하지 않기 위해 순응한다. 우리네 더 큰 문화에서 이러한 방식의 "놀림kidding"은 남부 흑인들 사이의 중요한 징계 조치였다. 그러나 대부분의 사람들은 어떤 사회적 상황에서 자신이 조롱거리가 되는 것에 대해 소름끼치는 두려움을 경험하곤 한다. 더 길게 설명할 필요조차 없이, 험담은 사람들 대부분이 사회적 가시도가 높고 시도 때도 없이 이웃들이 참견과 간섭을 할 수 있는 그런 소규모 사회[공동체]에서 특히 효과적이다. 그러한 사회에서 험담은 의사소통의 주요한 통로이며 사회조직을 유지하는 데 필수적이다. 조롱과 험담 모두 그것들의 전달 통로에 접근할 수 있는 지능적인 사람이라면 누구든지 의도적으로 조작할 수 있다.

마지막으로, 인간 사회가 사용할 수 있는 가장 악랄한 처벌 수단 중 하나는 구성원 한 명에게 조직적으로 먹칠을 가하고 그를 따돌리는 것이다. 이것이 폭력 사용에 원칙적으로 반대하는 집단이 선호하는 통제 메커니즘이라는 점은 다소 모순적이다. 그 예로는 아미시 메노파 교도Amish Mennonites[17] 사이에서 볼 수 있는 "기피shunning"를 들 수 있다. 집단의 주요 금기 사항을 위반한 개인(예를 들자면, 외부인과 성관계를 가진 자)은 "기피" 대상이 된다. 이것은 그가 그 사회에서 계속 일하며 살아가는 것은 허용된다고 하더라도 누구도 그에게 말을 걸지는 않는다는 것을 뜻한다. 이보다 더 잔인한 처벌을 상상하기는 어려울 것이다. 그런 것들이 바로 평화주의의 불가사의이다.

우리가 반드시 강조해야 할 사회통제의 한 측면은 사회통제가 종종 기만에 찬 주장을 근거로 한다는 사실이다. 뒤에서 우리는 인간 삶에 대한 사회학적 이해에서 사기의 일반적인 중요성에 대해 더 다룰 것이지만, 여기서는 단순히 기만이라는 요소를 고려하지 않으면 사회통제 개념은 불완전하며 따라서 오해의 소지가 있다는 점을 강조하는 데 그칠 것이다. 한 어린 소년은 필요하다면 상대를 두들겨 패줄 큰형을 둠으로써 또래 집단에게 상당한 통제력을 행사할 수 있

---

17 기술 문명을 거부하고 소박한 농경 생활을 고집하는 미국의 한 종교 집단으로 유아 세례, 병역 거부 등을 특징으로 함.

다. 그런 형이 없을 경우, 그런 형을 하나 만들어내는 것도 가능하다. 자신이 꾸며낸 발명품을 실제적인 통제력으로 전환하는 데 성공할지의 여부는 홍보PR 재능의 문제가 될 것이다. 어쨌든 이것은 확실히 가능한 일이다. 우리가 논하고 있는 모든 형태의 사회통제에는 그와 동일한 기만의 가능성이 있다. 이것이 바로 지능이 잔인성, 악의 및 물질적 자원과의 경쟁에서 어느 정도 생존 가치를 가지는 이유이다. 이에 대해서는 뒤에서 다루기로 한다.

그러면 각각 사회통제 시스템을 대변하는 일련의 동심원의 중심 (즉, 최대 압박이 가해지는 지점)에 어떤 이가 서 있다고 스스로 인식하는 것이 가능하다. 바깥쪽 고리는 사람이 그 체제하에서 살지 않으면 안 되는 법적, 정치적 체계를 잘 나타내줄 것이다. 이것은 자신의 의사에 반하여 개인에게 세금을 부과하고, 군대에 징집하고, 무수한 규칙과 규정에 복종하게 만들고, 필요한 경우 감옥에 가두기도 하며 최후의 수단으로 그의 목숨을 앗아가기도 하는 체계이다. 개인의 삶의 상상할 수 있는 모든 측면에 어김없이 파고드는 그러한 체계의 끊임없는 확장으로 심란해지는 데는 굳이 우파 공화당원까지 갈 필요도 없다. 이를 위해서는 단 일주일 동안의 재정적인 문제를 포함해서 정치적, 법률적 체계의 요구에 직면한 모든 경우를 기록해 헤아려보는 것이 유익할 것이다. 그런 행동은 체계에 대한 불복종이 초래할 수 있는 벌금의 총액 또는 수감 기간의 합산으로 마무리될 수도 있다. 더불어 법 집행기관이 일반적으로 부패해 있으며 그 효율성도 제한적이라는 점을 상기함으로써 위안을 얻을 수 있을 것이다.

동심원의 중앙에 홀로 서 있는 인물에게 압력을 가하는 또 다른 사회통제체계는 도덕, 관습, 예절이다. 이 체계에서는 (당국에) 가장

시급해 보이는 측면에만 법적 제재가 가해진다. 그렇다고 해서, 사람이 부도덕하거나 상궤를 벗어나거나 무례해도 무사할 것이라는 의미는 아니다. 그때에는 다른 모든 사회통제 수단이 작동하게 된다. 부도덕성은 실직으로, 기벽eccentricity은 새 일자리를 구할 기회의 상실로, 나쁜 행실은 품행 방정을 존중하는 집단에 초대받지 못하거나 초대받을 수 없는 상태로 남는 것으로 벌을 받게 된다. 실직과 외로움은 경찰에 끌려가는 것에 비하면 가벼운 처벌일 수 있지만 막상 그런 벌을 받는 개인에게는 실제로 그렇게 보이지 않을 수 있다. 통제 장치가 매우 정교한 우리 특정 사회의 **원규**mores에 대한 극단적인 반항은 또 다른 결과를 초래할 수 있는데, 그것은 만장일치로 "병자sick"로 규정되는 결과를 말한다.

계몽된 관료적 경영진(예를 들면 일부 개신교 교파의 교회 당국)은 탈선한 피고용인들을 더 이상 거리로 내쫓지 않는 대신 상담 정신과 의사의 치료를 받도록 강요한다. 이런 식으로 탈선한 사람(즉 경영진이나 그의 주교가 설정한 정상 기준을 충족시키지 못하는 사람)은 여전히 실직과 사회적 유대의 상실이라는 위협을 받는다. 또한 회한("자각")과 복종("조치에 대한 반응")의 증거를 보여주지 못하는 한 전적으로 책임을 수행할 수 있는 사람들의 범위 밖의 존재로 낙인 찍힌다. 따라서 현대의 제도적 생활의 많은 부문에서 개발된 수많은 "상담" "지도" 및 "치료" 프로그램들은 사회 전체의 통제 장치를 크게 강화하는데, 특히 정치적·법적 체계의 제재가 손이 미치지 못하는 부문을 강화시킨다.

모든 개인이 무수한 동료 피통제자들과 함께 공유하는 이러한 광범위한 강압적 체계 외에, 그가 종속되지만 그보다는 덜 광범위한 다

116

른 통제권이 존재한다. 그의 직업 선택(또는 종종 더 정확하게는, 그가 결국 갖게 되는 직업)이 필연적으로 개인을 다양한 통제, 때로는 엄중한 통제하에 종속시킨다. 물론 특정 고용주가 정한 공식적 요구 사항 이외에도 면허위원회, 전문기관 및 노동조합의 공식적인 통제가 있다. 아울러 그에 못지않게 중요한 것은 동료, 그리고 동료들이 부과하는 비공식적 통제이다. 다시 말하지만, 이 점에 대해 더 깊이 들어갈 필요는 거의 없을 것 같다. 독자들은 각자 나름대로 이것의 예를 들 수 있다. 선불종합건강보험prepaid comprehensive health insurance 프로그램에 참여하는 의사, 저렴한 장례식을 광고하는 장의사, 계획적 진부화planned obsolescence를 계산에 넣는 것을 허용하지 않는 산업기술자[엔지니어], 자기 교회의 교인 수에 관심이 없다고 말하는 목사(더 정확히 말하면, 그런 식으로 행동하는 사람들은 거의 다 그런 식으로 말한다), 할당된 예산보다 지속적으로 적은 금액을 지출하는 정부 관료, 동료들이 허용하는 기준을 초과하는 조립라인 노동자 등이 그러한 예이다. 물론 경제적 제재가 이러한 경우에 가장 빈번하며 효과적이다. 그런 의사는 모든 병원에서 퇴짜를 맞을 것이고, 장의사는 "비윤리적 행위"를 이유로 업계에서 퇴출될지도 모르며, 엔지니어는 그 목사나 그 관료와 마찬가지로 평화봉사단Peace Corps에 자원해야 할지도 모르고(예를 들어, 아직도 계획적 진부화가 없고 기독교인이 거의 없으며, 정부기관 규모가 작아 상대적으로 합리적으로 운영되기에 충분한 뉴기니 같은 지역으로 말이다), 조립라인 노동자는 공장 전체 기계의 모든 결함 부품이 자신의 작업대에 쌓이는 것을 보게 될지도 모른다. 그러나 사회적 배제, 경멸, 조롱이라는 제재는 거의 견디기 어려울 것이다. 아무리 보잘것없는 직업이라 할지라도 사회의 각 직업적 역할은 참으로 거역하기 매우 어려운 행동 강령을 수반한다. 이 강령을 준수하는 것은 일반적으로 기술 능력이나 훈련만큼 직업 경력에 필수적이다.

한 인간의 직업체계라는 사회통제는 그 직업이 그가 남은 생애 대부분 동안 무엇을 할 수 있는지 결정하기 때문에 매우 중요하다. 남은 생애 동안 그가 무엇을 할 수 있는지에는 어떤 자발적 결사체 voluntary associations에 가입해도 괜찮은지, 친구는 어떤 이가 될 것인지, 어디에서 살 수 있을지 등이 포함된다. 그러나 직업의 압박과는 별개로, 다른 사회적 참여도 통제체계를 수반하며, 그중 다수는 직업상의 통제체계보다는 통제력이 약하지만, 어떤 것들은 오히려 더 단단한 것들도 있다. 많은 클럽과 동아리 조직의 가입 및 회원 자격을 관리하는 규정은 IBM의 최고 경영진을 결정하는 규정만큼 엄격하다 (때로, 잔뜩 시달려 지친 IBM 지원자에게는 다른 곳의 자격 요건이 실제로 동일할 수 있다는 점이 다행스러울 수도 있다). 덜 배타적인 단체에서는 규칙이 더 느슨할 수 있고, 구성원이 거기서 쫓겨나는 일도 거의 드물다. 그러나 지속적으로 참여하는 것이 인간적인 능력으로 불가능한 지역 풍습local folkways에 대해 끈질기게 저항하는 비순응주의자에게는 삶이 전적으로 불쾌한 것일 수 있다. 그러한 불문율의 적용을 받는 사항들은 그 종류가 당연히 매우 다양할 것이다. 여기에는 옷 입는 방식, 언어, 미적 취향, 정치적 또는 종교적 신념, 단순히 식사 예절이 포함될 수 있다. 그러나 이 모든 경우에 있어서 그것들은 특정 상황에서 개인이 취할 수 있는 행위의 범위를 효과적으로 제한하는 통제권을 구성한다.

마지막으로 소위 개인의 사생활이 발생하는 인간 집단, 즉 가족과 친구의 범위로 구성되는 생활권도 하나의 통제체계를 구성한다. 이 것이 다른 통제체계 중 일부가 가진 공식적인 강제 수단을 가지고 있지 않기 때문에 통제체계 중 가장 약하다는 가정은 심각한 오류일 것이다. 사람이 보통 가장 중요한 사회적 유대를 형성하는 곳이 바로 이 권역이다. 바로 이 친밀한 집단에서 당하는 부동의, 위세 상실, 조롱 또는 경멸은 다른 곳에서 부딪히는 동일한 반응보다 훨씬 더 심각한 심리적 무게를 가진다. 결국 상사가 어떤 부하 직원에게 아무짝에도 쓸모없는 존재라는 결론을 내리면 경제적으로 재앙이 될 수도 있지만, 만일 부하 직원의 부인이 그에 대해 같은 결론에 도달했음을 알았을 때 그러한 판단이 미치는 심리적 영향은 직장에서 벌어진 일과는 비교할 수 없을 정도로 심각하게 파괴적일 것이다. 더욱이 이 가장 친밀한 통제체계의 압력은 준비가 가장 덜 된 시점에 적용될 수 있다. 직장에서 사람은 보통 집에 있을 때보다 마음을 다져 먹고, 경계를 늦추지 않으며, 가장하는 데 더 나은 위치에 있다. 세상의 긴장과 개인적 성취로부터의 피난처로서 가정을 강력히 강조하는 일련의 가치인 미국식 "가족주의familism"는 이러한 통제체계에 효과적으로 기여하고 있다. 직장의 사무실에서 적어도 상대적으로 심리적인 전투를 벌일 준비가 된 사람도 가족 생활의 위태로운 조화를 유지하기 위해 거의 무슨 일이든 해낼 각오가 되어 있다. 마지막으로 덧붙일 중요한 사실은 독일 사회학자들이 "친밀 영역sphere of the intimate"이라고 부르는 사회통제는 개인의 전기를 구성한 것들을 상세히 설명해주는 바로 그 요인들이기 때문에 그 영역의 사회통제가 특히 강력하다는 것이다. 남자가 아내와 좋은 친구를 선택하는 것은 본질적으로 자기규정 행위이다. 그의 가장 친밀한 관계는 자아상의 가장 중요한 요소를 유지하기 위해 의지해야 하는 관계이다. 그러므로 이러한 관계가 해체 위험에 처한다는 것은 곧 자아를 완전히 상실할 위험에 처한다는 것을 의미한다. 그렇다면 사무실에서는 폭군처럼 군림하는 많은 사람들이 아내에게 즉시 복종하고 친구들의 치켜뜬 눈꼬리 앞에서는 잔뜩 움츠러드는 것은 그리 놀랄 일이 아니다.

사회통제체계를 대변하는 일련의 동심원의 중심에 위치한 인간의 그림으로 다시 한번 돌아가면, 우리는 사회 속에 위치한다는 것이 곧 인간을 제약하고 강압하는 많은 힘과 관련하여 자신을 위치시킨다는 것을 의미함을 조금 더 잘 이해할 수 있게 된다. 국세청 징수관에서부터 장모에 이르기까지 자신이 심기를 불편하게 만들지 않아야 할 모든 사람들을 연속적으로 떠올리면서 사회 전체가 바로 자기 머리 위에 앉아 있다고 생각하는 사람은 그런 관념을 일시적인 신경증적 착란으로 치부하고 떨쳐버리지 않는 게 더 좋을 것이다. 어쨌든 사회학자는, 다른 상담가들이 정신 차리고 그런 생각일랑은 말라며 어떤 조언을 하든 상관없이, 그에게 그런 관념을 더욱 부추길 가능성이 크다.

사회에서의 위치가 갖는 완전한 의미를 설명하는 데 도움이 될 사회학적 분석의 또 다른 중요 분야는 바로 사회계층이다. 계층이라는 개념은 모든 사회가 권력power, 특권privilege, 또는 위세prestige 그 어떤 것에서든 상위와 하위[18] 측면에서 서로 관련된 차원들로 구성된다는 사실을 가리킨다. 간략히 말해서, 계층이란 모든 사회가 위계서열체

---

[18] 즉 위와 아래, 또는 지배와 종속.

계system of ranking를 갖고 있다는 것을 뜻한다. 어떤 층strata은 서열이 높고 어떤 것은 서열이 낮다. 그것들의 합이 바로 특정 사회의 사회 계층체계를 구성한다.

사회계층 이론은 사회학적 사고의 가장 복잡한 분야 중 하나이며, 그 이론에 대해 어떤 종류의 소개를 제공하는 것은 현재의 맥락에서 상당히 벗어난다. 여기서는 단지 사람을 다른 수준들에 배치하는 기준이 사회마다 크게 다르며, 완전히 다른 배치 기준을 사용하는 별개의 계층체계가 동일한 사회에서 공존할 수 있다고 말하는 것만으로도 충분할 것이다. 전통적인 힌두 카스트 사회의 계층 도식하에서 한 사람의 위치를 결정하는 요소들은 현대 서구 사회에서 개인의 위치를 결정하는 요소들과는 분명히 매우 다르다. 사회적 위치가 부여하는 세 가지 주요 보상인 권력, 특권, 위세는 종종 겹치지 않고 서로 다른 계층체계로 나란히 존재한다. 우리 사회에서 부는 종종 정치권력으로 이어지지만 반드시 꼭 그런 것만은 아니다. 또한 재산은 별로 없으나 강력한 권력을 지닌 사람들도 있다. 위세는 경제적 또는 정치적 서열과 전혀 상관이 없는 활동과 관련이 있을 수 있다. 이러한 언급은 사회에서의 위치 설정이 어떻게 한 사람의 전 생애에 막대한 영향을 미치는 계층체계를 포함하는지 살펴보면서 주의를 기울이게 하는 데 도움이 될 수 있다.

현대 서구 사회에서 가장 중요한 계층 유형은 계급체계class system 이다. 계층 이론의 개념 대부분과 마찬가지로 계급 개념은 다양한 방식으로 정의된다. 우리의 목적상 계급을 기본적으로 경제적 기준에 따라 사회에서의 일반적인 위치가 결정되는 계층의 한 유형으로 이해하면 충분하다. 그러한 사회에서는 한 사람이 성취한 위치가 타고난 위치보다 더 중요하다는 것이 전형적이다(비록 대부분의 사람들은 후자가 전자에 큰 영향을 미친다는 것을 인식하지만 말이다). 또한 계급 사회는 전형적으로 사회이동성social mobility이 높은 사회이다. 사회적 위치가 불변적으로 고정되어 있지 않고 많은 사람들이 일생 동안 더 좋게든 아니면 나쁘게든 자신의 위치를 바꾸며, 따라서 결국은 어떠한 위치도 아주 안정적으로 보이지 않는다는 의미이다. 그 결과 자신의 위치를 나타내는 상징적 치장은 매우 중요하다. 즉, 다양한 상징(예를 들어, 물건, 태도, 취향과 말, 교제 유형, 심지어 적절한 의견)을 사용하여 자신이 도달한 그곳을 세상에 계속해서 보여준다. 이것은 사회학자들이 지위상징status symbolism이라고 부르는 것이며 계층 연구에서 중요한 관심사이다.

막스 베버는 개인이 합리적으로 가질 수 있는 삶의 기대치로 계급을 정의했다. 다시 말해, 계급적 위치는 사회에서 예상할 수 있는 운명에 대한 특정한 개연성 또는 삶의 기회를 생산해낸다. 엄밀하게 말하면 경제적 측면에서 그렇다는 것은 누구나 인정하는 바이다. 예를 들어, 25세의 중상류층 사람은 10년 후에 중하류층 동년배보다 교외 지역의 주택, 두 대의 자동차, 그리고 바닷가 별장을 소유할 가능성이 훨씬 더 크다. 이것은 그의 동년배에게 그런 것을 성취할 기회가 전혀 없다는 의미가 아니라, 단지 그의 동년배가 단순히 통계상 불리한 조건 아래 놓여 있다는 것만을 뜻한다. 계급은 처음부터 경제적 용어로 정의되었고 정상적인 경제 과정은 가진 사람이 더 많이 갖는 것을 보장하기 때문에, 이것은 놀랄 일은 아니다. 그러나 계급은 참된 의미에서 경제적 기회를 훨씬 뛰어넘는 방식으로 삶의 기회를 결정한다. 한 사람의 계급 위치에 따라 자녀가 받을 교육 양이 결정된다. 그것은 자신과 가족이 누리는 의료혜택 수준을 결정하며, 따라서 삶의 기회life chances, 즉 문자 그대로의 의미에서 기대수명life expectancy을 결정한다. 우리 사회에서 더 높은 계급은 운이 별로 좋지 않은 동료 시민들보다 더 잘 먹고 더 좋은 곳에 살며, 더 좋은 교육을 받고 더 오래 산다. 이러한 관찰은 뻔해 보일지도 모르지만, 한 사람이 연간 벌어들이는 돈의 양과 이 세상에서 그렇게 벌 수 있을 것으로 예상되는 햇수 사이에 통계적 상관관계가 있다는 것을 보면 그러한 관찰이 주는 충격은 커진다. 계급체계 내에서의 위치 설정이 지니는 의미는 그 이상이다.

우리 사회의 다양한 계급은 양적으로도 다르게 살 뿐만 아니라 질적으로도 다른 양식으로 살아간다. 사회학자는 소득과 직업과 같은 두 가지 기본 계급 지표만 알면 더 이상의 추가 정보가 제공되지 않더라도 문제의 개인에 대한 긴 예측 목록을 만듦으로써 밥값은 해낼 수 있다. 모든 사회학적 예측이 그러하듯 이 예측 역시 특성상 통계적일 것이다. 그것은 확률 진술probability statements일 것이고 당연히 오차범위를 가질 것이다. 그럼에도 불구하고 예측은 상당히 확실하게 작성될 수 있다. 특정인에 관한 이 두 가지 정보가 주어지면 사회학자는 그가 사는 집의 크기와 양식뿐만 아니라 그가 사는 동네에 대해서도 영리한 추측을 할 수 있을 것이다. 사회학자는 또한 그 집의 실내장식에 대한 일반적인 묘사를 제공할 수 있을 것이며, 벽에 걸린 그림의 유형과 거실 책장에 꽂혀 있을 법한 책이나 잡지의 유형에 대해서도 추측할 수 있을 것이다. 더욱이 사회학자는 그 사람이 어떤 종류의 음악을 즐겨 듣는지, 그리고 음악을 콘서트에 가서 듣는지, 레코드로 듣는지, 아니면 라디오에서 듣는지도 추측할 수 있을 것이다. 그러나 사회학자는 여기에서 더 나아갈 수 있다. 사회학자는 그 사람이 어떤 단체에 가입했으며, 어느 교회에 등록돼 있는지에 대해서도 예측할 수 있다. 사회학자는 또한 그 사람이 쓰는 어휘를 어림잡을 수 있고, 또 구문syntax과 말의 기타 사용에서 대략적인 규칙을 단언할 수도 있다. 사회학자는 그 사람이 속한 정치적 진영과 공공 문제에 대한 그의 견해를 추정할 수 있다. 사회학자는 그 사람이 낳은 자녀 수를 예측할 수 있으며, 아내와 성관계 시 불을 켜고 하는지 끄고 하는지에 대해서도 예측이 가능하다. 또한 그의 피험자가 신체적, 정신적 질병에 걸릴 가능성에 대해서도 어느 정도 진술이 가능할 것이다. 앞서 이미 본 것처럼, 사회학자는 피험자를 보험계리사의 기대수명표에 올려놓을 수 있을 것이다. 끝으로, 그가 이러한 모든 추측을 확인하기로 결정하고 해당 개인에게 인터뷰를 요청할 경우에 그의 면접 신청이 거부될 가능성도 추정이 가능하다.

　방금 다룬 많은 요소는 주어진 계급환경에서도 외적인 통제에 의해 시행된다. 따라서 "잘못된wrong" 주소와 "잘못된" 아내를 가진 기업 임원은 둘 다 시정하라는 상당한 압력을 받게 될 것이다. 중상류층 교회에 다니길 원하는 노동계급 사람은 틀림없이 "다른 곳이 더 좋을 것"임을 이해하게 될 것이다. 또한 실내악을 좋아하는 중하층계급의 아동은 이러한 일탈을 가족과 친구들의 음악적 관심사에 더 부합하는 것으로 바꾸라는 강한 압력을 받게 될 것이다. 그러나 이러한 많은 경우에서 일탈이 일어날 가능성은 실로 매우 희박하기 때문에 외적인 통제의 적용은 매우 불필요하다. 기업의 임원 경력을 밟을 기회가 열려 있는 대부분의 사람들은 거의 본능적으로 "올바른right" 유형의 여자(데이비드 리스먼이 "스테이션웨건형station-wagon type"이라고

부른 여자)와 결혼한다. 그리고 중하층계급의 아동들 대부분은 실내
음악의 유혹에 상대적으로 면역이 되는 방식으로 일찌감치 그들의
음악적 취향을 형성한다. 각 계급환경은 경우에 따라 출생 시부터 대
입 준비를 위한 명문 사립고나 소년원을 졸업할 때까지 엄청난 영향
을 미치면서 구성원의 성격을 형성한다. 이러한 형성에 영향을 끼치
는 것들이 어찌해서 목적을 달성하지 못한 경우에 한해서 사회통제
기제의 작동이 필요해진다. 계급의 무게를 이해하기 위해 우리는 지
금 사회통제의 다른 측면을 살펴보고 있을 뿐만 아니라, 사회가 우리
의 의식 내부로 침투해 들어오는 방식에 대해서도 어렴풋이 보기 시
작한 셈이다. 이에 대해서는 다음 장에서 더 상세히 다룰 것이다.

　이 대목에서 강조해야 할 점은 계급에 대한 이러한 관찰이 결코
분노에 찬 고발을 하려는 의도가 아니라는 것이다. 계급 격차에 대
한 일부 측면은 확실히 교육의 계급 차별과 의료혜택에서의 계급 불
평등과 같은 특정한 종류의 사회공학에 의해 확실히 수정될 수 있
다. 그러나 아무리 많은 사회공학을 가하더라도 서로 상이한 사회적
환경이 그 구성원들에게 서로 다른 압력을 가한다거나, 그러한 압력
중 일부는 특정 사회에서 규정되는 성공을 거두는 데 있어 다른 것
보다 더 도움이 된다는 기본적인 사실을 바꾸지는 못한다. 방금 언급
한 바와 같은 계급체계의 기본적인 특징 중 일부는 공식적인 이데올
로기상으로는 계급의 존재를 부정하는 사회주의 체제하에서 운영되
는 사회를 포함하여 산업사회 또는 산업화 도상에 있는 모든 사회에
서 발견될 수 있다고 믿을 만한 타당한 이유가 있다. 그러나 우리 사
회와 같이 상대적으로 "개방된" 사회에서 다른 사회계층과 대립되는
어떤 사회계층 안에 위치한다는 것이 그와 같은 광범위한 결과를 초

래한다면, 보다 "폐쇄적"인 체제에서 빚어질 결과가 어떠할지는 쉽사리 이해할 수 있다. 우리는 여기서 대니얼 러너의 중동 전통사회에 대한 교훈적인 분석을 다시 한번 언급하고자 한다. 거기서 그는 사회적 위치가 오늘날 대부분의 서구인들이 (심지어 상상속에서도) 파악하기조차 어려울 정도로 개인의 정체성과 기대치를 고정시킨 중동의 전통사회에 대한 분석을 제시했다. 그러나 산업혁명 이전의 유럽 사회도 대부분의 계층에서 러너의 전통적인 사회 모델과 크게 다르지 않았다. 마치 힌두교도의 이마를 흘끗 보고 그의 카스트 신분 표시를 알 수 있듯이, 그러한 사회에서는 한 사람의 사회적인 위치를 보는 것만으로도 그 사람의 존재 전모를 파악할 수 있다.

그러나 미국 사회에도, 말하자면 계급체계 위에 중첩된 다른 계층체계가 존재한다. 그것은 계급체계보다 훨씬 더 경직되어 있으며 개인의 전체 삶을 훨씬 더 완벽하게 결정짓는다. 미국 사회에서 이에 해당하는 주목할 만한 예는 대부분의 사회학자들이 카스트의 변종으로 간주하는 인종차별체계racial system이다. 그러한 체계에서는 한 사람의 기본적인 사회적 위치(즉, 카스트 집단에의 배속)가 출생과 더불어 고정된다. 적어도 이론상으로는 그 사람이 평생 동안 자신의 위치를 바꿀 가능성이 전혀 없다. 원하는 만큼 부자가 될 수 있을지 모르지만 그렇다고 해도 그는 여전히 흑인Negro일 것이다. 또는 어떤 백인은 사회 원규의 측면에서 나락으로 떨어질지 모르지만 그렇다 하더라도 여전히 백인일 것이다. 미국에서 인종에 관한 한, 사람은 그의 카스트 속에서 태어나며 평생을 그 카스트 안에서, 그리고 그것이 수반하는 모든 행동의 제약 속에서 살아야 한다. 물론 그는 그 카스트 내에서 결혼하고 출산해야 한다. 적어도 우리의 인종체계에는 실제로 "속임수cheating"의 가능성이 약간은 있다고 봐야 한다. 피부색이 한결 밝은 흑인을 백인으로 "치부하는passing" 관행이 그것이다. 그러나 그러한 가능성은 체계의 총체적인 효율성을 변화시키는 데는 턱없이 역부족이다.

미국 인종차별체계의 암울한 현실은 너무나 잘 알려져 있어서 여기서 자세히 설명할 필요는 없다. 개인의 사회적 위치가 흑인으로 설정된다는 것(물론 이것은 북부보다는 남부에서 더 그렇지만, 독선적인 북부 백인들이 보통 받아들이는 것에 있어서는 두 지역 간에 별반 차이가 없다)은 계급을 통해 일어나는 것보다 실존상의 가능성이 훨씬 더 협소한 통로를 지난다는 것을 의미한다는 것은 분명하다. 실제로 한 사람의 계급이동 가능성은 그가 처한 인종적 위치에 의해 가장 확실하게 결정된다. 왜냐하면 인종적 위치의 가장 치명적인 불리 조건 중 일부는 경제적 특성이기 때문이다. 따라서 한 사람의 행동, 생각, 심리적 정체성은 일반적으로 계급에 의해 형성되는 것보다 훨씬 더 결정적인 방식으로 인종에 의해 형성된다.

인종적 위치의 강제력은 전통적인 남부 사회의 인종적 에티켓에서 가장 순수한(그러한 형용사가 준화학적인 의미에서 그토록 역겨운 현상에 적용될 수 있다면) 형태를 찾아볼 수 있다. 그것으로 인해 두 카스트 구성원 사이에서 일어나는 모든 상호작용의 사례마다 한쪽은 존중받고 다른 쪽은 수치를 당하도록 세심하게 고안된 양식화된 의례stylized ritual로 규제되어 있다. 그런 의례에서 조금이라도 벗어나면 흑인은 체벌을 당하고 백인은 극도의 비난을 받을 위험에 처한다. 인종은 어떤 사람이 거주할 수 있는 곳, 누구와 사귈 수 있는지 등의 문제 이상으로 훨씬 더 많은 것들을 결정했다. 인종은 한 사람의 억양,

몸짓, 농담을 결정했으며 심지어 구원의 꿈에도 침투했다. 그러한 체계에서는 계층이라는 기준이 형이상학적 강박관념이 된다. 마치 자기 집 요리사는 확실히 유색인종의 천국에 갈 것이라는 확신을 표명한 어느 남부 귀부인의 경우처럼 말이다.

사회학에서 흔히 사용되는 개념으로 상황정의definition of the situation가 있다. 미국의 사회학자 토머스William I. Thomas가 처음 만든 이 용어는 어떤 사회적 상황은 그 상황에 참여한 사람들이 규정한 바로 그것이라는 것이다. 다시 말해, 사회학자에게 있어서 현실reality은 정의의 문제matter of definition이다. 그렇기 때문에 사회학자는 그 자체로 부조리하거나 망상적인 인간 행위의 수많은 측면들을 진지하게 분석하지 않으면 안 된다. 앞서 언급한 인종차별체계의 예를 놓고서 생물학자나 인체인류학자는 남부 백인들의 인종적 신념을 살펴보고 이러한 신념이 완전히 잘못된 것이라고 단언할 수 있을 것이다. 그런 다음 그는 그것들을 인간의 무지와 악의에 의해 형성된 또 다른 신화라고 무시하고 짐을 싸서 집으로 돌아갈 수도 있다. 그러나 사회학자의 작업은 바로 이 지점에서 시작된다. 그가 남부의 인종차별 이데올로기를 과학상 우매imbecility라고 일축하는 것은 그에게 전혀 도움이 되지 않는다. 많은 사회적 상황을 효과적으로 통제하는 것은 실제로 그 아둔한 자들이 내리는 [상황]정의이다. 실제로 상황을 정의하는 자들의 우매함은 사회학적으로 분석할 거리의 일부이다. 따라서 사회학자의 "현실"에 대한 조작적 이해는 다소 특이한 것이고, 이에 대해서는 다시 검토할 것이다. 당장 여기서 우선 지적해야 할 중요한 것은 사회적 위치에 의해서 우리의 삶이 결정되는 이 냉혹한 통제가 그러한 통제를 뒷받침하는 관념의 정체를 폭로한다고 해서 사라지지 않는다는 점이다.

이것이 이와 관련된 이야기의 끝은 아니다. 우리 삶은 동시대인들의 우매함에 지배될 뿐만 아니라, 수세대 전 망자들의 어리석음에 의해서도 지배된다. 더욱이 각각의 우매함은 그것이 세상에 공포된 후 시간이 흐를수록 신뢰와 존경을 얻는다. 알프레드 슈츠가 지적했듯이, 이 말은 우리가 처한 각 사회적 상황이 동시대인에 의해 정의되었을 뿐만 아니라 우리의 선조에 의해서도 미리 정의됐다는 것을 의미한다. 선조들에게 말을 걸기란 불가능하기 때문에 애초에 그들이 잘못 구상한 구성물을 제거하는 일은 보통 우리 당대에 형성된 것을 제거하기보다 훨씬 어렵다. 이 사실은 망자가 산 자보다 더 강하다는 퐁트넬Fontenelle의 경구에 담겨 있다.

이것은 사회가 분명히 우리에게 선택을 허용하는 영역에서조차도 과거의 강력한 손이 그 선택의 범위를 더욱 좁힌다는 것을 보여주기 때문에 강조가 중요하다. 예를 들어 앞에서 언급한 한 쌍의 연인이 달빛 속에 앉아 있는 장면으로 다시 돌아가보자. 더 나아가서 이 달밤의 데이트가 결정적인 기회가 되어 청혼과 수락이 이루어졌다고 가정해보자. 이제 우리는 현대사회가 동일한 사회경제적 범주에 속하는 남녀에게는 선택을 크게 촉진하고, 그렇지 않은 쌍에게는 무거운 장애물을 놓으면서 그러한 선택에 상당한 제한을 가한다는 것을 알고 있다. 이와 마찬가지로 현재 살아 있는 "그들they"이 이 특정 드라마 참가자들의 선택을 제한하려는 의식적인 시도를 하지 않은 경우에도 죽은 "그들"은 현재 이루어지는 거의 모든 움직임에 대한 대본을 이미 오래전에 썼다는 것도 똑같이 분명한 사실이다. 성적 매력이 낭만적 감정으로 바뀔 수 있다는 생각은 12세기 또는 그 무렵 귀족 여성의 성적 상상력을 자극하는 몽롱한 목소리의 음유시인들이 꾸며낸 것이었다. 남자가 자신의 성욕을 한 명의 여자에게 영구적으로 그리고 배타적으로 고정시켜야 한다는 생각은, 그래서 그녀와 침대와 화장실을 함께 사용하고 잠에서 덜 깬 피곤한 눈으로 수많은 날들의 아침 식사를 하는 권태를 함께 겪어야 한다는 생각은 12세기보다는 조금 앞서 인간 혐오 성향의 신학자들이 착안해냈다. 그리고 이와 같은 경이로운 방식을 확립하는 데 있어 주도권이 남성의 손에 있어야 하고 여성은 남성의 맹렬한 구애 공격에 우아하게 굴복해야 한다는 가정은 야만적인 전사들이 평화로운 모계사회 마을에 쳐들어가 비명을 지르는 마을의 딸들을 끌어내 잠자리로 끌고 간 선사시대로 거슬러 올라간다.

이 모든 태고의 선조들이 오늘날의 전형적인 남녀 한 쌍의 열정이 전개되는 기본 틀을 결정한 것처럼, 그들의 구애의 각 단계도 미리 정해지고 만들어졌다. 당신이 원한다면 "확립fixed"되었다고 말해도 좋다. 확립됐다는 것은 한 쌍의 남녀가 사랑에 빠지고 각각 여자는 자신의 이름[19]을, 그리고 남자는 지불 능력solvency을 포기하는 일부일처제 결혼monogamous marriage이 기대될 뿐만 아니라, 이 사랑은 어떤 대가를 치르더라도 만들어져야만 하며, 그렇지 않을 경우 그 결혼은 관련된 모든 사람들에게 진실하지 못한 것으로 보일 것이고, 국가와 교회는 일단 가정ménage이 형성되면 깊은 관심을 갖고서 그 가정을 지켜줄 것임을 뜻한다. 이 모든 것은 이 장면의 주인공들이 태어나기

---

19 처녀 때의 성.

수 세기 전에 날조되어 만들어진 기본적인 가정들이다. 그들의 구애의 각 단계 또한 사회적 의례에 규정되어 있으며, 비록 거기엔 항상 즉흥적인 행동의 여지가 있다고는 하나 지나치게 그것을 구사할 경우 전체 구애 작업은 난관에 봉착할 수 있다. 이런 식으로 이 쌍은 영화 데이트에서 교회 데이트, 가족 모임으로 발전해나가는 한편, 손을 잡는 단계에서 시험적 탐색을 거쳐 원래 나중에 하기로 보류해두었던 행동에 이르고, 저녁을 함께 보낼 계획에서 교외의 별장에서 지낼 그다음 계획으로까지 진전된다. 그런 것들은 그 쌍에게 앞으로 무슨 일이 일어날지를 예측 가능하게(변호사들은 이것을 소위 "예정된 시간에 맞춘 느긋한 속도due deliberate speed"라고 부른다) 진행된다. 이러한 연속적인 의례 과정의 적절한 곳에 달빛 장면이 끼기 마련이다. 둘 중 누구도 이 게임을 혹 일부라도 창안해내지 않았다. 그들이 결정한 것이란 단지 다른 사람하고가 아니라 바로 그들 둘이 그 게임을 하겠다는 것, 그뿐이다. 또한 둘은 질문과 대답이 필수적인 의례적인 교환 후에 일어날 일에 대해서도 그리 많은 선택권을 갖고 있지 않다. 가족, 친구, 성직자, 보석상 및 생명보험 판매원, 꽃 장수 그리고 실내장식가들은 그 게임의 나머지 부분 역시 기존에 정해진 규칙에 따라 진행되도록 한다. 사실 이 모든 전통 수호자들이 여기 이 주역들에게 많은 압력을 가할 필요도 없다. 그 둘의 사회세계에 대한 기대는 이미 오래전에 그들 자신의 미래 설계 속에 포함되어 있기 때문이다. 즉 그들은 사회가 그들에게 기대하는 바로 그것을 정확히 원하고 있다.

우리 존재의 가장 근본적인 관심사에서 그렇다면, 일평생 마주치는 거의 모든 사회적 상황에서도 사정은 매한가지일 것임을 쉽게 알 수 있다. 대부분의 경우, 게임은 우리가 무대에 오르기 한참이나 오래전에 "확립"되었다. 대부분의 시간 동안 우리가 해야 할 남은 일이란 고작 열성을 더 쏟아서 게임을 하거나 덜 쏟아서 게임을 하느냐일 뿐이다. 강의실 강단에 선 교수, 선고를 내리는 판사, 신도들을 [양심을 건드려서] 괴롭히는 목사, 군대를 전투에 투입하도록 명령하는 사령관 등은 모두 매우 좁은 범위 내에서 이미 미리 규정된 행동에 관여하는 것에 불과하다. 그리고 강렬한 인상의 통제 및 제재 체계는 이러한 한계를 호위하고 있다.

이러한 고려를 바탕으로 이제 우리는 사회구조social structure의 기능에 대한 보다 정교한 이해에 도달할 수 있다. 이러한 이해의 기초가 되는 유용한 사회학적 개념은 바로 "제도institution"이다. 제도는 보통 사회적 행위의 독특한 복합체로 정의된다. 따라서 우리는 제도를 구성하는 것들로 법, 계급, 결혼 또는 조직화된 종교 등을 거론할 수 있다. 그렇지만 그러한 정의는 제도가 그 속에 참여한 개인들의 행위와 어떤 방식으로 관련되는지에 대해서는 아직 말해주는 것이 없다. 현대 독일의 사회과학자인 아르놀트 겔렌Arnold Gehlen은 이 질문에 많은 것을 시사하는 답을 제시했다. 겔렌은 본능이 동물의 행동을 일정한 방향으로 돌리는 것과 마찬가지로, 제도는 인간이 그렇게 행위하도록 만드는 규제 기관regulatory agency이라고 보았다. 다시 말해, 제도는 인간 행동이 사회가 바람직하다고 여기는 관례[관습]에 따라 유형화되고 강요되는 절차를 제공한다. 그리고 이러한 책략은 개인에게 그러한 관례가 유일한 가능성처럼 보이게 함으로써 완수된다.

예를 들어보자. 고양이는 쥐를 쫓는 법을 배울 필요가 없기 때문에, 고양이의 선천적 소양 속에는 쥐를 쫓는 무언가(괜찮다면 본능이라고 해도 좋을 것이다)가 분명히 있는 것 같다. 아마도 쥐를 보았을 때, 먹어! 먹어! 먹어! 하고 계속 고집하는 무언가가 고양이 안에 있을 것이다. 정확히 말하면 고양이가 이 내면의 목소리에 순종하기로 선택한 것은 아니다. 고양이는 단순히 가장 깊숙이 있는 내면의 법칙을 따라 그 운수 사나운 쥐를 날래게 쫓아갈 뿐이다(이 경우, 우리는 쥐에게는 달려! 달려! 달려! 하고 계속 외치는 내면의 목소리가 있다고 가정할 수 있다). 루터Martin Luther처럼, 고양이는 달리 어떻게 할 수가 없다.[20] 이제 우리가 이전에 그렇게 명백하게 동정심이 결여된 상태에서 논의한 구애 관계의 남녀에게로 돌아가보자. 이 청년이 처음으로 달빛 아래에서의 행동을 유발할 운명이 숙녀를 보았을 때(처음이 아니라면 얼마쯤 나중에), 그 또한 분명한 명령을 발하는 내면의 목소리에 귀를 기울이고 있음을 깨달았을 것이다. 그리고 그다음에 이어지는 그의 행동은 또한 그 명령을 거부할 수 없다는 것을 깨달았음을 보여준다. 그런데 아니다. 이 경우에 독자들은 그 청년에게도 수코양이, 침팬지, 악어 등에게서 볼 수 있는 **그런** 명령이 선천적으로 내재해 있다고 생각할지 모르지만, 이 청년에 해당하는 명령은 결코 그런 것이 **아니다**. 그리고 수코양이 등에 해당하는 명령은 여기서 우리의 관심사가 아니다. 우리가 관심을 갖는 명령은 바로 그에게, 결혼해! 결혼해! 결혼해! 하는 명령이다. 이 명령은 다른 명령(동물에 해당하는)과 달리 우리의 청년이 타고난 게 아니다. 그것을 사회가 그에게 주입했고, 가훈, 도덕교육, 종교, 대중매체 및 광고 등의 수많은 압력

---

20 마틴 루터가 한 말, "제가 여기 서 있나이다. 달리 할 수 있는 게 없나니, 하나님이여 저를 도우소서. 아멘Here I stand, I can do no other, so help me God. Amen"에서 따온 표현.

이 강화했다. 즉, 결혼은 본능이 아니라 제도인 것이다. 그러면서도 그것이 행동을 미리 결정된 경로로 이끄는 방식은 본능이 지배하는 곳에서 하는 방식과 매우 유사하다.

우리의 청년이 그러한 제도적 명령의 부재 상태에서 과연 무엇을 할 수 있을지를 상상해보면 이 점은 분명해진다. 물론 그가 할 수 있는 행동은 거의 무한에 가깝다. 그는 그 소녀와 성관계를 가진 후 곧장 떠나서 그녀를 더 이상 거들떠보지 않을 수 있다. 아니면 그녀가 첫아이를 출산할 때까지 기다렸다가 여자의 외삼촌에게 아기를 키워달라고 부탁할 수도 있다. 그렇지 않으면 그는 세 명의 친구들에게 그 여자를 공동의 아내로 맞아들일 수 있느냐고 물어볼 수도 있을 것이다. 또 그는 이미 23명의 아내와 첩이 사는 안채harem에 그 여자를 합류시킬 수도 있을 것이다. 다시 말해, 그의 성욕과 그 특정 여성에 대한 그의 관심을 감안할 때, 그는 상당한 곤경에 처할 것이다. 설령 인류학을 공부해서 위에서 언급한 모든 대안들이 일부 인간 문화에서 정상적인 일이란 것을 알고 있다고 가정하더라도, 그 청년은 여전히 이 경우에 어떤 길을 택하는 것이 가장 바람직한지 결정하는 데 큰 어려움을 겪을 것이다. 이제 우리는 제도적 명령이 그에게 어떤 일을 해주는지 볼 수 있다. 제도적 명령은 그런 곤경으로부터 그를 보호한다. 사회가 그에게 미리 규정해놓은 것을 택하게 해서 다른 모든 대안을 차단한다. 그 명령은 심지어 다른 대안들을 의식조차 하지 못하도록 한다. 제도적 명령은 욕망하는 것은 사랑한다는 것이고 사랑한다는 것은 결혼한다는 것이라는 공식을 제시한다. 그가 지금 해야 할 일은 이 프로그램에서 그를 위해 마련된 단계를 밟아나가는 것이 전부이다. 이렇게 하는 데에도 충분한 어려움이 있을 테지만, 그 어려움은 가령 원시 정글을 개간하면서 만난 어떤 원시 여성과 독자적으로 생존 가능한 생활양식을 확립해야만 하는 원시 남성이 직면하는 것과는 매우 다른 어려움을 가진 명령이다. 다시 말해, 결혼 제도는 우리의 청년의 행동을 유도하며, 그가 전형type에 따라서 행동하도록 하는 역할을 한다. 사회의 제도적 구조는 우리 행동에 유형을 제공한다. 우리 자신이 따를 어떤 새로운 전형을 우리가 만들어내는 일은 좀처럼 거의 없다. 우리는 대개 A 유형과 B 유형 사이에서 최대 선택권을 가질 뿐이며 그 둘 다 이미 오래전에 미리 정해진 것이다. 우리는 기업가가 아니라 예술가가 되겠다는 결정을 내릴 수 있다. 그러나 그 어떤 경우에서도 우리는 지금 해야만 하는 것들에 대한, 매우 정확하게 사전에 규정된 것들과 마주치게 될 것이다. 그리고 그 어떤 삶의 방식도 우리 자신이 창안하는 경우는 없을 것이다.

겔렌의 제도 개념에서 우리가 강조해야 할 또 다른 측면은 겉으로 보이는 제도적 명령의 필연성이다. 이것은 우리가 개진할 나중의 논의에서 중요할 것이기 때문에 강조해야 한다. 우리 사회의 보통의 청년은 일처다부제polyandry나 일부다처제polygyny를 거부할 뿐만 아니라 적어도 그런 제도의 선택은 문자 그대로 일고의 가치도 없다고 생각한다. 그 청년은 제도적으로 미리 규정된 행동 과정만이 그가 취할 수 있는 유일한 방식이며, 자신이 존재론적으로 할 수 있는 유일한 것이라고 믿어 의심치 않는다. 만일 고양이가 쥐 박해에 대해 성찰한다고 해도 아마 역시 동일한 결론에 도달할 것이다. 양자 간에 차이가 있다면, 고양이가 내린 결론은 옳은 것이지만, 청년이 도달한 결론은 틀렸다는 점이다. 우리가 아는 한, 쥐 쫓기를 거부하는 고양이는 생물학적 기형이거나, 어쩌면 악성 돌연변이를 일으킨 고양이일 수 있다. 그리고 그런 고양이는 틀림없이 고양잇과의 본성 그 자체에 어긋나는 배반자이다. 그러나 우리는 많은 아내를 두거나 많은 남편 중 한 명이 되는 것이 그 어떤 생물학적 의미에서든 인간성을 배반하는 것이 아니며 심지어 남성적 본성을 배반하는 것도 아님을 잘 알고 있다. 그리고 아랍인에게는 한쪽[일부다처제]이, 티베트인에게는 다른 쪽[일처다부제]이 생물학적으로 가능한 이상 우리의 그 청년에게도 생물학적으로 가능해야 한다. 사실 만약 우리의 청년을 아주 어린 시절에 요람에서 꺼내서 배를 태워 멀리 떨어진 다른 나라의 해안으로 옮겨 놓았다면, 그는 혈기왕성하고 한편으로는 달빛 아래 장면의 약간은 감상적인 미국 소년으로 성장하지 않고 오히려 호색적인 일부다처주의자인 아라비아인이 되거나 여러 명의 남편 중 하나로 만족하는 티베트인이 되었을 것이다. 즉, 우리의 [미국] 청년이 그 문제에 있어서 자신의 행동 과정이 불가피하다고 여긴다면 그것은 자신을 속이는 것(더 정확하게는, 그는 사회로부터 속임을 당하고 있는 것)이다. 이것은 모든 제도적인 구조는 기만deception에 의존하고 있으며, 사회의 모든 존재에는 배신bad faith[21]의 요소가 수반된다는 것을 의미한다. 이러한 흐릿한 통찰은 처음엔 매우 우울하게 보일지도 모른다. 그러나 앞으로 보게 되겠지만, 그러한 통찰은 실제로는 우리가 지금까지 얻은 것보다 다소 덜 결정론적인 사회관을 처음으로 엿볼 수 있게 해준다.

그러나 지금 당장은 사회학적 관점에 대한 우리의 고찰이 사회가

---

21 'bad faith'라는 용어를 뒤에서는 다른 말로 번역한다. 여기서는 문맥상 적절하기 때문에 '배신'이라고 번역했다.

다른 무엇보다 거대한 앨카트래즈Alcatraz[22]처럼 보이는 지점으로 우리를 이끌었다. 우리는 주소를 가졌다는 사실에 천진난만하게 만족하던 어린 시절을 지나 대부분의 우편물이 불쾌한 것임을 깨달은 성인이 된다. 그리고 사회학적 이해는 우리 머리 꼭대기에 앉을 특권을 가진 모든 나이 든 사람들, 죽은 이건 살아 있는 이건 상관없이 그 사람들을 더 자세히 규명하는 데 도움을 주었을 뿐이다.

이런 종류의 사회관을 표현하는 데 가장 근접한 사회학의 접근 방식은 에밀 뒤르켐 및 그의 학파와 관련된 것이다. 뒤르켐은 사회학이 그것 자체로 하나의 독특한 실체를 이루는 현상phenomenon *sui generis*이라고, 다시 말해서 다른 용어로 환원되거나 번역될 수 없는 거대한 현실로 우리와 직면한다고 강조했다. 그리고 사회적 사실social facts은 자연현상처럼 우리 외부에 객관적으로 존재하는 "사물things"이라고 주장했다. 그는 이런 주장을 주로 사회학이 제국주의적 정신을 가진 심리학자들에게 삼켜져 먹히지 않도록 보호하기 위해 했지만, 그의 생각은 이러한 방법론적 관심 그 이상의 중요성을 갖는다. 예컨대 "사물"이란 바위와 같이 인간이 마주하는 것이며, 없어지기를 바라거나 다른 모양을 가졌다고 상상함으로써 움직일 수 있는 것이 아니다. "사물"은 그것을 향해 몸을 던지면 큰코다치는 그런 허망함을 일으키는 것이고, 사람의 모든 욕망과 희망에 반하여 거기에 있는 것이며, 마침내 사람의 머리 위로 떨어져서 사람을 죽일 수 있는 것이다. 사회가 "사물"의 집합체라는 것은 이런 의미에서다. 다른 어떤 제도

---

22 예전에 교도소가 있었던, 샌프란시스코 연안의 작은 섬.

보다도 사회의 이러한 특성을 가장 극명하게 보여주는 것은 아마도 법일 것이다.

뒤르켐의 이론을 따른다면, 사회는 하나의 객관적 사실성objective facticity으로 우리에게 다가온다. 거기엔 부인할 수도 없고 반드시 염두에 두지 않으면 안 되는 어떤 것이 존재한다. 사회는 우리의 외부에 있다. 우리를 둘러싸고 사방에서 우리의 삶을 에워싸고 있다. 우리는 사회 안에 존재한다. 즉 사회체계의 특정 부문에 위치한다. 이러한 위치 설정에 의해 언어부터 예의범절에 이르기까지, 그리고 우리가 견지하는 종교적 신념부터 자살할 가능성에 이르기까지, 우리가 하는 거의 모든 것이 미리 결정되고 규정된다. 사회적 위치 문제에서 우리의 바람은 전혀 고려 대상이 아니며, 사회가 하라고 명령하는 것이나 금지하는 것에 대해 우리가 지적으로 저항한다고 해도 기껏해야 거의 효과가 없으며, 종종 전혀 아무 소용이 없다. 객관적이고 외적인 사실로서 사회는 특히 강제의 형태로 우리와 맞선다. 사회 제도는 우리 행동을 유형화하고 심지어 우리가 품는 기대마저도 형성한다. 사회제도는 우리가 우리에게 부여된 행동의 범위 내에 머물 때만 우리에게 보상을 한다. 만일 사회제도가 부여한 과제, 그 선을 넘어서면 사회는 가차 없이 거의 무한대로 다양한 통제와 강제 기관을 마음대로 사용한다. 실존하는 매 순간에 사회 제재는 우리를 동료들로부터 따돌림 당하게 하거나, 웃음거리로 전락시키거나, 우리의 생계와 자유를 박탈하고, 최후의 수단으로 생명 자체를 앗아갈 수 있다. 사회의 법과 도덕은 이러한 제재 각각에 대해 정교한 정당화를 제시할 수 있으며, 우리의 탈선에 대한 응징으로 그러한 제재 수단이 우리에게 사용된다면 우리의 동료 대부분은 그것을 승인할 것이다.

마지막으로 우리는 공간적으로뿐만 아니라 시간적으로도 사회 속에 위치하고 있다. 우리 사회는 그 어떤 개인의 전기를 초월해 시간적으로 확장하는 역사적 실체이다. 사회는 시간적으로 우리보다 앞서며, 우리보다 더 오래 존속할 것이다. 사회는 우리가 이 땅에 태어나기 전부터 이미 거기 있었고, 우리가 죽고 난 후에도 어김없이 거기 그대로 있을 것이다. 시간을 통해 장엄한 행진을 하는 사회에 비견할 때, 인간의 생은 단지 그 속의 한낱 에피소드에 불과하다. 요컨대 사회는 역사상 우리가 갇혀 있는 벽들이다.

앞 장에서 우리가 독자들에게 사회학이 "음울한 과학"이라는 칭호를 경제학에게서 물려받을 준비가 되어 있다고 결정할 수 있는 충분한 근거를 제공해주었는지 모르겠다. 무시무시한 감옥이라는 사회의 이미지를 제시했기 때문에 이제 우리는 적어도 그러한 암울한 결정론으로부터 벗어날 수 있는 탈출구를 최소한 몇 개는 보여주어야 한다. 그러나 그러기 전에 그 암울함을 조금 더 심화시켜야만 한다.

지금까지 우리는 사회를 주로 통제체계의 측면에서 접근해서 개인과 사회를 서로 대립하는 두 개의 실체로 보았다. 개인에게 압력과 강제를 가하는 외적 현실로서 사회를 인식했다. 만일 이러한 그림이 수정되지 않은 채 그대로 남아 있다면 우리는 실제 관계에 대한 상당히 오도된 인상, 즉 끊임없이 구속에 반발하나 통제 당국에 이를 갈면서 항복하고, 그렇지 않으면 자신들에게 어떤 일이 닥칠지 모른다는 두려움으로 끊임없이 복종하는 대다수의 사람들이라는 인상을 얻게 될 것이다. 사회에 대한 상식과 제대로 된 사회학적 분석은 우리에게 그렇지 않다는 것을 알려준다. 우리 대부분은 사회의 멍에를 쉽게 메는 것처럼 보인다. 왜일까? 사회의 힘이 앞 장에서 지적했던 것보다 약하기 때문은 확실히 아니다. 그렇다면 왜 우리는 이 힘으로 인해 더 많은 고통을 겪지 않는다는 말인가? 이 질문에 대한 사회학적 해답은 이미 암시되어 있다. 즉 대부분의 시간 동안 우리 자신은 사회가 우리에게 기대하는 바로 그것을 원하고 있기 때문이다. 우리는 규칙을 따르기를 **원한다**. 우리는 사회가 부여해준 그 부분을 **원한다**. 그리고 이것은 사회의 힘이 약하기 때문이 아니라 우리가 지금까지 주장한 것보다 훨씬 더 크기 때문이다. 사회는 우리가 하는 일뿐만 아니라 우리가 어떤 존재인지도 결정한다. 다시 말해, 사회적 위치는 우리의 행동뿐만 아니라 우리의 존재도 포함한다. 사회학적 관점의 가장 중요한 요소를 설명하기 위해 우리는 이제 탐구와 해석의 세 분야인 역할이론role theory, 지식사회학sociology of knowledge, 그리고 준거집단이론reference-group theory을 살펴보기로 한다.

역할이론은 거의 전적으로 미국에서 이루어진 지적 발전이다. 그 초기 통찰력 중 일부는 윌리엄 제임스William James로 거슬러 올라가며, 그 직접적인 조상은 찰스 쿨리Charles Cooley와 조지 허버트 미드George Herbert Mead라는 두 명의 미국 사상가이다. 여기서는 지성사의 이 매우 매혹적인 부분을 역사적으로 소개하는 게 목적이 아니다. 그러한 것을 개략적으로라도 시도하기보다는 오히려 상황정의에 대한 토머스의 개념을 살펴보면서 역할이론의 중요성에 대한 고찰을 시작함으로써 보다 체계적으로 출발해보려 한다.

독자는 토머스가 사회적 상황을 그것에 참여하는 사람들, 더 정확하게는 상황을 정의하는 사람들이 임시로*ad hoc* 동의하는 일종의 현실로 이해했던 것을 기억할 것이다. 개별 참여자의 관점에서 보면, 그가 진입하는 각 상황이 그에게 특정한 기대를 하며, 그러한 기대에 대한 특정한 반응을 그에게 요구한다는 것을 뜻한다. 우리가 이미 본 바와 같이, 적절한 반응이 실제로 이루어지도록 보장하기 위한 강력한 압력이 거의 모든 사회적 상황에 존재한다. 대부분의 경우에서 가장 중요한 상황에 대한 사람들 대부분의 정의가 적어도 대강은 일치한다는 사실 덕분에 사회가 존재할 수 있다. 이 책의 발행인과 작가의 동기는 다소 다를지 모르지만, 두 사람이 이 책이 제작되는 상황을 정의하는 방식은 공동 사업이 가능할 정도로 충분히 유사하다. 이와 비슷하게 학생들이 모인 교실에는 꽤 다양한 관심사가 존재할 수 있다. 개중 어떤 것은 진행 중인 교육 활동과 별로 관련이 없을 수도 있지만(예컨대 한 학생은 해당 주제를 공부하기 위해 교실에 들어온 반면, 다른 학생은 그가 뒤꽁무니를 졸졸 따라다니고 있는 어떤 빨강머리 학생이 듣는 강좌는 단순하게 죄다 수강하는 것처럼 말이다), 대부분의 경우 그러한 관심들은 상황을 파괴하지 않으면서 그 상황 속에 공존할 수 있다. 다시 말해, 반응이 사회학적으로 실행 가능한 상황에 대한 기대를 충족시켜야 하는 범위에는 어느 정도 여유가 있다. 물론 상황에 대한 정의가 너무 크게 어긋나면 어떤 형태의 사회적 갈등이나 혼란이 불가피하다. 예컨대 일부 학생이 수업을 파티로 이해하거나 저자가 책을 펴낼 의도는 전혀 없으면서도 어떤 출판사와의 계약을 이용해서 다른 출판사에 압력을 가하는 경우가 그렇다.

평균적인 개인은 사회생활의 여러 영역에서 매우 다른 기대치와 마주치게 되는데, 이러한 기대치를 생성하는 상황은 몇 가지 일정한 군cluster에 속한다. 학생은 각각 전공이 다른 두 명의 교수로부터 두 개의 과목을 수강하면서 그 두 상황에서 (예컨대 교수와 학생 간 관계에서 공식성과 비공식성 간의 차이로 인한) 상당히 상이한 기대치에 직면할 수 있다. 그럼에도 불구하고 이 두 상황은 서로 충분히 비슷하고 이전에 경험한 다른 강의실 상황과도 비슷하기 때문에 학생이 그 두 상황에서 전체적으로는 본질적으로 동일한 반응을 나타낼 수 있다. 즉, 두 경우 모두에서 약간의 수정을 가하면서 학생 **역할을 수행**할 수 있을 것이다. 그렇다면 역할은 전형화된 기대에 대한 전형적인 반응으로 정의할 수 있다. 사회는 근본적인 유형을 미리 규정했다. 역할 개념이 파생된 연극의 언어를 사용하면, 사회가 모든 등장인물 *dramatis personae*에게 대본을 제공한다고 말할 수 있다. 따라서 개별 배우들은 막이 오르기 전에 그들에게 부여된 역할을 후딱 입기만 하면 된다. 그들이 이 대본 속 역할을 수행하는 한 사회라는 연극은 계획된 대로 진행될 수 있다.

역할은 개인이 특정 상황에서 그에 따라 행동해야 하는 패턴을 제공한다. 연극에서와 마찬가지로 사회에서도 역할은 행위자에게 다양한 정확도로 지시를 내릴 것이다. 예를 들어 직업적 역할에서, 청소부 역할에는 매우 최소한의 패턴이 들어가는 반면, 의사나 성직자 또는 장교는 군인다운 태도, 경건한 말투 또는 병원 침대 옆에서의 격려 같은 모든 종류의 독특한 버릇과 언행들을 익혀야 한다. 그러나 역할을 단순히 외부적으로 보이는 행동의 규제 패턴으로만 간주한다면 그 본질적인 측면을 놓치게 될 것이다. 사람은 키스를 하면 더 열렬해지고, 무릎을 꿇으면 더 겸손해지며, 주먹을 흔들면 더 화가 나기 마련이다. 즉, 키스는 열정을 표현할 뿐만 아니라 열정을 자아내기도 한다. 역할은 특정 행동과 이러한 행동에 속하는 감정 및 태도를 수반한다. 지혜가 있는 척 연기하는 교수는 스스로 지혜가 흘러넘친다고 느낀다. 설교자는 자신이 설교하는 것을 어느새 믿고 있는 자신을 발견하게 된다. 군인은 제복을 입으면서 가슴에 군인 정신이 용솟음침을 발견한다. 각각의 경우에 감정이나 태도는 역할을 맡기 전부터 이미 있었을 수 있지만, 역할이 필연적으로 이전부터 있었던 것을 강화한다. 그리고 많은 경우에 역할을 연기하기 이전에 행위자의 의식 속에는 아무것도 없었다고 가정할 만한 충분한 이유가 있다. 다시 말해, 사람은 교수에 임용됨으로써 박식해지고, 믿음을 전제로 하는 활동에 관여함으로써 믿게 되며, 대열을 이루어 행진함으로써 전투할 태세를 갖추게 된다.

다음의 예를 보자. 최근에 갓 장교로 임관한 사람, 특히 그가 사병에서부터 거슬러 진급한 사람이라면 이제 어디를 가는 길에 만나는 사병들로부터 경례를 받으면 적어도 약간은 어색해할 것이 뻔하다. 아마도 그는 친철하게, 그러면서도 거의 멋쩍어하는 태도로 그들에게 답례할 것이다. 그의 제복에 달린 새 계급장은 그 순간에는 여전히 그가 단순히 부착한, 거의 변장 도구와 같은 것이다. 실제로 신임 장교는 스스로, 또 다른 사람들에게 자신은 여전히 같은 사람이며 단지 새로운 책임(말이 나온 김에, 그 책임 중에는 사병들에게 경례를 받을 의무도 있다)을 맡았을 뿐이라고 말할지도 모른다. 그런데 이런 태도는 그리 오래가지 않을 것이다. 장교라는 새로운 역할을 수행하기 위해서 그는 일정한 태도를 유지하지 않으면 안 된다. 이러한 태도와 자세에는 매우 명확한 의미가 함축되어 있다. 미군과 같은 소위 민주적인 군대에서 관례적인 이 분야의 모든 앞뒤가 안 맞는 허튼소리 double-talk에도 불구하고, 그 근본적인 함의 중 하나는 장교란 우월성을 바탕으로 복종과 존경을 받을 자격이 있는 우월한 어떤 사람이라는 것이다. 하급자가 행하는 모든 군 경례는 그것에 답례하는 사람이 당연한 것으로 받아들이는 경의 표시 행위이다. 따라서 주고받는 모든 경례(물론 그의 새로운 지위를 높이는 수많은 다른 의례적인 행위도)와 함께 그의 새로운 태도, 그리고 말하자면 그 태도의 존재론적 전제도 한층 강화된다. 그는 장교처럼 행동할 뿐만 아니라 장교라고 느낀다. 어색함, 미안해하는 태도, 자신이 그저 그런 사람이라는 겸연쩍은 웃음도 사라진다. 혹시 사병이 적절한 열정으로 경례를 하지 않거나 심지어 전혀 경례를 하지 않는 감히 상상할 수도 없는 행동을 저지른다면 우리의 그 장교는 단지 군 규정 위반을 처벌하는 데 그치지 않을 것이다. 그는 자기 세계의 지정된 질서에 대한 위반을 바로잡기 위해 혼신의 힘을 다할 것이다.

이 예시에서 강조해야 할 중요한 점은 바로 그러한 과정이 사려 깊거나 성찰에 기반한 경우는 매우 드물다는 것이다. 우리의 장교는 그가 느끼고 믿어야 할 것을 포함해 새로운 역할에 들어가야 하는 모든 것을 혼자 앉아서 알아내지 않았다. 이 과정의 힘은 바로 정확히 무의식적이고 무반성적인 특성에서 비롯된다. 그는 파란 눈, 갈색 머리, 183센티미터의 키를 가진 사람으로 성장한 것처럼 거의 수월하고 자연스럽게 장교가 되었다. 그리고 또한 이런 그를 동료들 사이에서 다소 어리석고 상당히 예외적인 인물이라고 말하는 것도 옳지 않을 것이다. 오히려 반대로, 예외적인 것은 자신의 역할과 역할 변화에 대해 곰곰이 따져 헤아려보는 사람이다(그런데 이런 유형의 사람은 아마도 형편없는 장교가 될 사람일 것이다). 매우 지적인 사람들조차 사회에서 자신의 역할에 대해 의심이 들 때 물러서서 반성하기보다는 의심이 드는 그 활동에 훨씬 몰두할 것이다. 자신의 신앙을 의심하는 신학자는 더 열심히 기도하고 교회에 더 많이 나갈 것이며, 무한 경쟁 활동에 대한 가책에 시달리는 사업가는 일요일에도 사무실에 출근하기 시작할 것이며, 악몽에 시달리는 테러리스트는 야간의 암살 작전을 자청할 것이다. 그리고 물론 그들이 이러한 행동 경로를 취하는 것은 매우 옳다. 각 역할에는 가톨릭 수도사가 "형성formation"이라고 부르는 내적 규율이 있다. 역할은 행동과 행위자 모두를 형성하고 모양을 빚으며 본을 떠 만들어낸다. 이러한 세상에서 무엇인 척 가장하기는 매우 어렵다. 보통의 경우, 사람은 자신이 연기하는 배역 그대로가 된다.

사회의 모든 역할에는 특정한 정체성이 부여되어 있다. 우리가 살펴본 바와 같이, 이러한 정체성 중 일부는 그것을 수행하는 실행자의 존재에 별로 수정을 요구하지 않는 일부 직종에서와 같이 사소하고 일시적인 것들이다. 청소부에서 야간 경비원으로 변신하는 것은 그리 어렵지 않다. 성직자에서 장교로 변하는 것은 그보다는 훨씬 어렵다. 흑인에서 백인으로 변하는 것은 매우 매우 어렵다. 그리고 남자에서 여자로 변하는 것은 거의 불가능하다. 이러한 역할 변경의 용이성 차이로 인해 우리가 본질적인 자아essential self라고 간주하는 정체성조차 사회적으로 안배되었다는 사실을 간과해서는 안 된다. 획득하고 동일시해야 할 인종적 역할racial roles이 있는 것처럼 성역할sexual roles도 습득되고 동일시돼야 한다. "나는 남자이다"라고 말하는 것은 "나는 미국 육군 대령이다"라고 말하는 것과 마찬가지로 역할 선언이다. 우리는 사람이 수컷으로 태어날 수는 있지만, 아무리 유머 없고 근엄하기 이를 데 없는 군대 교관이라 할지라도 그의 탯줄에 검독수리가 내려앉아 있는 상태로 태어났다고 상상하지 않으리라는 사실을 잘 알고 있다. 그러나 생물학적으로 남성이라는 것과 "나는 남자이다"라는 진술에 수반되는 구체적이고 사회적으로 정의된 (물론 사회적으로는 상대적인) 역할 사이에는 커다란 차이가 존재한다. 사내아이는 발기하는 법을 배울 필요가 없다. 그러나 적극적으로 행동하고, 야망을 갖고, 다른 사람들과 경쟁하는 것을 배워야만 한다. 또 자신이 너무 온화하지는 않은지 항상 의심하는 마음을 지니도록 배워야만 한다. 그러나 우리 사회에서의 남성 역할은 남성의 정체성과 마찬가지로 개인이 배워야만 할 모든 것들을 요구한다. 발기하는 것만으로 충분하지 않다. 만약 그것으로 충분하다면, 많은 정신심리 치료사들이 일자리를 잃을것이다.

사회학적 관점에서 볼 때, 이러한 역할이론의 의의는 정체성이 사회적으로 부여되면 사회적으로 유지되고 또 사회적으로 변한다는 것으로 요약될 수 있다. 앞에서 언급한 장교가 되는 과정에 있는 남자의 예는 정체성이 성인 생활에서 어떻게 부여되는지를 설명하기에 충분할 수 있다. 그러나 특정한 성인 활동과 관련된 역할들보다 훨씬 더 근본적으로 심리학자들이 우리의 성격personality이라고 부르는 것의 부분을 이루는 역할조차도 사회적 과정을 통해 매우 유사한 방식으로 부여된다. 이것은 소위 사회화socialization에 대한 연구에서 계속해서 입증되었다. 사회화는 어린이가 사회의 참여적 구성원이 되는 것을 배우는 과정을 말한다.

아마도 이 과정에 대한 가장 예리한 이론적 설명은 미드가 제시했는데, 그의 이론에서는 자아self의 발생이 사회의 발견과 동일한 하나의 사건으로 해석된다. 어린아이는 사회가 무엇인지 배우면서 자신이 누구인지 알게 된다. 아이는 미드가 말했듯이 "타인의 역할을 취하는 것" ── 그것은 놀이의 중요한 기능이기도 한데, 놀이에서 아이들은 다양한 사회적 역할로 가장해보고 그렇게 함으로써 자신에게 안배된 역할의 의미를 알게 된다 —— 을 배움으로써 자신에게 속한 역할을 적절하게 수행하는 법을 배우게 된다. 이러한 학습 모두는 부모 또는 양육자라는 타인과의 상호작용을 통해서 발생하는데, 더 정확히는 오직 그것을 통해서만 일어날 수 있다. 어린아이는 처음엔 미드가 "유의미한 타자들significant others"이라고 부르는 사람들, 즉 아이를 친밀하게 대하고 그들의 태도가 아이 자신에 대한 개념형성에 결정인 사람들을 **대하면서** 역할을 익힌다. 나중에 아이는 자신이 맡은 역할이 이 친밀한 집단과 관련이 있을 뿐만 아니라 사회 전체가 자신에게 기대하는 것과도 관련이 있다는 사실을 알게 된다. 사회적 반응에 있어서 이러한 더 높은 수준의 추상화를 미드는 "일반화된 타자generalized other"의 발견이라고 부른다. 즉, 아이의 엄마만 아이가 착하고 말쑥하고 진실하기를 기대하는 것이 아니라 일반적으로 사회도 그렇게 기대한다는 것이다. 사회에 대한 이러한 일반적인 개념이 나타날 때만 아이는 자신에 대한 명확한 개념을 형성할 수 있다. 아이의 경험에서 "자아"와 "사회"는 동전의 양면과 같다.

달리 말하면, 정체성은 "주어진" 어떤 것이 아니라, 사회적 인정social recognition 행위로 부여되는 것이다. 우리는 자신이 지칭되는 그대로가 된다. 이와 같은 생각은 자아를 거울에 비친 이미지로 보는 쿨리의 유명한 설명에도 표현되어 있다. 물론 이것은 개인에게 타고난 특성이 없다는 것을 의미하지는 않는다. 유전적 유산은 그것이 전개될 사회적 환경에 관계없이 개인에게 타고난 특성을 전달한다. 인간의 생물학에 대한 우리의 지식은 이것이 어디까지 진실인지 보여주는 명확한 그림을 아직 우리에게 허용하지 않고 있다. 그러나 우리는 그러한 유전적 한계 속에서도 사회적 형성의 여지가 실제로 매우 크다는 것을 알고 있다. 비록 생물학적 질문이 거의 해결되지 않은 채로 남아 있다 하더라도, 우리가 어떤 종류의 인간으로 존재한다는 것이 그러한 인간으로 인정된다는 것이 듯이, 인간으로 존재한다는 것은 인간으로 인정된다는 것이라고 말할 수 있다. 인간에게 애정과 관심을 받지 못한 아이는 비인간화되고, 존중을 받은 이는 자신을 존중하게 된다. 경외심을 불러일으키는 젊은 전쟁의 신으로 취급받은 청년은 스스로 자신을 그렇게 여기게 되고 또 그러한 인물에 합당하게 행동하기 시작하듯이, 얼간이 취급을 받은 소년은 얼간이가 된다. 실제로 자신의 정체성을 그러한 기대 속에 제시된 것과 병합하는 것이다.

정체성은 사회적으로 부여된다. 또 사회적으로 유지되어야 하며, 그것도 상당히 꾸준히 지탱되어야 한다. 사람은 혼자서는 인간이 될 수 없고, 분명히 혼자서는 특정의 어떠한 정체성을 붙들 수 없다. 장교가 지닌 장교로서의 자아상은 다른 사람들이 그를 이러한 정체성으로 기꺼이 인정하는 사회적 맥락에서만 유지될 수 있다. 만일 이 인정이 갑자기 철회되면 자아상이 붕괴하는 데에는 보통 그리 오랜 시간이 걸리지 않는다.

사회가 인정을 극단적으로 철회하는 사례는 정체성의 사회적 성격에 대해 많을 것을 말해줄 수 있다. 예를 들어, 하룻밤 사이에 자유 시민에서 죄수로 전락한 사람은 즉시 자신에 관한 이전의 개념에 대해 무차별적 공격을 받게 된다. 그는 전에 지녔던 자아상을 붙잡기 위해 필사적으로 노력하겠지만, 주위에 자신의 옛 정체성을 확인해줄 다른 사람들이 부재할 경우에는 자신의 의식 내에서 그것을 유지하기가 거의 불가능함을 알게 될 것이다. 매우 빠른 시간 안에 어느새 그는 자신이 죄수에게 기대되는 바대로 행동하고, 죄수가 느낄 것으로 예상되는 모든 것을 느끼고 있음을 발견할 것이다. 이 과정을 단순히 성격의 해체disintegration 중 하나로 보는 것은 오해의 소지가 있는 관점이다. 현상을 더 정확하게 보는 방법은 성격의 재통합reintegration으로 보는 것인데, 이것은 그 사회심리학적 역동성의 측면에서 이전 정체성이 통합되는 과정과 다르지 않다. 과거엔 주변의 모든 중요한 사람들이 우리의 그 남자를 책임감 있고, 품위가 있으며, 사려 깊고, 예술적 감수성이 빼어난 사람으로 받아들였다. 결과적으로 그는 그러한 모든 특성을 지닌 인간이 될 수 있었다. 그러나 이제 감옥의 담벼락은 이러한 특성을 발휘하도록 그를 유지시켜주던 그런 사람들의 인정으로부터 그를 분리한다. 대신 그는 이제 그를 무책임하고, 행동이 비열하며, 자신의 이익만을 추구하고, 끊임없는 감독을 통해 이래라저래라 강요받지 않는 한 자신이 외모에는 신경 쓰지 않는 사람으로 취급하는 사람들에 둘러싸여 있다. 이전의 기대가 다른 행동 패턴에 통합된 것처럼 새로운 기대는 그것에 응하는 죄수 역할로 전형화된다. 두 경우 모두 정체성은 행위에 딸려 있으며, 행위는 특정의 사회적 상황에 대한 반응으로 발생한다.

개인이 자신의 옛 정체성을 근본적으로 박탈당하는 극단적인 경우는 일상생활에서 일어나는 더 예리한 과정들을 단순하게 보여준다. 우리는 인정과 비인정nonrecognition의 복잡한 그물망 속에서 일상을 살아간다. 우리는 상사가 격려해줄 때 일을 더 잘한다. 사람들이 우리를 불편해한다는 것을 알고 있는 모임에서 어색해지지 않기 어렵다는 것을 알고 있다. 우리는 사람들이 우리가 재미있을 것이라고 기대할 때 위트 있는 인간이 되고, 우리에게 흥미로운 사람이라는 평판이 있다는 것을 알게 될 때 그런 사람이 된다. 지성, 유머, 손재주, 종교적 헌신, 그리고 심지어 성적 능력까지도 다른 사람들의 기대에 민첩하게 반응한다. 이것을 통해서 우리는 사람이 자신의 자기해석을 유지해주는 사람을 동료로 선택한다는, 앞에서 언급한 과정을 이해할 수 있다. 간단히 말해서, 모든 사회적 소속 행위는 정체성 선택을 수반한다. 거꾸로 모든 정체성은 그 생존을 위해 특정한 사회적 소속[가맹]을 필요로 한다. 끼리끼리 모이는 것은 사치 때문이 아니라 필요에 따른 것이다. 지식인은 군대에 징집된 후 고문관이 되고, 신학생은 목사 안수식이 가까워짐에 따라 점차 유머 감각을 잃어버린다. [적정 생산량의] 모든 규범을 깬 노동자는 경영진에게서 메달을 받은 후에 더욱더 그 기준을 넘어 생산한다. 자신의 정력에 늘 자신감이 없는 청년은 자신을 돈 조반니Don Giovanni의 화신으로 보는 처녀를 발견하고 침대에서 변강쇠가 된다.

이러한 관찰을 앞 장에서 언급한 것과 연관시키면, 개인은 사회 속에, 즉 사회통제체계들 내에 자신을 위치시키고, 각 체계는 정체성 생성 장치를 포함한다. 가능한 한 개인은 과거에 그에게 만족을 주었던 정체성을 강화하는 방식으로 자신의 소속 관계(특히 친밀한 관계) 조정을 시도할 것이다. 예컨대 자신의 말이 경청할 만하다고 생각해주는 여자와 결혼하고, 자신을 재미있다고 여기는 사람들을 친구로 선택하며, 자신이 유망주로 인정받는 직업을 선택할 것이다. 물론 이러한 조종이 불가능한 경우도 많다. 그때 사람은 자신에게 던져진 정체성으로 최선을 다하는 수밖에 뾰족한 수가 없다.

정체성의 성격에 대한 이러한 사회학적 관점은 편견의 인간적 의미를 더 깊이 이해할 수 있게 해준다. 결과적으로, 우리는 편견이 압제자의 손에 달려 있는 희생자의 외적 운명뿐만 아니라 그들의 기대에 의해 형성되는 희생자의 의식에도 영향을 미친다는, 간담이 서늘해지는 인식을 얻게 된다. 편견이 인간에게 가할 수 있는 가장 끔찍한 것은 그를 편견에 사로잡힌 이미지가 말하는 바로 그런 사람이 되게 한다는 것이다. 반유대주의적 환경에 처한 유대인은 인종차별적 상황에 놓인 흑인처럼 점점 더 반유대주의적 고정관념stereotype의 유대인이 되지 않기 위해 무진장 애를 쓰지 않으면 안 된다. 이러한 투쟁이 성공할 수 있는 유일한 경우는 개인이 그가 당면한 사회 사람들의 소위 반인정counterrecognition에 의해 자신의 성격에 대한 편향된 프로그램에 굴복하지 않도록 보호받을 때뿐이라는 사실은 매우 의미심장하다. 이교도 세계는 그를 존재감 없는 또 다른 비루한 유대인으로 인식하고 그에 따라 그를 대할지 모르지만, 그의 가치에 대한 이러한 비인정은 유대인 사회 자체에서, 예컨대 라트비아에서 가장 위대한 탈무드 학자로 반인정함으로써 균형이 잡힐 수 있다.

이 목숨을 건 인정 게임의 사회심리학적 역학을 고려해볼 때, 유대인들이 주변 이교도 사회에 동화되면서 반유대주의가 그들에게 부여한 정체성에 반하는 대체정체성을 구성원들에게 부여할 수 있는 유대인 사회 자체의 힘이 약화되기 시작할 무렵부터 "유대인 정체성Jewish identity" 문제가 현대 서구 유대인들 사이에서 대두되었다는 것은 그리 놀라운 일이 아니다. 심술궂은 눈초리의 괴물이 나타나도록 만들어진 거울을 통해 자신을 들여다보게 강제된 사람이 자신도 전에는 다른 얼굴을 가졌던 것을 잊지 않으려면, 다른 거울을 가진 다른 사람들을 미친 듯이 찾지 않으면 안 된다. 조금 다르게 표현하면, 인간의 존엄성은 사회적 승인의 문제라는 것이다.

사회와 정체성 간의 이러한 관계는 이러저러한 이유로 개인의 정체성이 급격하게 변하는 경우에도 볼 수 있다. 정체성의 변화는 그것의 발생 및 유지와 마찬가지로 사회적 과정이다. 우리는 이미 과거에 대한 어떤 재해석이든지, 즉 하나의 자아상에서 다른 자아상으로의 어떤 "변역"이든지 그것들은 이러한 변신을 일으키기 위해 협력하는 집단의 존재를 필요로 한다는 점을 지적했다. 인류학자들이 통과의례라고 부르는 것은 옛 정체성(말하자면 어린아이의 정체성)과의 절연과 새로운 정체성(성인이라는 정체성)으로의 입문을 포함한다. 현대 사회는 약혼 제도 같은 보다 가벼운 통과의례를 가지고 있는데, 이 제도를 통해 개인은 모든 관련자들의 일반적인 공모를 통해서 총각의 자유와 결혼의 속박 사이의 문턱을 부드럽게 이끌려 넘게 된다. 만일 이러한 제도가 없다면, 보다 많은 사람들이 그들이 이제 저지르려고 하는 엄청난 일 바로 직전의 그 마지막 순간에 공황에 빠질 것이다.

우리는 또한 "변역"이 어떻게 종교적 훈련이나 정신분석과 같은 고도로 조직화된 상황에서 정체성을 바꾸기 위해 작동하는지를 살펴보았다. 이 시점에 알맞은 예로 정신분석을 다시 살펴보면, 그것은 개인이 자신에 대한 과거의 개념을 거부하고 새로운 정체성, 즉 정신분석적 이념에서 그를 위해 계획된 정체성을 취하도록 인도되는 집중적인 사회적 상황을 수반한다. 정신분석가들이 "전이transference"라고 부르는 분석가와 분석 대상자 간의 밀도 있는 사회적 관계는 본질적으로 변화의 연금술이 발생할 수 있는, 즉 이러한 연금술이 개인에게 납득될 수 있는 인위적인 사회적 환경의 창작품이다. 이러한 관계가 오래 지속되면 지속될수록, 또 더 강렬해질수록 환자 개인은 그의 새로운 정체성에 더욱 매몰된다. 마침내 그가 이제 "치료"되었을 때, 이 새로운 정체성은 실로 그의 모습이 된다. 그러므로 환자가 정신분석가를 자주 또 장기적으로 보고, 그래서 상당한 비용을 지불한다면 치료가 더 효율적일 것이라는 정신분석가의 주장을 마르크스주의자들처럼 일소에 부쳐서는 적절하지 않을 것이다. 이 입장을 고수하는 것이 정신분석가에게 경제적으로 이익이 된다는 것은 분명하지만, 그 입장이 실제로 옳다는 것은 사회학적으로도 매우 수긍할 만하기 때문이다. 정신분석에서 실제로 "끝났다"라고 하는 것은 바로 새로운 정체성이 형성된다는 것을 말한다. 이 새로운 정체성에 대한 환자의 몰입은 그것을 제조하는 데 들인 시간과 정력, 고통과 집중도에 비례해 분명히 증대할 것이다. 확실히 이 모든 것을 사기라고 하면서 거부할 수 있는 능력은 수년간의 시간과 힘들게 번 수천 달러의 돈을 거기에 투자한 후엔 거의 남아 있지 않을 것이다.

이와 같은 종류의 "연금술적" 환경이 "집단치료group therapy" 상황에서 설정된다. 최근 미국의 정신의학에서 집단치료의 인기는 단순히 경제적 합리화로만 해석될 수 없다. 집단치료는 집단 압력이 개인에게 제시되는 새로운 거울상mirror-image을 받아들이도록 효과적으로 작용한다는 완벽하게 올바른 이해는 사회학적 근거를 갖고 있다. 사회학자 어빙 고프만Erving Goffman은 이러한 압력이 정신병원의 상황에서 어떻게 작동하는지 생생하게 묘사했다. 그에 따르면 정신병원 환자들은 "치료" 집단의 공통 준거틀인 자기 존재에 대한 정신의학적 해석을 위해 마침내 자신들의 "신념을 버린다selling out"고 한다.

개인의 어떤 집단 전체가 "파괴되고" 자신에 대한 새로운 정의를 받아들이도록 만들어질 때면 언제든 이러한 동일한 과정이 발생한다. 그것은 군대 징집병들에 대한 기본 훈련 시에 일어나며, 사관학교에서와 같이 군대에 장기 복무할 후보생들에 대한 훈련에서 훨씬 더 강력하게 일어난다. 또 나치 친위대나 공산당 엘리트 같은 전체주의적 조직의 간부 양성을 위한 사상 주입 및 "형성" 프로그램에서도 일어난다. 수 세기 동안 수도사나 수녀의 수련 기간 동안에도 일어났다. 최근에는 전체주의 비밀경찰 조직의 수감자들에게 사용되는 "세뇌brainwashing" 기술에도 과학적으로 정밀하게 적용되었다. 사회의 보다 일상적인 입문식과 비교해볼 때, 그러한 절차의 폭력성은 추구하는 정체성 변형의 정도가 급진적이라는 것과 그러한 경우 변형된 정체성에 대한 몰입이 새로운 "변역"을 불가능하게 만들 정도로 확고하다는 측면에서 사회학적으로 설명될 수 있다.

그 논리적 결론까지 역할이론을 쫓다 보면, 그것은 다양한 사회적 활동을 설명하기 위한 편리한 약기shorthand를 제공하는 것 이상의 역할을 한다. 그것은 우리에게 사회학적 인간학sociological anthropology, 즉 사회 속의 인간 존재에 기초한 인간관을 제공한다. 이 인간관은 사람은 사회의 장대한 연극 속에서 극적인 역할을 하고 있으며, 또 사회학적으로 말하면 사람은 그렇게 하기 위해 착용해야 하는 가면이라는 것을 우리에게 말해준다. 개별 인간human person 또한 이제는 연극적 어원에 충실하게 극적 맥락 속에서 나타난다(페르소나persona라는 말은 고전 연극에서 배우의 가면을 일컫는 기술적 용어이다). 사람person은 역할의 레퍼토리로 인식되며 각 역할은 특정 정체성을 적절하게 갖추고 있다. 개인의 범위는 그가 맡을 수 있는 역할의 수로 측정될 수 있다. 그 사람의 일대기는 이제 우리에게 중단 없이 연속적인 무대 공연으로 나타난다. 이 공연은 서로 다른 관객들을 상대로 행해지며 때로는 의상을 완전히 바꾸어가면서 그렇게 한다. 그리고 배우에게 그가 연기하는 인물이 될 것을 항상 요구한다.

성격personality에 대한 이러한 사회학적 관점은 우리가 일반적으로 우리 자신에 대해 생각하는 방식에 도전한다는 점에서 대부분의 심리학 이론보다 훨씬 더 급진적이다. 그것은 자아에 대한 가장 맹신적으로 신봉되는 가정 중 하나인 자아의 연속성에 근본적으로 도전한다. 사회학적으로 볼 때, 자아는 더 이상 하나의 상황에서 다른 상황으로 이동하는 견고한 주어진 실체가 아니다. 오히려 각각의 사회적 상황 속에서 지속적으로 생성되고 재창조되는 하나의 과정이다. 그리고 기억의 가느다란 실로 매어진 과정이다. 이 실이 얼마나 가느다란지 우리는 과거 재해석에 대해 논의하면서 살펴보았다. 이러한 이해의 틀 내에서 자아의 "진정한real" 내용을 포함하는 무의식으로 도피하는 것도 불가능하다. 왜냐하면 추정된 무의식 자아는 이미 우리가 본 바와 같이 소위 의식적인 자아와 마찬가지로 사회적 생산을 조건으로 하기 때문이다. 다시 말해, 인간은 사회적 존재이기**도** 한 것이 아니라, 경험적 탐구가 가능한 그의 존재의 모든 측면에서 사회적 존재인 것이다. 그러므로 계속해서 사회학적으로 말하면, 만일 어떤 사람이 이 역할과 정체성의 만화경 속에서 자신이 "진짜로really" 누구인지 묻고 싶다면, 그는 자신이 각각 별개의 어떤 존재로 있는 각각의 상황들을 열거해야만 대답할 수 있다.

이제 그러한 변형이 무한히*ad infinitum* 일어날 수는 없으며, 또 그런 변형 중 일부는 다른 것보다 더 쉽게 일어난다는 것이 분명해진다. 개인은 특정한 정체성에 매우 익숙해져서 몸에 배면, 심지어 사회적 상황이 변한다 해도 그를 향한 새로운 기대들에 부응하는 데 어려움을 겪게 된다. 건강하고 이전에 매우 활동적이던 사람들이 종사하던 직업에서 강제로 은퇴할 때 겪는 고충은 이 점을 매우 분명하게 보여준다. 자아의 변형 가능성은 그것의 사회적 맥락에 달려 있을 뿐만 아니라 이전 정체성에 익숙해진 정도와 유전적으로 주어진 어떤 특성에 따라서도 달라질 수 있다. 우리의 모델에서 이러한 수정은 우리 입장의 극단화를 피하는 데 필요하지만, 그러한 수정이 사회학적 분석으로 드러난 바와 같은 자아의 불연속성을 눈에 띄게 손상시키지는 않는다.

그다지 교훈적이지 않은 이 인간학적 모델이 연상시키는 다른 것이 있다면, 그것은 인도의 초기 불교 심리학에서 사용된 모델일 것이다. 그 모델에서 자아는 길게 늘어선 촛불로 비유되며, 각각의 촛불은 바로 옆 초의 심지에 불이 붙는 순간 꺼져버린다. 불교 심리학자들은 영혼의 윤회에 대한 힌두교의 개념을 매도하기 위해 이 그림을 사용했는데, 이 비유를 통해 하나의 초에서 다른 초로 넘어가는 실체가 없다는 것을 말하려 했다. 그러나 이들이 그려낸 심상은 우리들이 지금 다루고 있는 인간학적 모델에도 아주 잘 들어맞는다.

이 모든 것으로부터 정신의학에서 "다중인격multiple personality"라고 부르는 증세에 시달리는 사람들과 대부분의 사람들 사이에는 본질적인 차이가 없다는 인상을 받을 수 있다. 여기서 "본질적essential"이라는 단어를 되뇌고 싶은 사람이 있다면, 사회학자는 그의 말에 동의할지도 모른다. 그러나 양자의 실제적 차이는 "정상적normal"인 사람들(즉, 자기가 속한 사회에서 그렇게 인정받는 사람들)에게는 그들이 수행하는 다양한 역할과 그러한 역할에 딸려 나오는 정체성의 일관성에 대한 강한 압력이 있다는 것이다. 이러한 압력은 외적이면서 또 내적이다. 외적으로 사람은 다른 사람들과 함께 사회적 게임을 해나

가야 하며, 또 자신의 역할도 다른 사람들의 인정에 의존하는데, 다른 사람들은 그가 적어도 비교적 일관된 모습을 세상에 제시할 것을 요구한다. 어느 정도의 역할 불일치role discrepancy는 허용될 수 있지만, 일정한 관용의 한계선을 넘어서면 사회는 해당 개인을 도덕적 또는 심리적 일탈자로 규정하면서 그에 대한 인정을 철회할 것이다. 그래서 사회는 개인에게 직장에서 황제가 되고 집에서는 농노가 되는 것은 허용하지만, 경찰을 사칭하거나 이성의 옷을 입는 것은 허용하지 않을 것이다. 자신의 가장무도회에 설정된 한계 내에 머물기 위해서 개인은 한 역할이 다른 역할과 분리된 상태로 유지되도록 하는 복잡한 책략에 의존해야 할 수도 있다. 직장 사무실에서의 황제 역할은 그의 아내가 이사회에 등장함으로써 위태로워지며, 어떤 집단에서의 뛰어난 재담꾼 역할은 그가 실언을 할 때 말고는 입을 열지 않는다고 낙인찍은 다른 집단에 속한 사람의 침입으로 위협받게 된다. 이러한 역할 분리는 익명성과 빠른 이동 수단을 갖춘 현대 도시 문명에서 점점 더 그 가능성이 증대되고 있지만, 여기서도 어떤 개인에 대해 상반된 이미지를 가진 사람들이 갑자기 서로 마주쳐서 그의 전체 무대 관리를 위태롭게 할 위험성은 존재한다. 어떤 남자의 아내와 비서가 커피잔을 가운데 놓고 마주 앉아 있음으로 인해 그 남자의 가정에서의 자아와 사무실에서의 자아가 비루한 아수라장으로 화할 수 있다. 이 시점에서 확실히 다시 새로운 험프티 덤프티Humpty Dumpty[23]를 조립하기 위해서는 심리치료사가 필요하다.

---

[23] 한번 전복되면 되돌릴 수 없는 사람.

또한 일관성을 요구하는 내적인 압력도 있다. 이것은 아마도 자신을 하나의 전체로 파악하려는 매우 심오한 심리적인 욕구에 기초한다. 생활의 여러 영역에서 서로 화해할 수 없는 역할을 수행하는 현대의 가면무도회 참가자는 자신의 몇몇 연출을 서로 신중하게 분리하여 외부요인을 성공적으로 제어할 수 있다고 할지라도 내적 긴장을 느낄 것이다. 이러한 불안을 피하기 위해 사람들은 보통 그들의 행동뿐만 아니라 의식까지도 분리시킨다. 이것은 그들이 서로 불일치되는 정체성들을 어떤 "무의식" 속으로 "억누른다"는 의미가 아니다. 왜냐하면 우리 모델에는 그러한 개념들을 의심할 만한 충분한 이유가 있기 때문이다. 오히려 그 말은 그들이, 말하자면 그 순간에 요구하는 특별한 정체성에만 주의를 집중한다는 의미이다. 이 특정한 행위가 지속되는 동안 다른 정체성들은 잊힌다. 사회적으로 승인되지 않는 성적 행위나 도덕적으로 문제가 되는 모든 종류의 행위가 의식에서 분리되는 방식은 이러한 과정을 설명하는 데 도움이 될 수 있다. 예를 들어 동성애 마조히즘에 빠져 있는 남자는 바로 그 행위를 할 경우를 위해 세심하게 구성된 정체성을 갖고 있다. 그 행위를 마치고 문을 나서면 그 성적 정체성을 억누르고, 말하자면 다정한 아버지, 책임감 있는 남편, 어쩌면 아내의 열렬한 연인이 되어 가정에 돌아온다. 이와 마찬가지로, 사형을 선고하는 판사는 사형을 선고하는 일을 하는 정체성을 그가 친절하고 관대하며 감수성이 예민한 인간이라는 의식의 나머지 부분으로부터 분리한다. 자식들에게 감상적인 편지를 쓰는 나치 강제수용소 소장은 사회에서 늘 일어나는 일의 극단적인 경우에 불과하다.

만일 모든 사람이 동료를 속이기 위해 음모를 꾸미고 계획을 짜며 의도적으로 변장하는 사회상을 우리가 제시하고 있다고 생각한다면, 앞서 말한 것을 완전히 곡해한 것이다. 오히려 그와 반대로, 역할 연기role-playing와 정체성 구축 과정은 일반적으로 깊이 숙고된 것이 아니고 무계획적이며 거의 자동적인 것이다. 방금 언급한 자아상의 일관성에 대한 심리적 요구가 이것을 보장해준다. 고의적인 기만은 상당한 정도의 심리적 자제력을 필요로 하는데, 그것은 극히 소수의 사람만 가능하다. 위선insincerity이 오히려 드문 현상인 것은 바로 이 때문이다. 대부분의 사람은 표리부동하지 않다. 즉 진실되다. 왜냐하면 이 편이 심리학적으로 가장 택하기 쉬운 길이기 때문이다. 즉 그들은 자신의 행동을 믿고, 그 이전의 행동을 쉽사리 잊으며, 인생이 모든 요구에 대해 책임이 있다는 확신을 가지고 행복하게 인생을 살아간다. 진지성sincerity[24]은 자신의 행위에 자기가 속는 인간의 의식이다. 또는 데이비드 리스먼이 말했듯이, 성실한 사람은 자신의 선전을 믿는 사람이다. 방금 논의한 사회심리학적 역학의 관점에서 볼 때, 나치 살인자들이 실제로 그들에게 혐오감을 주는 어떤 불쾌한 긴급 상황에 직면한 관료였다고 진실하게 자기 묘사를 했다는 것이 단지 판사들의 동정을 얻기 위해 그렇게 말했다는 가정보다는 훨씬 더 가능성이 높다. 그들의 인간적인 후회는 아마도 그들이 전에 지녔던 잔인함만큼이나 진심일 것이다. 오스트리아의 소설가 로베르트 무질Robert Musil이 말했듯이, 모든 살인자의 마음에는 영원히 순결한 구석이 있다. 인생의 계절은 차례대로 돌아오며, 사람은 옷을 갈아입듯이

---

24 'sincerity'는 2장에서는 문맥상 '진정성' 혹은 '성실성'으로 번역했다. 그러나 여기서는 '진지성'으로 번역하는 게 옳다. 그 이유는 〈해제 및 역자 후기〉를 참조하라.

자신의 얼굴도 바꾸어야만 한다. 지금 여기서 우리는 심리적 어려움이나 그러한 "특질 결여lack of character"의 윤리적 의미에는 관심을 두지 않는다. 다만 우리는 그것이 통상적인 절차라는 점만 강조하고 싶을 뿐이다.

방금 역할이론에 대해서 언급한 것과 앞 장에서 통제체계에 관해 말한 것을 연결시키기 위해 한스 거스Hans Gerth와 라이트 밀스C. Wright Mills가 "인간 선택person selection"이라고 부른 것을 참조해보자. 모든 사회구조는 그 기능에 필요한 사람들을 선택하고 적합하지 않은 인간들을 어떤 식으로든 제거한다. 선택할 만한 사람이 없으면 그런 사람들을 날조해 지어낼 도리밖에 다른 방법이 없다. 아니 오히려 필요한 사양에 따라 그들을 생산해낼 것이다. 이런 식으로 사회화와 "형성" 기제를 통해 사회는 자신을 계속 유지하는 데 필요한 인력을 생산한다. 사회학자는 특정한 인간들이 주위에 있기 때문에 특정한 제도가 발생한다는 상식적인 생각을 뒤집는다. 오히려 그것과 반대로 사나운 전사들은 파견할 군대가 있기 때문에 나타나며, 신앙이 독실한 사람은 세워야 할 교회가 있기 때문에, 학자들은 교직원을 채워야 할 대학이 있기 때문에, 또 살인자들은 저질러져야 할 살인 행위가 있기 때문에 나타난다. 각 사회가 그에 합당한 사람들을 받게 된다고 말하는 것은 옳지 않다. 오히려 모든 사회는 그 사회가 필요로 하는 사람들을 생산해낸다. 우리는 이러한 생산과정이 때때로 기술적인 난관에 봉착한다는 사실에 어느 정도의 위안을 받을 수 있다. 우리는 그것이 파괴될 수도 있다는 것을 나중에 보게 될 것이다. 그러나 우선 당장은 역할이론과 이에 수반되는 인식이 인간 존재에 대한 우리의 사회학적 관점에 중요한 차원을 추가한다는 것을 볼 수 있다.

역할이론이 인간의 사회적 존재에 대한 생생한 통찰을 제공한다면 이와 유사한 통찰을 지식사회학이라고 불리는 매우 다른 출발점으로부터도 얻을 수 있다. 역할이론과 달리 지식사회학은 그 기원을 유럽에 두고 있다. 이 용어는 1920년대 독일 철학자 막스 셸러Max Scheler가 처음 만들었다. 영국에서 말년을 보낸 또 다른 유럽 학자 카를 만하임Karl Mannheim은 앵글로색슨Anglo-Saxon 사상계가 이 새로운 학문 분야에 주목하게 하는 데 큰 기여를 했다. 물론 여기서 마르크스, 니체, 그리고 독일 역사주의를 포함하는 지식사회학의 매우 흥미로운 지적 계보를 추적하지는 않겠다. 지식사회학은 인간뿐만 아니라 관념도 사회적으로 위치한다는 것을 보여준다는 점에서 우리의 주장에 부합한다. 그리고 실로 지식사회학이 관념의 사회적 위치에 관심을 갖고 있다는 것은 우리의 목적에 부합하는 이 학문의 정의로 쓰일 수 있다.

지식사회학은 사회학자란 모름지기 **"누가 그런 말을 하는가?"**라는 질문을 계속해서 던지는 사람이라는 말의 의미를 사회학의 그 어떤 분야에서보다 훨씬 더 명확하게 분명히 밝힌다. 지식사회학은 특정한 사람들이 특정한 것들에 대해서 생각할 때 터전이 되는 사회적 맥락과 분리되어 사상이 생겨날 수 있다는 주장을 거부한다. 겉으로 보기에는 사회적 연관성이 거의 없어 보이는 매우 추상적인 관념들의 경우에서조차 지식사회학은 사상에서 사상가로 그리고 그의 사회세계로 선 긋기를 시도한다. 이것은 사상이 특정한 사회적 상황을 합법화하는 데 기여하는 경우, 즉 그 사상이 사회적 상황을 설명하고 정당화하고 신성화하는 경우에 매우 쉽게 볼 수 있다.

간단한 예를 생각해보자. 어떤 원시사회에서 필요한 식량을 구하려면 상어가 들끓는 위험천만한 바다를 통과해야만 한다고 가정하자. 매년 두 차례 그 부족의 남자들은 위태위태한 카누를 타고 식량을 얻기 위해 바다로 나선다. 이제 그 항해에 참여하지 않는 사람은 사제를 제외하고서는 누구나 정력을 잃게 될 것이라는 신조가 그 사회의 종교적 신앙에 포함되어 있다고 가정해보자. 사제들이 예외인 것은 매일 신들에게 제물을 바치기 때문이다. 이러한 신념은 위험한 여정에 뛰어든 사람들에게 동기를 부여하는 동시에 항상 마을에 머무는 사제들에게는 정당성을 제공할 것이다. 부연할 필요도 없이, 이 예에서 맨 처음 이런 이론을 만들어낸 사람은 사제들일 것이라는 의심이 들 것이다. 달리 말해, 우리는 여기에 사제의 이데올로기가 있다고 가정할 것이다. 그러나 이것은 이 이데올로기가 사회 전체에 기능적이지 않다는 것을 뜻하지 않는다. 결국 누군가 가지 않으면 굶주리게 될 것이다.

어떤 사상이 사회의 어떤 기득권에 이바지할 때 우리는 이것을 이데올로기라고 한다. 항상 그런 것은 아니지만 매우 빈번히 기득권에 대한 이데올로기의 이바지가 작동하고 있다는 것을 분명히 보여주기 위해 이데올로기는 사회 현실을 체계적으로 왜곡한다. 직업 집단이 설정한 통제체계를 살펴보면서 우리는 이미 이데올로기가 그러한 집단의 활동을 정당화하는 방법을 보았다. 그러나 이데올로기적 사고는 훨씬 더 큰 인간 집단을 포괄할 수 있다. 예를 들어 미국 남부의 인종차별 신화는 수백만 명의 인간이 실천하는 사회체계를 정당화하는 데 일조한다. "자유기업free enterprise" 이데올로기는 구식 기업가와의 유일한 공통점이 대중을 사취하려는 확고한 용의라는 데 있는 미국 대기업의 독점주의적 관행을 위장하는 데 이바지한다. 마르크스주의 이데올로기도 역시 공산당 기구가 자행하는 폭정을 정당화하는 데 이바지하며, 공산당 기구의 관심이 카를 마르크스의 관심과 공통되는 정도는 엘머 갠트리Elmer Gantry[25]의 관심이 사도 바울Apostle Paul의 관심과 공통되는 정도에 불과하다. 각각의 경우 이데올로기는 기득권을 가진 집단이 행한 일을 정당화하고 그 정당성이 납득될 수 있게끔 사회 현실을 해석한다. 이러한 해석은 "문제를 이해하지 못하는" 국외자outsider(즉 기득권을 공유하지 않는 사람)에게는 흔히 기괴하게 보인다. 미국 남부의 인종차별주의자는 백인 여성은 흑인과의 성관계를 생각하는 것 자체에 엄청난 혐오감을 갖고 있으며, 인종 간에 조금만 교제를 해도 곧장 성관계로 이어질 것이라고 동시에 주장해야만 한다. 회사의 경영진은 가격을 고정하는 그의 활동이 자유시장을 방어하기 위함이라는 주장을 늘어놓을 것이다. 공산당 간부는 당이 승인한 후보로 후보군을 제한하는 것이 진정한 민주주의의 표현이라고 설명하려 들 것이다.

이와 관련해서 이런 주장을 펼치는 사람들은 보통 완전히 진심에서 그런다는 것을 다시 한번 강조해야 한다. 고의적으로 거짓말을 하려는 도덕적 노력은 대부분의 사람의 능력을 벗어나는 일이다. 오히려 자신을 속이는 것이 훨씬 쉽다. 그러므로 이데올로기 개념을 거짓, 기만, 선전 또는 속임수 개념과 구별하는 것이 중요하다. 정의상 거짓말쟁이는 자신이 거짓말하고 있다는 것을 알고 있다. 특정 이데올로기 신봉자는 그렇지 않다. 지금 여기서 그 둘 중에서 어느 쪽이

---

25 싱클레어 루이스Sinclair Lewis가 1926년에 쓴 동명의 풍자소설의 주인공.

윤리적으로 우월한가를 묻는 것은 우리의 관심사가 아니다. 우리는 단지 사회가 무반성적이고 무계획적인 방식으로 정상 작동된다는 점을 다시 한번 강조할 뿐이다. 대부분의 음모론은 공모자의 지적인 예지력을 지나치게 과대평가하는 경향이 있다.

머튼이 다른 맥락에서 사용한 표현을 빌리자면, 이데올로기는 "잠재적으로" 기능할 수 있다. 한 번 더 미국 남부의 예로 돌아가보자. 한 가지 흥미로운 사실은 흑인지대Black Belt와 성경지대Bible Belt가 지리적으로 일치한다는 점이다. 즉, 남부의 인종차별체계를 원래 그대로 순수하게 실시하는 곳과 거의 겹치는 지역에 초보수적이고 근본주의적인 개신교도들이 가장 많이 밀집되어 있다. 이러한 우연의 일치는 역사적으로, 남부 개신교에서 남북전쟁 이전에 노예 문제를 둘러싸고 교파의 대분열이 있은 이래 종교적 사상의 폭넓은 조류로부터 고립되어왔다는 사실로 설명할 수 있다. 이 일치가 또한 지적 야만성의 두 가지 다른 측면을 표현한다고도 해석할 수 있다. 우리는 그 어느 쪽 설명에도 딴지를 걸 생각이 없지만, 이데올로기적 기능성 측면에서 본 사회학적 해석이 현상을 이해하는 데 더 큰 도움이 될 것이라고 주장할 것이다.

개신교 근본주의는 죄라는 관념에 사로잡혀 있지만 이상하게도 죄의 범위에 대해서는 제한된 개념을 가지고 있다. 세상의 악에 대해서 거칠게 포효하는 부흥회 설교자들은 언제나 음행, 음주, 춤, 도박, 욕설 등과 같은 다소 제한된 범위의 도덕적 범죄에만 꽂혀 있다. 실제로 이들 범죄 중에서도 첫 번째 것을 집중적으로 강조하기 때문에 개신교 도덕의 **공통어**lingua franca에서 "죄sin"라는 용어는 보다 특수한 용어인 "성범죄"라는 말과 거의 동족어로 통할 정도이다. 이 간악한 행위의 목록에 대해 누가 뭐라고 말하든지 간에, 그것들은 죄다 공통되게 본질적으로 **사적인** 성격을 갖고 있다. 실제로 부흥회 설교자가 공적인 문제를 언급할 때조차 그것은 대개 공직을 맡은 사람들의 사적인 부패에 관한 것이다. 정부 공무원들이 도둑질을 하는데, 그것은 나쁜 일이다. 그들은 또한 음행하고 술과 도박도 하는데, 그것은 아마도 더 나쁘다. 신약성경의 어떤 가르침과 그 가르침에 뿌리를 두고 있다고 자처하는 국가의 평등주의적 신조에 견주어 볼 때, 최소한으로만 이야기하더라도, 그 중심적인 사회제도가 의심스러운 그런 사회에서는 기독교 윤리의 개념을 사적인 비행에 제한시키는 것이 명백한 기능을 지닌다. 따라서 개신교 근본주의의 사적인 도덕 개념은 사회제도의 보존과 무관한 행위 영역에 관심을 집중시키고, 윤리적 검토가 체계의 원활한 운영에 대해 긴장을 유발할 수 있는 영역으로부터 주의를 다른 곳으로 돌리게 한다. 다시 말해, 근본주의 개신교는 미국 남부의 사회체계를 유지하는 데서 이데올로기적 기능을 하고 있는 것이다. 여기서 우리는 인종 분리가 신이 주신 자연 질서로 선언되는 경우처럼 개신교 근본주의가 직접적으로 사회체계를 정당화하는 지점까지 갈 필요는 없다. 그러나 이러한 "명시적manifest" 정당화가 없는 경우에도 문제의 종교적 신앙은 체계를 계속 존속시키는 데 "잠재적으로latently" 기능한다.

이데올로기 분석은 사상의 사회적 위치 설정이 지니는 의미를 예리하게 설명하기는 하지만, 지식사회학의 완전한 의미를 설명하기에는 여전히 범위가 너무 좁은 게 사실이다. 지식사회학은 기득권에 기여하거나 사회 현실을 왜곡하는 관념들에게만 관심을 갖는 것이 아니다. 물론 그것이 오히려 스스로를 타당성의 중재자로 간주한다는 의미는 아니며(그렇다고 하면 과대망상일 것이다), 어떤 종류의 사상일지라도 사회에 기반을 두고 있는 한에서 사상의 전 영역을 자신의 분야로 간주한다는 것을 의미한다. 이것은 (마르크스주의적인 해석에서처럼) 모든 인간의 생각이 사회구조의 직접적인 "반영 reflection"으로 간주된다는 의미도 아니며, 사상이 사건의 과정을 형성하는 데 완전히 무력한 것으로 간주된다는 것을 뜻하지도 않는다. 그러나 이 말은 모든 사상은 그것을 생각해낸 사람들의 사회적 존재에서 그것의 위치를 밝혀내기 위해 면밀하게 검토된다는 것을 의미한다. 어쨌든 그 정도까지는 지식사회학이 그 경향에 있어서 반관념론적 anti-idealistic이라고 말하는 것이 옳다.

모든 사회는 그 사회구조와 사회심리학적 기제의 관점에서, 그리고 구성원이 거주하는 공통의 우주 역할을 하는 세계관의 관점에서 살펴볼 수 있다. 세계관은 사회마다 다르며, 또 동일한 사회 내의 다른 부분들에서도 다르다. 이런 의미에서 중국인은 서구인들과는 "다른 세계 속에 살고 있다"고 말하는 것이다. 이 예를 잠시 더 살펴보면, 뒤르켐 사회학의 영향을 크게 받은 프랑스의 중국 연구가 마르셀 그라네 Marcel Granet는 중국인의 "다른 세계"를 부각시킨다는 바로 이러한 관점에서 중국 사상을 분석했다. 물론 그 차이는 정치철학, 종교, 윤리 같은 문제에서 명백하게 나타난다. 그런데 그라네는 근본적인 차이가 시간, 공간 및 수 같은 범주에서도 발견될 수 있다고 주장한다. 이러한 종류의 다른 분석들, 예컨대 고대 그리스와 고대 이스라엘 "세계"의 비교, 또는 전통적 힌두교와 현대 서구 "세계"의 비교에서도 이와 매우 유사한 주장들이 제기되고 있다.

종교사회학 sociology of religion은 이러한 종류의 탐구를 위한 가장 유익한 영역 중 하나인데, 그 부분적 이유는 아마도 사회적 위치의 역설이 여기서 특히 설득력 있는 형태로 나타나기 때문일 것이다. 신, 우주 및 영원에 관한 관념이 지리와 역사라는 모든 인간적인 상대성에 묶여 있는 인간의 사회체계 속에 자리 잡고 있다는 것은 매우 부적절한 것처럼 보인다. 이것은 특히 성경 연구가 특정 종교현상의 "삶의 자리 *Sitz im Leben*"(문자 그대로 "생활의 장소 site in life"라는 뜻으로, 우리가 사회적 위치 설정이라고 부르는 것과 매우 흡사하다)를 발견하려고 노력할 때 정서적 걸림돌 중 하나가 되었다. 시간을 초월하는 기독교 신앙의 주장에 대해 토론하는 것과, 그러한 주장이 최초의 기독교 선교사들이 복음을 전했던 로마제국의 다국어 사용 도시에서 특정한 사회계층이 느낀 시의적절한 좌절, 야망 또는 분노와 어떻게 관련이 있는지를 검토하는 것은 완전히 다른 문제이다. 그러나 그 이상으로, 종교현상 바로 그 자체는 정치적 권위의 정당화 또는 사회적 반항의 완화(베버가 "고난의 변신론 theodicy of suffering"이라고 부른 것으로, 종교가 고난에 의미를 부여하여 고난을 혁명의 원천에서 구원의 수단으로 변화시키는 방식) 같은 특정 기능의 측면에서 사회적으로 위치 지워질 수 있다. 종교적 보편성은 그것의 형이상학적 타당성의 증거가 아니며, 그러한 사회적 기능의 관점에서 설명될 수 있다. 더욱이 역사의 흐름에 따른 종교적 패턴의 변화도 사회학적 측면에서 해석될 수 있다.

현대 서구 세계에서 종교적 헌신의 분포를 예로 들어보자. 많은 서구 국가에서 교회 출석은 계급적 소속과 완벽하게 연관될 수 있다. 예를 들어, 종교 활동은 중산층 지위의 표시 중 하나인 반면, 그러한 활동을 삼가는 것은 노동 계층의 특징이다. 다시 말해, 예컨대 삼위

일체에 대한 신앙(또는 적어도 이 믿음의 외적 표현)과 연간 소득 사이에는 어떤 관계가 있는 것처럼 보인다. 즉, 일정한 소득수준 이하에서는 이러한 신앙이 설득력을 잃은 것처럼 보이는 반면, 일정한 소득수준 이상에서는 이러한 신앙이 당연한 것이 된다. 지식사회학은 통계와 구원 사이의 이러한 종류의 관계가 어떻게 생겨났는지를 따져 물을 것이다. 이러한 질문에 대한 답은 불가피하게 이런저런 사회적 환경에서 종교의 기능이라는 측면에서 본 사회학적인 것이 될 것이다. 당연히 사회학자는 그 자체로 신학적인 질문에 대해서는 그 어떤 진술도 할 수 없겠지만, 이러한 질문이 사회적 진공상태에서 해결된 적이 거의 없었다는 것을 보여줄 수는 있을 것이다.

앞에서 들었던 예시로 돌아가보면, 사회학자는 사람들이 개신교 근본주의에 전념해야 하는지 또는 덜 보수적인 개신교를 믿어야 하는지에 대해 조언해줄 수는 없지만, 어떤 선택이 사회적으로 어떻게 작용할지에 대해서는 보여줄 수 있을 것이다. 또한 사회학자는 사람들이 자식들에게 세례를 어려서 받게 해야 할지 아니면 기다렸다가 나중에 받게 할지를 결정할 위치에 있지는 않지만, 그들이 어떤 사회계층에서 어떤 기대에 봉착하게 될지에 대해 알려줄 수 있는 위치에 있을 것이다. 또한 사회학자는 내세를 믿어야 하는지에 대해 어떠한 조언도 할 수 없지만, 현세에서 어떤 직업을 택했을 때 그러한 신앙을 최소한 가진 척이라도 하는 것이 현명한지는 말해줄 수 있다.

종교성의 사회적 분포에 대한 이러한 질문을 넘어서, 몇몇 현대 사회학자들(예를 들면, 헬무트 셸스키Helmut Schelsky와 토마스 러크만)은 현대 산업 문명이 생성한 성격 유형이 전통적인 종교적 패턴의 지속을 허용하는지 여부와 다양한 사회학적 및 사회심리학적 이유로 서구 세계가 이미 탈기독교단계post-Christian stage에 진입한 것은 아닌가 하는 질문을 제기한 바 있다. 그러나 여기서 그러한 질문들을 훑는 것은 우리의 논의 범위를 벗어난다. 종교의 예시는 지식사회학이 어떻게 관념을 사회적으로 위치 짓는가를 가리키는 것으로 충분할 것이다.

그렇다면 사람은 자신의 역할과 정체성을 도출하는 것과 매우 흡사한 방식으로 자신의 세계관도 사회적으로 이끌어낸다. 달리 말하면, 그의 정서와 자기해석은 그의 행동과 마찬가지로 사회가 미리 규정해놓았으며, 그를 둘러싼 우주에 대한 그의 인지적 접근도 사정은 매한가지다. 이 사실은 알프레드 슈츠가 "당연시되는 세계"라는 표현, 즉 각 사회가 역사의 과정에서 생성한 외관상 자명하고 자기 타당한 것으로 보이는 세계에 대한 가정들의 체계라는 표현으로 포착했다. 사회적으로 결정된 이 세계관은 적어도 부분적으로는 사회가 사용하는 언어에 이미 주어져 있다. 일부 언어학자들은 어떤 주어진 세계관을 만드는 데 있어 이 언어적 요인의 중요성만을 과장했을지 모르지만, 사람이 사용하는 언어가 적어도 현실에 대한 그의 관계를 형성하는 데 도움이 된다는 것은 의심의 여지가 없다. 그리고 물론 우리가 사용하는 언어는 우리 자신이 선택한 것이 아니라 우리의 초기 사회화를 담당하는 특정 사회집단이 우리에게 부여한 것이다. 사회는 우리가 세계를 파악하고, 경험을 정리하고, 자신의 존재를 해석하는 기본적인 상징 장치를 미리 정해놓는다.

같은 방식으로 사회는 우리의 "지식"을 구성하는 가치, 논리 및 정보(이 점에 있어서는 허위 정보일 수도 있다)의 비축을 제공한다. 극히 일부의 사람만이, 그리고 그들마저도 이 세계관의 단편적인 부분에 관해서만, 이제껏 그들에게 부과된 것을 재평가할 수 있는 위치에 있다. 실제로 그들은 재평가할 필요조차 느끼지 않는다. 왜냐하면 그들 자신이 사회화되어 갖게 된 세계관이 그들에게는 자명해 보이기 때문이다. 이 세계관을 자신이 사회에서 만날 수 있는 거의 모든 사람들도 자명한 것으로 간주할 것이기 때문에 그 세계관은 스스로 타당성을 지닌다. 그 "증거"는 그것을 당연하게 여기는 다른 사람들의 반복된 경험에 있다. 지식사회학의 이러한 관점을 하나의 간결한 명제로 표현하자면, "현실은 사회적으로 구성된다"이다. 이 명제에서 지식사회학은 사회적 정의의 힘에 대한 토머스의 주장을 완성하는 데 일조하며 현실의 취약성precarious nature of reality에 대한 사회학적 상을 좀 더 밝혀준다.

역할이론과 지식사회학은 사회학적 사고에 있어서 매우 다른 가닥을 대표한다. 사회적 과정에 대한 그 두 가닥의 중요한 통찰은, 아마도 현재 논의하기에는 너무 복잡한 탈코트 파슨스Talcott Parsons의 중요한 현대 사회학적 체계를 제외하고는, 아직 이론적으로는 통합되지 않았다. 이 두 접근법 사이의 상대적으로 단순한 연계는 소위 준거집단이론에 의해 제공되는데, 이것 역시 미국에서 개발됐다. 1940년대 허버트 하이만Herbert Hyman이 처음 사용한 준거집단 개념은 그 후 많은 미국 사회학자들(그중에서 로버트 머튼과 타모츠 시부타니Tamotsu Shibutani가 특히 중요하다)에 의해 더욱 발전되었다. 준거집단이론은 군대나 산업 조직과 같은 다양한 종류의 조직 기능에 대한 연구에 매우 유용했지만 여기서는 우리의 관심사가 아니다.

어떤 사람이 소속된 준거집단과 그가 행위를 지향하는 준거집단 간의 구분이 이루어졌다. 후자의 다양성이 현재 우리에게 도움이 될 것이다. 이런 의미에서 준거집단은 그 의견, 확신 및 행동 노선이 우리 자신의 의견, 확신 및 행동 노선을 형성하는 데 결정적인 역할을 하는 집합체이다. 준거집단은 우리가 지속적으로 자신과 비교할 수 있는 모델을 제공한다. 구체적으로 준거집단은 사회적 실재에 대한 특별한 관점, 즉 앞에서 언급한 의미에서 이데올로기적일 수도 있고 그렇지 않을 수도 있지만 어쨌든 이 특정 집단에 대한 우리 충성심의 일부가 될 특별한 시각을 우리에게 제공해준다.

얼마 전에 《뉴요커 The New Yorker》지에 말쑥한 차림의 젊은 대학생이 핵실험 금지를 요구하는 피켓을 들고 행진하는 덥수룩한 여자에게 말을 거는 모습이 담긴 만화가 실렸다. 삽화의 설명문은 다음과 같았다. "이렇게 되면 오늘 밤 청년 보수주의자 클럽에선 너를 보지 못하겠군!"이 작은 삽화는 오늘날 대학생들의 준거집단 선택지를 적절하게 보여준다. 아주 작은 대학을 제외하고는 많은 대학이 학생들에게 준거집단에 있어 상당량의 선택지를 제공할 것이다. 소속되는 것에 목마른 학생은 정치색을 띤 여러 개의 집단에 가입할 수 있으며, 비트족 무리에게 향하거나 사교계 인사들의 즉석 모임 써클에 붙을 수도 있다. 아니면 인기 있는 영문학 교수 주위에 몰려드는 패거리와 단순히 어울릴 수도 있다. 각각의 경우 복장과 품행 면에서 충족해야 할 특정 요구 사항이 있으리라는 것은 두말할 나위가 없다. 대화 중 간간이 좌파 용어를 섞어 쓴다든지, 지역 이발소를 배척한다든지,[26] 버튼다운 칼라Button down collar 셔츠에 넥타이를 바싹 조여 맨다

---

[26]　흑인의 이발을 거부하는 지역 이발소 거부 운동, 소위 이발소거부운동Barbershop Boycott을 일컬음.

든지,[27] 3월 중순 이후엔 맨발로 다닌다든가 하는 것[28] 말이다. 그러나 집단을 선택하면 다양한 지적인 상징들도 함께 따라올 것이다. 이러한 상징은 집단에 대한 헌신의 과시와 함께 드러내는 편이 좋은 상징들로서 다음의 것들을 포함한다. 경우에 따라서는《내셔널 리뷰 National Review》[29]나《디센트 Dissent》[30]를 읽고, 감상하기 힘든 최신 재즈 반주에 맞춰 낭독되는 앨런 긴즈버그 Allen Ginsberg[31]의 시를 즐긴다거나, 눈여겨보고 있는 몇몇 기업의 회장 이름을 줄줄이 꿰고 있다든가, 또는 형이상학적 시인들에 대한 무지를 인정하는 사람에 대해서는 표현할 수 없을 정도의 경멸을 분명하게 피력한다든가 하는 것 등이다. 골드워터 Barry Morris Goldwater[32]류의 공화당 정책, 트로츠키주의 Trotskyism, 선불교 또는 신비평 New Criticism 등 이 모든 당당한 세계관의 가능성은 토요일 저녁 데이트의 성패를 좌우할 수 있고, 룸메이트와의 관계를 해칠 수도 있고, 또는 전에는 흑사병 환자를 대하듯 기피했던 사람들과의 확고한 동맹의 기초가 될 수도 있다. 그리고 어떤 여

27 버튼다운 칼라 셔츠는 폴로 경기에서 기존의 깃이 바람에 날려 선수들의 눈을 다치게 하는 것을 방지하기 위해 고안된 제품이었으나 이내 남성용 셔츠로 자리매김했고, 제2차세계대전 이후 성평등주의 대두와 함께 남성 전유물에서 여성 해방의 상징으로 여성 셔츠에도 적용됨.
28 1960년대 미국 반문화운동을 주도했던 히피들이 기존 주류 문화에 대한 저항의 상징 중 하나로 맨발로 활보하는 세태가 존재했음. 이를 못마땅하게 여긴 상점 등에서 맨발 입장을 금하기도 했음.
29 1955년 창간된 미국 보수 진영 잡지.
30 1954년 창간된 미국 좌파 진영 잡지.
31 1950년대 미국의 비트 세대를 이끈 시인 중 한 명. 군국주의, 경제적 물질주의, 성적 억압에 반대함.
32 애리조나주 출신 미국 공화당 정치인으로, 1960년대 미국 보수 정치운동의 부활을 촉발한 인물로 평가됨.

자는 스포츠카로, 또 어떤 여자는 존 던John Donn[33]으로 유혹할 수 있다는 것을 알게 된다. 당연히 악의적인 사회학자만이 재규어Jaguar[34] 쪽 노선과 존 던 쪽 노선 사이의 선택이 전략적 긴급성 측면에서 결정될 것이라고 느낄 것이다.

준거집단이론은 사회적인 가입 또는 이탈이 일반적으로 특정한 인지적 개입을 수반한다는 것을 나타낸다. 어떤 집단에 합류함으로써, 사람은 세상이 이러저러하다는 것을 "알게 된다". 그가 이 집단을 떠나 다른 집단에 들어가게 되면 이제 그는 이전에 착각했음이 틀림없다는 것을 "알게 된다". 그에게 준거가 되는 하나하나의 집단은 세상을 보는 관점이 된다. 모든 역할은 그 끝에 세계관을 매달고 있다. 특정한 사람을 선택함으로써 사람은 자신이 살 특정한 세계를 선택한다. 지식사회학이 실재의 사회적 구성에 대한 폭넓은 관점을 우리에게 제공해준다면, 준거집단이론은 우리에게 세계를 건설하는 패거리들이 머리를 짜내 나름의 모델을 만들어내는 수많은 조그만 작업장을 보여준다. 이 과정의 근저에 있는 사회심리학적 역학은 아마도 우리가 역할이론과 관련하여 이미 살펴본 것과 동일할 것이다. 즉, 다른 사람들과 함께 어떤 세계 속에 받아들여지고, 소속되고, 살아가고 싶다는 원초적인 인간 욕구이다.

집단 의견이 물리적 대상에 대한 인식에조차 영향을 미친다는 사실에 대한 사회심리학자들의 일부 실험은 우리에게 저항할 수 없는 그러한 욕구의 힘을 인식하도록 한다. 예를 들어 길이가 30인치

---

33 16~17세기의 영국의 성공회 사제이자 시인. 형이상학파 시인의 선구자로 알려져 있음.
34 고급 승용차.

인 물체를 앞에 두고 있는 사람은, 만일 모든 구성원이 그 물체는 10인치 정도라고 확신한다고 계속 반복해 주장하는 어떤 실험집단 experimental group에 배치되었을 경우, 처음의 정확한 추정치를 점진적으로 수정할 것이다. 결과적으로 정치적, 윤리적, 미학적 문제에 있어서 집단 의견이 훨씬 더 큰 힘을 발휘해야 한다는 사실은 그리 놀랄 일이 아니다. 왜냐하면 그런 문제엔 그것을 재단할 척도가 없어서 그런 식으로 압력을 받는 개인은 정치적, 윤리적 또는 미학적 척도를 사용할 수도 없기 때문이다. 물론 그가 자신이 맞다고 주장하려 든다면, 집단은 애초부터 그의 척도는 척도가 아니라며 거부할 것이다. 한 집단의 타당성의 척도는 다른 집단에게는 몽매함의 척도이다. 시성canonization과 파문의 기준은 상호 교환이 가능하다. 사람은 자신의 친구 무리playmates를 선택함으로써 자신의 신을 선택한다.

이 장에서 우리는 앞서 보았던 사회 속 인간이라는 관점에 추가적으로 인간 내부에 존재하는 사회의 상을 제시하는 사회학적 사고 몇 갈래를 추려냈다. 이 시점에서 거대한 감옥이라는 사회의 상은 죄수집단이 감옥의 벽을 원래대로 유지하려 부지런 떠는 세부적인 묘사를 추가하지 않는 한 더 이상 만족스러워 보이지 않는다. 우리가 사회 속에 갇혀 있다는 것은 이제 외부적 힘의 작용만큼이나 우리 자신의 내부로부터 영향을 받는 것으로 보인다. 이제 사회 현실에 대한 보다 적절한 묘사는 인형극이 될 것이다. 막이 올라가고 작은 꼭두각시 인형들이 보이지 않는 줄에 매달려 뛰어 돌아다니며, 무대에 올려질 희비극에서 그들에게 할당된 작은 역할들을 즐겁게 연기한다. 이 비유로는 충분하지 않다. 인형극의 피에로에게는 의지도 의식도 없다. 그러나 사회 무대social stage 위 피에로는 각본에서 그를 기다리는 바로 그 운명을 원하고 있으며, 또 그 바람을 증명하는 완전한 철학 체계를 가지고 있다.

이 장에서 논의된 현상을 언급하기 위해 사회학자들이 사용하는 핵심 용어는 바로 내면화internalization이다. 사회화에서 일어나는 일은 사회세계가 아동의 내부에서 내면화되는 것이다. 질적으로는 좀 약할지 모르지만, 동일한 과정이 성인이 새로운 사회적 맥락이나 새로운 사회집단에 입회할 때마다 발생한다. 그렇다면 사회는 뒤르켐적 의미에서 "저 밖에out there" 있는 어떤 것일 뿐만 아니라, "이 안에in here" 있는 어떤 것, 즉 우리 내면에 가장 깊숙이 있는 것의 일부이기도 하다. 내면화를 이해해야만, 사회 속에서 대부분의 외적 통제가 대부분의 사람들에게 대부분의 시간 동안 작용한다는 믿기 어려운 사실이 비로소 납득될 수 있다. 사회는 우리의 행동을 통제할 뿐만 아니라 우리의 정체성, 생각 그리고 감정도 형성한다. 사회구조는 우리 자신의 의식구조가 된다. 사회는 우리의 피부에서 멈추지 않는다. 사회가 우리를 감싸는 만큼 우리의 내부로 침투해 파고든다. 우리가 사회에 속박되는 것은 정복당한 것이라기보다는 결탁collusion한 것이다. 실제로 우리가 강제로 복종하게 되는 경우도 물론 종종 있다. 그러나 이보다 훨씬 빈번하게 우리는 자신의 사회적 본성에 의해 올가미에 걸려든다. 우리를 가둔 감옥의 벽은 우리가 무대에 나타나기 전에 이미 거기에 있었지만, 우리 자신이 줄곧 다시 쌓는 것이다. 우리는 우리 자신의 협조하에 속아서 포로가 된다.

앞선 두 장에서 필자가 피력하고자 한 의도가 성공적으로 독자에게 전달되었다면, 독자는 이제 어쩌면 사회학적 폐소공포증으로 묘사될 수도 있는 느낌을 가졌을지도 모른다. 독자는 다양한 사회적 결정 요소에 직면해서 인간의 자유를 긍정한다는 측면에서 이러한 공포증으로부터 약간의 구제를 요구할 어떤 도덕적인 권리를 용인받을 수 있다. 그러나 그러한 자유의 긍정은 사회학적 논증의 틀 내에서는 선험적인 난점을 내포한다. 논의를 더 진행시켜나가기 전에 이러한 난점들에 대해 잠시 살펴볼 필요가 있다.

자유는 경험적으로 입수할 수 있는 것이 아니다. 보다 정확히 말하면, 자유는 다른 경험적 확실성empirical certanty과 함께 우리에게 하나의 확실성으로 경험될 수 있지만, 자유는 그 어떤 과학적 방법으로도 증명할 수 없다. 우리가 칸트Kant를 따르고자 한다면, 자유는 이성적으로 손에 넣을 수 있는 것이 아니다. 즉 순수이성의 작용에 기초한 철학적 방법으로는 입증될 수 없다. 경험적 입수 가능성empirical availability 문제와 아울러 여기서 고려해야 할 남은 사안은, 바로 자유에 대해 과학적으로 이해하기 곤란하다는 점이 자유라는 현상의 형언하기 어려운 신비성 때문이라기보다는(결국 자유가 신비스러운 것은 사실이지만, 이 같은 신비는 매일 접하는 현상이다), 과학적 방법의 범위가 엄격하게 제한되어 있기 때문이라는 사실이다. 경험과학은 특정 가정 내에서 작동해야 하며, 그중 하나가 보편적 인과율universal causality이라는 가정이다. 과학적 탐구의 대상은 모두 선행 원인anterior cause을 지닌 것으로 가정된다. 자체 원인인 대상 또는 사건은 과학적 담론 세계 밖에 존재한다. 그런데 자유가 바로 그러한 특성을 가진다. 이러한 이유로 과학적 연구를 아무리 철저하게 한다 하더라도 자유롭다고 지칭될 수 있는 현상은 결코 구명되지 않을 것이다. 어떤 개인의 주관적 의식 내에서는 자유로워 보일 수 있는 그 어떤 것이라도 과학적 도식 안에서는 어떤 인과관계의 사슬 속 연결 고리에 그칠 것이다.

자유와 인과율은 논리적으로 모순되는 용어가 아니다. 그러나 그것들은 서로 다른 준거틀에 속하는 용어다. 그러므로 과학적 방법이 어떤 소거법elimination 절차에 따라, 즉 원인에 원인을 계속 찾아 쌓아나가다가 마침내 원인을 지니지 않은 것처럼 보여서 자유로운 것으로 공표할 수 있는 잔류현상residual phenomenon에 도달한다는 방법에 따라 자유를 밝혀낼 수 있을 것이라는 기대는 헛되다. 자유는 원인이 없는 것이 아니다. 이와 마찬가지로, 과학적 예측이 약한 경우를 찾음으로써 자유에 도달할 수는 없다. 자유는 예측 불가능성이 아니다. 만약 그것이 사실이라면 베버의 말대로 미친 사람이 가장 자유로운 인간일 것이다. 자신의 자유를 의식하는 개인은 인과율의 세계 밖에 있는 것이 아니라 자신의 의지를 그가 고려해야만 하는 다른 원인들과는 다른 매우 특별한 범주의 원인으로 인식한다. 그러나 이 차이는 과학적 증명의 대상이 아니다.

비유가 여기서 도움이 될 것 같다. 자유와 인과율이 모순되는 것이 아니라 오히려 이질적인 용어인 것처럼 유용성과 미beauty도 마찬가지이다. 그 둘은 논리적으로 서로를 배제하지 않는다. 그러나 이 중 한쪽의 실체를 증명함으로써 다른 쪽의 실체를 증명할 수 없다. 특정한 물건, 예들 들어 가구를 놓고 그것이 인간의 삶, 즉 앉고 먹고 자는 종류의 유용성을 가지고 있음을 확실하게 보여줄 수 있다. 그러나 그 어떤 유용성을 증명할 수 있다 하더라도, 그 의자, 탁자 또는 침대가 아름다운지의 여부에는 조금도 가까이 다가갈 수 없을 것이다. 다시 말해, 담론의 공리적인 세계와 미적인 세계는 결코 같은 표준으로는 잴 수 없는 것이다.

사회과학적 방법의 차원에서는 인간 세계가 인과율적으로 닫힌 체계라고 선험적으로 가정하는 사고방식에 직면하게 된다. 만일 다르게 생각한다면 이 방법은 과학적이지 않을 것이다. 특별한 종류의 원인으로서 자유는 이 체계에서는 선험적으로 애초에 배제된다. 사회현상의 측면에서 사회과학자는 원인의 무한 소급을 가정해야 하며, 그 원인 중 어느 것이든 특권적인 존재론적 지위를 가지고 있지 않다고 가정해야 한다. 사회과학자가 만일 일단의 사회학적 범주로 어떤 현상을 인과적으로 설명할 수 없다면 그는 다른 범주로 설명하려 할 것이다. 정치적 원인들로 만족스러운 설명을 못 하면 경제적 원인들을 동원할 것이다. 그리고 사회학의 개념 장치conceptual apparatus 전체가 주어진 현상을 설명하는 데 부적합해 보인다면 심리학적 장치나 생물학적 장치와 같은 다른 것으로 전환할 것이다. 그러나 그렇게 한다 해도 그는 여전히 과학적 우주 내에서 움직일 것이다. 즉, 그는 새로운 계열의 원인들을 발견하겠지만 자유와 마주치지는 못할 것이다. 과학적 분석 도구의 공격을 받자마자 해체되는 주관적인 내적 확신을 통하지 않고는 자기 자신이나 다른 사람의 자유를 인식할 방법이 없다.

과학적으로 취급될 수 있는 현실의 단편들만을 신봉하는 실증주의는 일부 미국 사회과학자들 사이에서 여전히 유행하고 있지만, 그러한 실증주의적 신조에 대한 충성의 성명을 지금 공표하는 것보다 필자의 의도에서 멀리 떨어져 있는 것은 없다. 그러한 실증주의는 미국의 행동주의심리학의 최근 역사에서 훌륭하게 입증된 바와 같이 거의 변함없이 이런저런 형태의 지적 야만성을 초래하고 있다. 그럼에도 불구하고 우리의 지적 자양분이 절망적으로 오염되지 않게 하려면 코셔 주방kosher kitchen[35]을 유지해야 한다. 즉, 과학적 해석이라는 고기 위에 주관적 통찰이라는 우유를 부어서는 안 된다.[36] 그렇게 섞어서는 안 된다는, 즉 분리해야 한다는 것은 그 두 형태의 음식을 모두 즐길 수 없다는 것을 의미하는 것이 아니라, 단지 한 접시에 담은 단품 요리로 맛볼 수 없다는 것을 의미한다.

따라서 우리의 논의가 과학적 준거틀인 사회학적 준거틀 안에 엄격하게 머물기를 원한다면 우리는 자유에 대해서는 단 한마디도 말할 수 없을 것이다. 그럴 경우, 우리는 폐소공포증을 느끼게 하는 구석에서 빠져나오려면 독자 스스로 방책을 찾도록 내버려둘 수밖에

35 유대교 율법에 맞는 적법하고 정결한 음식을 조리하는 주방.
36 "너는 염소 새끼를 그 어미의 젖으로 삶지 말지니라"라고 〈출애굽기〉 23장 19절에 기록된 대로 육류와 유제품의 동시 섭취는 유대인에게 엄금되어 있는데, 그 코셔 조리법에 맞는 비유임.

없을 것이다. 그러나 다행스럽게도 여기서 개진되는 것은 사회학회지에도 실린 바 없고 또 사회학자들의 공식 모임에서도 이야기되지 않았기 때문에, 그처럼 고행의 길을 갈 필요는 없다. 대신 우리는 두 개의 노선을 따를 것이다. 첫째, 사회학적 조망 자체가 제공하는 인간 존재의 모델 안에 여전히 머무르면서 외적 및 내적 통제가 이제까지 보인 바와 같이 그토록 절대적이지 않을 수도 있음을 보여주려 시도할 것이다. 둘째, 협소한 과학적 준거틀을 벗어나 자유의 실재를 **가정할** 것이며, 그런 다음 이 가정의 관점에서 사회학적 모델이 어떤 모습으로 보일지를 알려고 노력할 것이다. 첫 번째 노선에서 우리는 우리의 사회학적 관점에 대해서 좀 더 다룰 것이다. 두 번째에서 우리는 사회학적 관점**에서** 인간적 관점의 소지가 있는지를 알아볼 것이다.

우리를 사회적 포로 상태로 끌어들이는 데 우리 자신의 협조가 필요하다고 했던, 바로 앞 장의 끝부분에서 펼쳤던 주장의 요점으로 돌아가보자. 이 협조의 성격은 어떤 것일까? 이 질문에 답할 수 있는 한 가지 가능성은 토머스의 상황정의 개념을 다시 한번 취하는 것이다. 그런 다음 우리는 사회의 외적 및 내적 압력이 무엇이든지 간에 대부분의 경우 우리 자신이 적어도 해당 사회적 상황의 공동 정의자co-definers임에 틀림없다고 주장할 수 있다. 즉, 그 사회적 상황의 역사가 무엇이든지 간에 그 특정한 정의를 유지하는 데 우리 자신의 협력 행위가 요구된다. 그런데 위의 질문에 대답할 수 있는 또 하나의 가능성은 사회학적 개념화의 또 다른 체계, 즉 베버의 체계로 전환하는 것이다. 우리는 이 시점에서 베버식 접근이 사회적 존재에 대한 뒤르켐식 관점의 균형을 잡아주는 역할을 할 것이라고 주장한다.

탈코트 파슨스는 베버의 사회학을 "자원론적voluntaristic"이라고 부르면서 다른 접근 방식과 비교했다. 과학적 방법론에 대한 베버의 개념이 너무 칸트적이어서 그의 체계에 자유 개념을 도입할 수는 없었지만, 파슨스의 용어는 사회적 행동의 의도성에 대한 베버의 강조를 뒤르켐의 관심 부족과 비교해서 구별하는 데 적절하다. 우리가 이미 살펴본 바와 같이, 뒤르켐은 사회적 실재의 외재성, 객관성, 그리고 "사물thing"과 같은 특성을 강조한다(여기서 어떤 이는 본질quiddity이라는 학문적 용어를 사용하고픈 유혹을 거의 받을 것이다). 이에 비해 베버는 모든 사회적 상황에 참여하는 행위자들이 그 상황에 부여하는 주관적 의미, 의도, 해석을 항상 강조한다. 물론 베버는 사회에서 궁극적으로 일어나는 일이 행위자가 의미하거나 의도한 것과는 매우 다를 수 있다는 것도 지적한다. 그러나 그는 적절한 사회학적 이해를 위해서는 이 주관적 차원 전체가 고려되어야 마땅하다고 주장한다(이해를 뜻하는 독일어 Verstehen이 이러한 의미로 사용되는 기술적 용어인데, 이 단어는 사회학 용어로 영어에서도 그대로 통용되고 있다). 즉, 사회학적 이해는 사회에 존재하는 의미의 해석을 포함한다.

이 관점에서 보면, 각각의 사회적 상황은 여러 참가자가 그 상황에 부여하는 의미의 구조로 유지된다. 물론 전통과 만장일치에 의해 의미가 굳게 확립된 상황에서 한 개인이 일탈적인 정의를 제시한다고 할지라도 그다지 성과가 있지 않을 것임은 분명하다. 그러나 적어도 그가 그 상황으로부터 자신을 소외시킬 수는 있다. 사회에서 주변적 존재marginal existence가 가능하다는 것은 일반적으로 동의가 이루어진 의미의 강제력이 전능한 것은 아니라는 사실을 이미 나타낸다. 더 흥미로운 것은 개인이 추종자들을 충분히 매료시키는 데 성공해서 적어도 그 추종자들의 범위 안에서는 세계에 대한 그들의 일탈된 해석이 유효한 경우이다.

사회의 "당연시되는 세계"를 돌파할 수 있는 이러한 가능성은 베버의 카리스마charisma 이론에서 전개됐다. 신약성서에서 유래한 이 용어(그러나 그곳에서는 전혀 다른 의미로 사용된다)는 전통이나 합법성에 기반한 것이 아니라, 개별 지도자의 비범한 영향력에 기초한 사회적 권위를 의미한다. 신의 명령에 의해 주어진 절대적 권위의 이름으로 기존 사물의 질서를 거부하는 종교적 예언자가 카리스마적 지도자의 원형이다. 누군가는 부처, 예수 또는 마호메트 같은 역사적인 인물을 떠올릴 수 있다. 그러나 카리스마는 삶의 세속적인 영역, 특히 정치 영역에서도 나타날 수 있다. 여기서는 카이사르Caesar나 나폴레옹Napoleon Bonapart 같은 인물을 생각할 수 있다. 기존 질서에 대항하는 카리스마적 권위의 전형은 "너희가 그 말을 들었거니와 ……그러나 내가 너희에게 이르노니"라는 예수의 되풀이되는 언명 속에서 찾아볼 수 있다. 이 "그러나"라는 말 속에는 이전에 구속력이 있는 것으로 간주되었던 그 모든 것을 대신할 정당한 주장이 들어 있다. 따라서 전형적으로 카리스마는 기존 정의의 힘에 대한 엄청나게 격정적인 도전이 된다. 그것은 낡은 의미를 새로운 의미로 대체하고 인간 존재에 대한 전제들을 근본적으로 다시 규정한다.

카리스마를 이전에 일어난 일이나 그 출현의 사회적 맥락과 아무런 관계없이 발생하는 일종의 기적으로 이해해서는 안 된다. 역사에서 그 어떠한 것도 과거와의 관계에서 자유로운 것은 없다. 또한 베버의 카리스마 이론이 매우 상세히 밝힌 바와 같이, 카리스마 운동이 지니는 비범한 열정이 한 세대 이상 지속되는 경우는 거의 없다. 카리스마는 예외 없이 베버가 표현한 대로 "일상화된다". 즉, 훨씬 덜 급진적인 형태로 사회구조에 재통합된다. 선지자 다음에는 교황이, 혁명가 다음에는 행정가가 온다. 종교혁명이나 정치혁명이라는 대격변이 끝난 뒤 사람들이 새로운 질서라고 여겨지는 질서 속에 정착하는 때가 되면, 예외 없이 변화가 최초에 나타났던 것만큼 총체적이지 않다는 사실이 드러난다. 반란의 열기가 식기 시작할 무렵이 되면 경제적 이해관계와 정치적 야심이 그 뒤를 이어받는다. 낡은 습관들이 다시 고개를 들며, 카리스마적 혁명에 의해 창조된 질서는 그토록 격렬하게 타도했던 구체제와 심란할 정도로 유사성을 띠기 시작한다. 각자 나름의 가치관에 따라 사람들은 이 사실이 서글프기도 하고 위로가 될 수도 있다. 그러나 우리의 관심은 장기적으로 봤을 때 애초에 반역의 취약성이 아니라 반역의 가능성에 있다.

이와 관련해서, 베버가 카리스마는 항상 단명하는 현상이라고 명확하게 통찰했음에도 불구하고 그것을 역사의 주요 원동력의 하나로 간주했다는 점은 주목할 만하다. 그러나 카라스마의 "일상화 routinization" 과정에서 적폐의 모습들이 다시 등장했다고 해서 세상이 이전과 완전히 똑같아지는 것은 결코 아니다. 비록 혁명가들이 바랐거나 기대했던 것보다 변화가 훨씬 작을 수는 있어도 어쨌든 거기에 변화가 있었던 것은 사실이다. 어떤 때에는 상당한 시간이 흐른 뒤에야 변화가 얼마나 심하게 진행되었는지 알 수 있다. 이것이 바로 트렌트공의회 Council of Trent[37]나 빈회의 Congress of Vienna[38]의 예에서 보이

---

37 1545~1563년 사이에 개최되어 반복음주의적 입장의 가톨릭 교리를 확정함.
38 나폴레옹 전쟁 후 1814~1815년 빈에서 열렸던 국제 평화회의.

듯이 전면적인 반혁명counterrevolution 시도가 거의 모든 역사에서 수포로 돌아가는 이유이다. 우리의 사회학적 관점에서 이것으로부터 얻을 수 있는 교훈은 단순하고 거의 진부하지만, 그럼에도 불구하고 그 교훈은 좀 더 균형 잡힌 상을 얻는 데 중요하다. 그 교훈은 선행정의predefinition라는 리바이어던Leviathan에 효과적으로 도전하는 것이 가능하다는 것이다. 또는 똑같은 것을 앞에서 논의했던 관점에서 부정적으로 표현하면, 역사에 대한 우리 협조의 철회가 가능하다는 것이다.

뒤르켐식 사회관 및 관련 사회관이 풍기는 냉혹한 사회 인상의 일부는 그들이 역사적 과정 자체에 충분한 관심을 기울이지 않은 데서 연유한다. 오늘날 아무리 육중하게 보이는 사회구조도 태초부터 그렇게 어마어마하게 압도적인 형태로 존재하지는 않았다. 사회구조가 지닌 특징 하나하나는 그것이 전개되는 과정에서 인간이 만들었다. 그가 카리스마 넘치는 몽상가이든, 영리한 사기꾼이든, 정복하는 영웅이든, 아니면 나라를 더 잘 운영하는 방법을 불현듯 떠올린 위정자이든 상관없이 죄다 인간이 만든 것이다. 모든 사회체계를 인간이 만들었기 때문에, 인간이 또 바꿀 수도 있다는 결론이 나온다. 사실 앞에서 언급한 사회관들이 지닌 한계 중 하나(다시 한번 강조하면, 이러한 사회관들이 사회적 실재에 대한 타당한 조망을 제공해주는 것은 사실이다)는 그것들의 준거틀 내에서는 변동에 대해 설명하기 어렵다는 것이다. 베버적 접근이 지닌 역사적 지향이 균형을 되찾아주는 것은 바로 이러한 점에 있어서이다.

뒤르켐과 베버가 사회를 보는 방식은 논리적으로 모순되지 않는다. 그것들은 사회적 실재의 다른 측면에 초점을 맞추기 때문에 단지 상반돼 보일 뿐이다. 사회가, 우리를 강제하며 심지어는 우리를 만들어내는 객관적 사실이라고 말하는 것은 매우 정확하다. 그러나 우리 자신의 의미 있는 행동이 사회조직을 지탱하는 데, 때로는 그것을 변화시키는 데 도움이 될 수도 있다고 말하는 것 또한 옳다. 사실 이 두 명제는 사회가 우리를 규정하지만 사회 자체도 우리에 의해 규정된다는 사회적 존재의 패러독스paradox를 공유한다. 이 역설은 우리가 앞에서 사회와 인간의 결탁과 협력collaboration이라는 측면에서 내비쳤던 사안이다. 그런데 우리가 이런 식으로 사회를 보는 순간, 다른 관점에서 볼 때보다 사회는 훨씬 더 취약한 모습으로 나타난다. 우리가 인간이 되기 위해서, 우리 자신에 대한 이미지를 갖기 위해서, 그리고 정체성을 갖기 위해서는 사회의 인정이 필요하다. 그러나 사회가 존재하기 위해서도 어쨌든 우리 같은 많은 사람들의 인정이 필요하다. 다시 말해, 정의definition 덕에 존재하는 것은 인간이나 사회나 매한가지다. 우리가 특정의 사회 현실을 인정하지 않는 것이 어느 정도 효과가 있을지 여부는 우리의 사회적 위치에 달려 있다. 노예 상태임을 인정하지 않는 것은 노예에게 그다지 도움이 되지 않는다. 그러나 주인들 중 한 명이 그렇게 하면 이야기는 달라진다. 그러나 노예제도는 심지어 이 제도의 가장 보잘것없는 희생자의 그러한 도전에도 항상 격렬하게 대응했다. 그렇다면 사회에는 절대적 힘이 없는 것과 마찬가지로 절대적 무기력도 없는 것처럼 보일 것이다. 사회의 주인들은 이 사실을 인식하고 그에 따라 적절하게 통제를 한다.

따라서 통체체계는 통제 대상자들에 의해 끊임없이 확인되고 재확인될 필요가 있다. 이러한 확인은 여러 가지 방법으로 보류할 수 있다. 각각의 보류 방법은 공식적으로 정의된 사회에 위협이 된다. 여기서 검토할 확인 보류 방법의 가능성은 변형transformation, 초연

detachment, 조작manipulation이라는 것이다.

　카리스마에 대한 우리의 언급은 이미 사회적 정의의 변형이 어떤 방식으로 일어날 수 있는지를 보여주었다. 물론 카리스마만이 사회를 변화시킬 수 있는 유일한 요소는 아니다. 그러나 모든 사회변동 과정은 현실에 대한 새로운 정의와 연결되어 있다. 그러한 재정의는 누군가가 이전의 정의에 따라 그에게 기대되는 것을 역행해서 행동하기 시작한다는 것을 의미한다. 노예가 허리를 굽혀 인사하리라고 기대했던 주인이 그 대신 얼굴을 얻어맞은 것이다. 물론 이러한 현상을 일반적인 사회학적 용어를 빌려 개인적 "일탈deviance"이라고 말할 것인지 아니면 사회적 "해체disorganization"라고 말할 것인지는 그러한 사건이 얼마나 자주 발생하느냐에 달려 있다. 어떤 이가 경제적 권리에 대한 사회적 정의를 인정하지 않을 때 우리는 범죄 현상, 즉 미국연방수사국FBI 통계에 "재산 범죄"로 등재된 일탈 행위에 직면하게 될 것이다. 그러나 정치적 지도력하에 다수의 개인이 그 같은 거부에 가담할 때 우리는 (사회주의 질서 수립의 형태이든 보다 온건한 형태인 급진적인 새 조세 제도이든지 간에) 혁명에 직면하게 된다. 범죄와 같은 개인적 일탈과 혁명과 같은 사회체계 전체의 대대적인 해체 및 재조직 사이의 사회학적 차이는 명백하다. 그러나 둘 다 외적 통제, 그리고 당연히 내적 통제에 대한 저항의 가능성을 보여준다는 점에서 우리의 논의에서 의미를 갖는다. 사실상 혁명의 사례들을 살펴보면, 낡은 질서에 반하는 외면적 행동이 있기 전에 언제나 내면적 신의와 충성심의 와해가 선행한다는 것을 보게 된다. 왕좌가 무너지기 전에 왕의 이미지가 먼저 실추된다. 앨버트 살로몬이 보여주었듯, 통치자에 대해 국민이 지녔던 개념이 이처럼 붕괴된 예로 프랑스혁명

전 왕비의 목걸이 사건[39]이나 러시아혁명 전 라스푸틴Grigorii Efimovich Rasputin[40] 사건을 들 수 있다. 이와 비슷하게, 오늘날 인종 분리 제도에 반대해 미국 남부 흑인들이 진행 중인 봉기 전에, 그들의 역할에 대한 낡은 정의가 국민 전체에게 불신을 받고 그들 자신의 마음속에서도 파괴되는 오랜 과정(이 과정에는 남부의 백인 사회과학자들을 포함한 사회과학자들이 적지 않은 역할을 했다)이 선행되었다. 달리 말해, 사회 체계가 폭력으로 무너지기 훨씬 전에 그 체계는 경멸로 인해 그 이데올로기적 자양분을 박탈당한다. 사회적 규범의 비인정nonrecognition과 반대 규정counterdefinition은 항상 잠재적으로 혁명적이다.

우리는 특정한 사회적 상황이 변형될 수 있거나 적어도 이전의 정의를 수용하지 않음으로써 파괴sabotage될 수 있는 훨씬 더 일상적인 사례도 볼 수 있다. 학문적인 예라고 하기는 조금 어렵지만, 우리는 영국의 유머 작가 스티븐 포터Stephen Potter의 작품을 사회적 사보타주의 미묘한 예술에 대한 훌륭한 지침으로 지적하려고 한다. 포터가 "갖고 놂[농완]ploy"이라고 부르는 것은 정확히 상황을 일반적인 기대와는 다르게 재정의하는 기술이며, 그리하여 상황에 참가한 다른 사람들의 허를 찔러 속수무책으로 반격할 수 없게 하는 기술이다. 의사의 진찰실을 일반 업무용 사무실처럼 바꾸는 방식으로 전화를 미리 예약하는 환자, 영국 방문 중 자신을 초청한 영국인에게 런던의 고대 유물에 대해 일장 연설을 늘어놓는 미국인 관광객, 일요일 아침 교

---

39 마리 앙투아네트Marie Antoinette의 죽음과 관련된 다이아몬드 사기 사건을 말함.
40 러시아제국 때 인물로 황태자의 병을 호전시켰다는 이유로 황제의 비선실세가 되어 국정 농단을 한 간신. 러시아제국 몰락에 크게 일조함.

회에 다니는 집주인을 찾아가 자신의 어둡고 밀교적인 종교적 선호 때문에 교회에 갈 수 없음를 넌지시 비침으로써 주인의 기분을 완전히 잡치게 하는 비신자 유숙객. 이 모든 것은 위대한 혁명가의 프로메테우스적 **전복**boulversement에 비하면 시시하기는 하지만, 그럼에도 불구하고 사회 기본 구조social fabric의 고유한 불안정성precariousness을 드러내 보이는 성공적인 미시사회학적 사보타주라고 불릴 수 있는 것들이다. 만약 독자 당신의 도덕적 편견이 허락한다면, 당신은 포터류의 사회학적 파괴 기술(미국 광고업계가 양해한다면, 이의의 공학engineering of dissent이라고 부를 수도 있다)의 타당성을 쉽사리 검증해 볼 수 있다. 뉴욕의 칵테일파티에서 다른 이들의 음주엔 관대하지만 자신만큼은 단호한 금주가인 양하거나, 감리교회 야유회에서 신비주의 사교 입문자인 체하거나, 아니면 사업가들의 오찬에서 정신분석가로 가장해보라. 그 어떤 경우에도 당신은 특정 연극의 각본에 맞지 않는 극중인물의 등장이 그 시나리오에 맞는 인물들의 역할 수행role-playing을 심각하게 위협한다는 것을 깨닫게 될 가능성이 농후하다. 이와 같은 경험은 사회를 바라보는 시각에서의 급작스러운 반전을 초래할지도 모른다. 즉, 외경심을 불러일으키는 거대한 화강암 건물 이미지로부터, 파피에 마세*Papier mâché*[41]로 만든 언제 무너질지 모르는 위태위태한 장난감 집의 상으로의 반전 말이다. 그러한 변모는 이제까지 사회의 안정성과 정당함에 대해 큰 확신을 가졌던 사람들에게는 혼란스러울 수 있겠지만, 사회를 자신들 위에 앉아 있는 거인

---

41 혼응지. 펄프에 아교를 섞어 만든 종이 재질로 습기에 약함.

으로, 그것도 반드시 우호적이라고 할 수 없는 거인으로 보는 경향이 있는 사람들에게는 매우 커다란 해방의 효과를 가져다줄 수 있다. 거인이 신경성 경련nervous tic에 시달린다는 사실을 아는 것은 안도되는 일이다.

　인간은 사회를 변형시키거나 사보타주할 수 없을 경우, 사회로부터 물러나 자신의 내면으로 움츠러들 수 있다. 사회에 대한 초연은 적어도 노자 이래로 사회통제에 저항하는 방법이었으며 스토아학파에 의해 저항 이론으로 체계화되었다. 사회라는 무대를 등지고 자신이 만든 종교적, 지적 또는 예술적 영역에 틀어박힌 사람도 물론 애당초 사회의 손을 통해 달성한 언어, 정체성 그리고 지식 저장고를 그가 자초한 망명 상태에서도 여전히 지닌다. 그럼에도 불구하고 사회가 매일매일 기대하는 바를 거의 완전히 무시할 수 있는 마음의 성을 스스로 쌓는 것은 흔히 상당한 심리적 비용을 치러야 하지만 어쨌든 가능하다. 그리고 그렇게 할수록, 이러한 성의 지적 성격은 주변 사회체계의 이데올로기에 의해서보다는 점점 더 그 자신 스스로에 의해 형성된다. 만약 이러한 일에 다른 사람들이 동참하게 되면, 매우 실질적인 의미에서 다른 사람과의 관계를 지닌 사회, 즉 "합법적"인 사회가 외교상 최소한의 수준으로 축소될 수 있는 반사회counter-society를 만들 수 있다. 덧붙여서, 그러한 경우에는 초연한 태도가 수반하는 심리적 부담이 크게 줄어들 수 있다.

　일탈적이고 초연한 [혹은 분리된] 정의에 기초해서 세워진 그러한 반사회는 분파, 종파, "실세inner circles", 또는 사회학자들의 하위문화subculture라고 부르는 그 밖의 집단 형태로 존재한다. 그러한 집단의 규범적이고 인지적인 분리성을 강조하고 싶다면, 하위세계subworld라는 용어가 적절할 것이다. 하위세계는, 칼 메이어Carl Mayer가 종교적 종파주의의 사회적 특성을 묘사하기 위해 설득력 있게 사용한 표현을 빌리면, 사회라는 대양 속에 일탈적인 의미의 섬으로 존재한다. 외부로부터 그러한 하위세계에 들어가는 사람은 자신이 완전히 다른 담론의 세계에 진입하고 있다는 느낌을 매우 강력하게 받게 된다. 기괴한 종교, 파괴적인 정치, 인습에 얽매이지 않은 성욕, 불법적 쾌락. 이런 것들 중 어떤 것이든 더 큰 사회의 물리적 및 이데올로기적 통제의 영향으로부터 세심하게 보호되는 하위세계를 만들어낼 수 있다. 따라서 현대 미국의 도시는 자기들만 통하는 말을 사용하며, 또 그런 점에서 동료 시민들의 세계와는 무한히 동떨어진 의미의 우주를 건설한다. 여기에는 일반 대중의 눈에는 잘 띄지 않는, 접신론자, 트로츠키주의자, 동성애자 또는 마약중독자 등의 지하세계가 포함될 수 있다. 실제로 현대 도시 생활의 익명성과 이동의 자유가 그러한 비주류세계underworlds 건설을 크게 촉진한다.

그러나 이보다 덜 반항적인 정신 구조가 사람을 사회의 규정체계definitory system로부터 상당한 정도로 해방시킬 수 있다는 점을 강조하는 것이 중요하다. 열정적으로 인생을 바쳐 순수수학, 이론물리학, 아시리아학 또는 조로아스터교 등을 연구하는 사람은 자신의 관심사를 추구하면서도 어떻게 해서든 경제적으로 살아남을 수만 있다면, 일상적인 사회적 요구에는 최소한의 관심만을 가지고도 살아갈 수 있다. 그리고 더욱 중요한 것은 이러한 담론의 세계가 자연스럽게 그를 이끌어갈 사고의 방향이 인간 사회의 세계관을 구성하는 일상적인 지적 패턴에 대해 실제로 매우 높은 자율성을 지닌다는 점이다. 여기서 수학자들의 모임에서 행해진 건배사 —— 순수수학을 위해서!

그리고 순수수학이 영원히 아무에게도 쓸모없기를 바라며! ──를 떠올려도 좋을 것이다. 앞에서 언급한 몇몇 예들과 달리 이러한 종류의 하위세계는 사회 자체에 대한 반항에서 생겨나는 것은 아니지만, 사람이 거의 올림포스산의 신Olympic의 초연함을 갖고서 존재할 수 있는 자율적인 지적 우주로 그를 이끈다. 달리 말하면, 인간은 혼자서든 아니면 집단적으로든 자신들이 세계를 구축할 수 있지만, 또 그것을 기반으로 해서 자신들이 원래 사회화되었던 세계로부터 초연해지는 것도 가능하다.

  "갖고 놀[농완]"의 기술에 대한 논의는 이미 우리를 사회의 횡포에서 벗어나는 세 번째 주요한 방법인 조작에 근접하게 했다. 여기서 인간은 사회구조를 변형시키려 들지도 않고 사회구조에서 자신을 분리시켜 초연한 상태에 있지도 않다. 오히려 이 방법을 취하는 인간은 자신의 목적에 맞추어 사회라는 정글에 길을 뚫음으로써 사회구조의 합법적인 수호자들이 전혀 예상하지 못한 방식으로 사회구조를 교묘히 이용한다. 어빙 고프만은 "수감자inmates"의 세계(정신병원, 교도소 또는 기타 강제 기관)에 대한 분석에서, "체계를 부리는 것 working the system", 즉 체계를 공식적인 운영 절차에 규정되지 않은 방법으로 활용하는 것이 어떻게 가능한가에 대한 생생한 예들을 우리에게 제시한 바 있다. 교도소 세탁장에서 일하면서 자신의 양말을 세탁기에 넣어서 함께 빠는 죄수, 병원 직원용 통신시설에 접근해서 개인적인 메시지를 전송한 환자, 군용차로 자신의 여자친구를 데려다 준 병사. 이 모든 것은 "체계를 부리는 것"이며 그럼으로써 체계의 폭압적 요구로부터 자신들의 상대적인 독립을 선언하는 것이다. 그러한 조작을 한심하고 비효율적인 반역의 노력으로 성급하게 일축하는 것은 경솔한 짓이다. 수송대 하사관들이 매춘 조직을 성공적으로 운영하고, 입원 환자들이 업무용 통신 센터를 마권 도박장으로 이용한 시사적인 사례들이 있는데, 이러한 조작은 은밀한 방식으로 오랜 기간 지속되었다. 그리고 산업사회학은 노동자들이 어떻게 경영진의 의도에서 벗어나고 때로는 반대되는 목적을 위해 공장의 공식 조직을 이용할 수 있는가 하는 예들로 가득 차 있다.

가장 정교한 통제체계마저도 우회하거나 전복시킬 수 있는 인간의 재간은 사회학적 우울증을 해소하는 상쾌한 해독제이다. 사기꾼, 협잡꾼 또는 야바위꾼에 대해 우리가 (우리 자신이 사기를 당하지 않는 한) 흔히 느끼는 동정심을 우리는 사회적 결정론으로부터의 안도감으로 설명할 수 있을 것이다. 그런 인물들은 사회를 철저히 이해하고 그래서 환상에 얽매이지 않은 채 자신의 목적을 위해서 사회를 조작하는 방법을 찾아내는 사회적 마키아벨리즘Machiavellianism을 상징한다. 문학에서 이러한 매력을 물씬 풍기는 인물들로는 앙드레 지드 André Gide의 라프카디오나 토마스 만Thomas Mann의 펠릭스 크룰 같은 인물들이 있다. 실제 인물로는 퍼디낸드 월도 데마라 주니어Ferdinand Waldo Demara Jr. 같은 사람을 지적할 수 있는데, 그는 다양한 분야의 저명한 전문가들을 속여서 그들이 자신을 동료로 받아들이게 했다. 그는 대학 교수, 장교, 교정학자, 심지어는 외과 의사와 같은 사회적으로 존경받는 전문가를 사칭해 행세하는 데 성공했다. 이 사기꾼이 존경받는 상류사회의 다양한 역할들을 수행하는 것을 보면서 우리는 어쩔 수 없이 그러한 역할을 "정당하게legitimately" 맡고 있는 사람들도 그가 사용한 방법과 근본적으로 크게 다르지 않은 절차를 통해 자신들의 지위를 얻었을지 모른다는 불편한 인상을 갖게 된다. 그리고 만약 누군가 예컨대 교수직에도 속임수, 허튼소리, 그리고 (포터의 용어를 빌려) "선수 치기one-up-manship"가 들어가 있다는 것을 알게 된다면, 그는 어쩌면 사회가 처음부터 사기라는 결론에 위험할 정도로 가까워질지 모른다. 이런 식으로든 저런 식으로든 우리는 모두 사기꾼imposter이다. 무식한 사람은 박식을, 악한은 정직을, 회의주의자는 확신을 가장한다. 그 어떤 정상적인 대학도 첫 번째로 신용 사기confidence trick 없이는 존재할 수 없다. 그런 사실에서는 기업체나 교회도 매한가지다.

고프만이 정교화한 또 다른 개념이 이와 관련해서 도움이 된다. 바로 "역할 소원[거리]role-distance"이라는 개념이다. 고프만의 이 개념이 의미하는 것은 안팎이 다르게 불성실하게 역할을 수행하는 것, 즉 진정으로 행할 의사도 없이 마음속에는 딴 생각을 갖고 역할을 마지못해 억지춘향 격으로 하는 것이다. 대단히 강압적인 상황은 이러한 현상을 생성한다. 인도 "원주민native" 부하는 자신에게 기대되는 대로 푸카 사히브*pukka sahib*⁴²에게 비위를 맞추려 갖은 아부를 해대지만 속으로는 모든 백인의 목을 벨 그날만을 손꼽아 기다린다. 흑인 하인은 자신을 비하하는 광대 역할을 하고, 사병은 때깔 나는 군대광military fanatic 역할을 하지만, 둘 다 그들의 역할에 그들이 내적으로 거부하는 의미를 부여하는 신화에 전면적으로 반하는 속셈을 지니고 있다. 고프만이 지적한 바와 같이, 이런 종류의 이중성duplicity은 그러한 상황에 처한 인간들이 자의식 속에서 인간적 존엄성을 유지할 수 있는

---

42 영국 통치 시절 인도 원주민이 영국 정부의 백인 관리에게 사용한 존칭.

유일한 방법이다. 그러나 고프만의 이 개념은 보다 광범위하게 어떤 역할이 내면적 일체감 없이 의도적으로 수행되는 모든 경우에, 다시 말해 행위자가 자신의 의식과 역할 수행 간에 내적 거리를 설정한 경우에 적용될 수 있다. 이러한 경우들은 정상적인 패턴에서 벗어나기 때문에 사회학적 관점에서 매우 중요하다. 우리가 애써 지적한 바와 같이, 역할은 심사숙고를 거치지 않고 상황의 기대치에 즉각적이고 거의 자동적인 반응으로 수행된다. 그러나 이제 이러한 무의식의 안개는 갑자기 걷힌다. 많은 경우 이것은 눈에 보이는 사건 과정에는 영향을 미치지 않을 수도 있지만, 그렇다고 해도 사회 속의 존재는 질적으로 다른 존재 형태를 구성한다. "역할 소원"은 꼭두각시 광대 marionette clown가 바자키오Bajaccio[43]가 되는 지점, 즉 인형극이 살아 있는 인간의 무대로 변모하는 지점을 표시한다. 물론 각본, 무대감독, 자신의 역할이 포함된 레퍼토리는 여전히 존재한다. 그러나 이제 그는 해당 역할을 완전히 의식하면서 연기한다. 이런 일이 일어나자마자 바자키오가 당장 자신의 역할에서 뛰쳐나와 비극적인 영웅 역할을 하기 시작한다든가, 햄릿이 갑자기 공중제비를 돌고 음탕한 민요를 부르기 시작하는 불길한 가능성이 생겨난다. 모든 혁명은 의식의 변화에서 시작된다는 앞서 했던 주장을 반복해보자.

이와 관련하여 소개할 유용한 개념은 "엑스터시ecstasy"이다. 이 개념은 신비주의적 의미에서 의식의 비정상적인 고조를 의미하는 것이 아니라 오히려 문자 그대로 사회가 당연히 받아들이는 상례에 맞

---

[43] 광대.

서거나 그 밖으로 나가는(엑스타시스*ekstasis*의 문자 그대로의 뜻)[44] 행위를 뜻한다. 우리는 "변역"에 대해 논의하면서 이미 우리 나름의 의미에서 "엑스터시"의 매우 중요한 한 형태, 즉 사람이 사회생활에서 하나의 세계로부터 다른 세계로 옮겨 뛸 때 발생하는 것들을 다루었다. 그러나 이처럼 세계를 바꾸지 않고도 자신의 세계를 마주 보고 그것에 대해 거리감과 초연함을 갖는 것이 가능하다. 어떤 주어진 역할이 내면적 헌신 없이 의도적으로 그리고 기만적으로 행해지는 즉시 행위자는 그의 "당연시되는 세계"에 대해서 엑스터시 상태ecstatic state에 빠지게 된다. 다른 사람들이 숙명이라고 간주하는 것을 그는 자신의 작전에서 고려해야 할 일련의 요소로 본다. 다른 사람들이 본질적인 정체성이라고 가정하는 것을 편리한 위장으로 취급한다. 달리 말하면, "엑스터시"는 **주어짐**givenness이 **가능성**possibility이 되는 방식으로 사회에 대한 그의 인식을 변화시킨다. 이것은 의식 상태에서 시작되지만, 조만간 행동 측면에서도 중대한 결과가 일어날 수밖에 없다는 것은 분명하다. 공식적인 질서 수호자의 입장에서 볼 때, 너무 많은 사람들이 내적인 거리낌을 가진 채 사회적 게임을 하는 것은 위험하다.

사회적 존재의 가능한 요소로서 "역할 소원"과 "엑스터시"에 대한 고려는 흥미로운 지식사회학적 질문, 즉 그러한 의식을 특히 촉진하는 사회적 맥락이나 집단이 과연 존재하는가라는 문제를 제기한다. 카를 만하임은 윤리적 및 정치적 근거에서 그러한 발전을 크게 선호

---

44 '*ekstasis*'는 정신이 어디에 팔려 있거나 넋이 빠진 상태를 말하나, 여기서는 그 문자 그대로 풀이해서 썼다. 희랍어 'ἔκστασις'에서 유래한 이 말의 어원을 풀이하면, 뜻은 '밖에*ek*: out 서다*stasis*: stand'이다.

했으며(이러한 입장에 대해 논쟁을 붙어보고 싶은 사람도 있을 것이다), 그것이 가능한 사회적 근거를 규명하는 데 많은 시간을 바쳤다. "자유 부동하는 인텔리겐치아freely suspended intelligentsia"[45](즉, 사회의 기득권에 최소한으로 얽매인 지식인층)를 이러한 종류의 해방된 의식의 최선의 보유자로 보는 그의 견해는 논쟁의 여지가 있다. 동시에 우리가 초연의 형태를 논의하면서 지적한 바와 같이 특정한 종류의 지적 훈련과 활동이 "엑스터시"에 이를 수 있다는 것에는 의심의 여지가 거의 없을 것이다.

또다른 잠정적인 일반화가 가능하다. "엑스터시"는 농촌 문화보다 도시에서 일어날 가능성이 더 높고(정치적 자유와 사상의 자유의 장소로서 도시의 고전적인 역할을 참조하라), 사회의 중심에 있는 집단보다 사회 주변에 있는 집단들 가운데에서 발생할 가능성이 크며(유럽의 유대인들과 다양한 해방적인 지적 운동들의 역사상 관계, 또는 이것과는 매우 다르기는 하지만 마니교 이단을 전 유럽을 가로질러 프로방스 지방까지 전한 불가리아 장인들의 예를 참조하라), 또한 사회적 지위가 안정된 집단보다는 불안정한 집단들에서 더 많이 발생한다(기성 질서에 맞서 싸워야 하는 신흥계급 속에서 이데올로기 폭로가 생산되는 것을 참조하라. 17세기와 18세기에 부상한 프랑스의 부르주아지들이 우리에게 대표적인 예를 제공한다). 이러한 현상이 자리 잡는 사회적 위치는 전면적인 반란조차도 선행정의가 없는 사회적 진공상태에서는 일어나지 않는다는 것을 다시 한번 우리에게 상기시킨다. 심지어 허무주

---

45 원래 독일어로는 'die freischwebende Intelligenz'인데, 영어로는 'free floating intelligentsia'로 더 많이 번역함.

의조차도 그것이 부정하는 구조의 측면에서 미리 정의된다. 예를 들어, 사람이 무신론을 갖기 전에 신에 대한 관념이 있어야만 한다. 다시 말해서, 사회적 역할로부터의 모든 해방은 그 자체가 사회적인 한계 안에서 일어난다. 그럼에도 불구하고 "엑스터시"의 다양한 형태에 대한 우리의 검토는 앞 장의 논의가 몰아넣었던 결정론의 궁지로부터 우리를 끌어내주었다.

따라서 우리는 감옥과 인형극이라는 사회상에 이어 세 번째 사회상, 즉 살아 있는 연기자로 채워진 무대로서의 사회상에 도달하게 된다. 이 세 번째 그림은 앞의 두 사회상을 지워버리지는 않지만, 우리가 이제까지 검토해온 추가적인 사회현상들의 측면에서 보면 더 적합하다. 즉, 우리가 지금 도달한 사회의 연극 모델은 무대 위 배우들이 무대감독이 설정한 외적 통제와 역할 자체의 내적인 통제 모두에 제약받는다는 것을 부정하지 않는다. 그렇지만 그들은 자신의 역할을 신이 나서 하든가 아니면 마지못해 하든가, 내적인 확신을 가지고 하는가 아니면 "거리"를 두고 하든가, 또는 연기 자체를 아예 거부하든가에 관해서 선택권을 갖고 있다. 이러한 연극적 모델을 매개로 하여 사회를 관찰하는 것은 우리의 일반적인 사회학적 관점을 크게 변화시킨다. 사회적 실재는 이제 많은 개별 행위자들[즉, 연기자]의 협력 위에 아슬아슬하게 자리 잡고 있는 것처럼 보인다. 곡예사들이 사회적 세계라는 흔들거리는 구조물을 함께 떠받치고서 위험천만한 균형잡기 행위를 하고 있다는 것이 어쩌면 이보다 더 적절한 비유일 것이다.

무대, 극장, 서커스 그리고 심지어 카니발까지, 여기에서 우리는 불안정하고 불확실하며, 종종 예측할 수 없는 사회라는 개념을 지닌 연극적 모델이라는 이미지를 갖게 된다. 사회제도는 사실상 우리를 구속하고 강제하지만 그와 동시에 연극 같은 관습으로, 심지어는 허구로까지 보인다. 그것은 과거의 연출자들이 만든 것이며, 미래의 연출자들은 이들 제도가 출현하던 당시의 무nothingness 상태로 되돌려 놓을지도 모른다. 우리는 사회극social drama을 공연하면서 이 불안정한 제도를 영원한 진리인 양 계속 가장한다. 우리는 하나의 인간, 하나의 정치적 국민, 하나의 종교신자, 또는 특정한 직업에 종사하는 사람으로서 달리 존재할 방법이 **마치** 없는 **것처럼**as if 행동한다. 그러나 때로는 우리 중 가장 둔한 사람들의 마음속에도 우리가 아주 많이 다른 것들을 할 수 있다는 생각이 뚫고 지나가기 마련이다. 사회적 실재가 극적으로 창조된다면, 그것은 또한 극적으로 유연해야 마땅하다. 이런 식으로 연극 모델은 사회학적 사고가 처음에 우리를 이끌었던 엄격한 결정론에서 벗어날 통로를 열어준다.

비교적 좁은 사회학적 논의를 뒤로하기 전에, 우리는 방금 논의한 점과 매우 관련이 깊은 고전적 업적, 즉 베버와 동시대인이면서 사회학에 대한 접근 방식이 그와는 상당히 다른 독일 사회학자 게오르크 짐멜Georg Simmel의 사회성sociability 이론을 지적하고 싶다. 짐멜은 사회성**46**(이 단어의 통상적인 의미에서)이 사회적 상호작용의 유희 형태play-form라고 주장했다. 파티에서 사람들은 "사회 놀이를 한다". 즉, 그들은 파티에서 다양한 형태의 사회적 상호작용에 참여하지만 평소의 얼얼한 진지함은 없다. 사교성은 심각한 의사소통을 어정쩡한

---

46 즉, 사교성을 말함. 그래서 이하에서는 사교성으로 번역함.

대화로, 육체적 사랑eros을 간 보기[시쳇말로 썸 타기]로, 윤리를 태도로, 미학을 취미로 바꾼다. 짐멜이 보여주듯, 사교성의 세계는 게임을 거부하는 사람이 언제든지 산산조각 낼 수 있는 취약하고 인위적인 창조물이다. 파티에서 과감하게 까놓고 유혹할 정도로 들이대는 사람(파티는 난교가 **아니다**)이나, 무해한 잡담을 가장하여 사업상의 이익을 대놓고 조장하려는 사람(파티 석상의 대화는 이해관계와는 무관한 것처럼 최소한 척이라도 해야 한다)과 마찬가지로 파티에서 열정적인 토론을 하는 사람은 게임을 망친다. 순수한 사교성의 상황에 참여하는 사람들은 잠시 자신의 "진지한" 정체성을 뒤로하고 일시적인 가상의 세계world of make-believe로 이동하는데, 이 세계는 평상시 그들에게 붙어 있던 지위, 재산 및 열정의 중압감으로부터 벗어난 참여자들의 장난기 다분한 척들로 이루어져 있다. "진지한" 외부 세계의 이해관계라는 그래비티gravity(중력과 심각함이라는 이 단어의 두 가지 의미 모두에서)를 끌어들이는 사람은 이 깨지기 쉬운 가장의 기술을 즉시 산산조각 낸다. 말이 나온 김에 덧붙이면, 이것이 바로 사회적으로 대등한 위치에 있는 사람들 사이가 아니면 순수한 사교가 거의 불가능한 이유이다. 모든 직장의 파티가 고통스럽게 일깨워주듯이 대등한 사이가 아닐 경우에는 가장을 유지하기가 너무 힘들기 때문이다.

우리는 사교성이라는 현상 그 자체에는 특별히 관심이 없지만, 이제 짐멜이 사교성에 대해서 주장하는 것과 사회적 역할은 놀이를 통해 학습된다고 주장했던 미드의 생각에 대해 이전에 우리가 행한 검토를 연결시킬 수 있다. 우리는 전체 사회가 유사하게 인위적인 특성을 갖지 않는다면 사교성이 현재와 같은 기교artifice로서 존재할 수 없다고 주장한다. 다시 말해, 사교성은 "사회 놀이playing society"의 특별한 경우로, 좀 더 의식적으로 허구적이고, 인생의 절박하고 긴급한 야망에 덜 얽매이지만, 그럼에도 불구하고 누군가의 놀이 대상이 될 수 있는 훨씬 더 큰 사회적 구조를 가진 하나의 조각이다. 우리가 보았듯이 어린아이는 자신의 "진지한" 역할 맡기를 바로 정확히 그러한 놀이를 통해서 배운다. 우리는 사교성을 통해 잠시 어린 시절의 가장 놀이masquerading로 돌아가며, 따라서 어쩌면 가장의 즐거움까지도 맛보게 될지 모른다.

그러나 "진지한" 세계serious world의 가면이 이 놀이 세계world of play의 가면과 크게 다르다고 생각하는 것은 지나친 가정이다. 사람은 파티에서는 뛰어난 이야기꾼으로, 그리고 사무실에서는 확고한 의지를 가진 사람으로 행세[연기]한다. 파티에서의 센스는 정치적 수완으로, 사업에서의 기민함은 사교를 위한 능숙한 처신으로 바뀔 수 있다. 혹시 이를 두고 "사교적 세련미"와 사회적 기교 사이에 연관성이 있다고 말하고 싶다면 그래도 좋다. 바로 이러한 사실에 외교관과 사교계 초년생들에 대한 "사교" 훈련의 사회학적 정당화가 있다. "사회 놀이"를 통해 사람은 어디에서나 사회적 연기자가 되는 법을 배운다. 그리고 이것은 전체로서의 사회가 놀이play 성격을 가지기 때문에 가능하다. 네덜란드 역사가 요한 하위징아Johan Huizinga가 저서 《호모 루덴스Homo Ludens》에서 훌륭하게 보여주었다시피, 우리는 인간 문화를 놀이와 장난기의 측면에서sub specie ludi 보지 않고는 인간 문화를 제대로 파악하는 것이 불가능하다.

이러한 생각을 통해 우리는 사회과학적 준거틀 내의 여전히 말할 수 있는 바로 그 한계에 도달했다. 사회과학적 준거틀 내에서 우리는 앞 장의 논의로 독자가 지게 된 결정론적 짐을 더 이상 덜어줄 수 없다. 앞 장의 논의에 비교할 때, 지금까지 이 장에서 이야기한 것은 오히려 논거가 빈약하고 결정적이지 못한 것처럼 보일지도 모른다. 이것은 불가피하다. 반복해 말하자면, 그 완전한 의미에서의 자유를 과학적 수단을 통해서나 과학적 담론의 세계 내에서 포착하는 것은 선험적으로 불가능하다. 우리가 가장 가까이 도달할 수 있었던 지점은 특정 상황에서 사회적 통제**로부터의** 어느 정도의 자유를 보여주는 것이다. 우리는 과학적 수단으로 사회적으로 행동하는 **데 있어서의** 자유를 발견할 수 없다. 우리가 사회학적으로 확립될 수 있는 인과율의 질서에서 구멍을 발견한다고 하더라도, 심리학자, 생물학자 또는 인과율을 취급하는 다른 사람들이 득달같이 끼어들어 결정론이라는 옷감에서 뽑아낸 재료들로 그 구멍을 틀어막을 것이다. 그러나 우리는 이 책에서 과학적 논리를 가지고 우리 자신을 금욕적으로 제한하겠다고 약속하지 않았기 때문에, 이제 매우 다른 방향에서 사회적 존재에 접근할 준비가 되어 있다. 우리는 사회학적으로는 자유를 포착할 수 없었으며, 결코 그럴 수 없다는 것을 깨달았다. 그러니 그러라고 내버려두라. 우리는 이제 우리의 사회학적 모델 자체를 다른 관점에서 어떻게 볼 수 있는지 살펴보기로 하자.

우리가 앞서 언급한 바와 같이, 오직 지적인 야만인만이 현실은 오로지 과학적 방법으로만 파악될 수 있는 것이라고 주장할 것이다. 희망을 갖고 우리는 이러한 범주에서 벗어나려고 노력했기 때문에, 우리의 사회학적 이론화 시도는 인간 존재에 대해 그 자체가 사회학적이거나 심지어 과학적이지도 않은, 또 다른 관점의 최전면에서 수행되었다. 이 관점은 특별히 괴상한 것이 아니며 오히려 인간에게 자유의 능력이 있다고 믿는 사람들의 (각자 매우 상이하게 이론화되었다고 할지라도) 평범한 인간학이다. 그러한 인간학에 대한 철학적 논의는 분명히 이 책의 범위를 벗어나고, 그런 점에서 필자의 능력을 넘어선다. 여기서 인간의 자유에 관한 문제를 철학적으로 소개하려는 시도는 하지 않겠지만, 이러한 자유의 개념을 포기하지 않고 사회학적으로 사유하는 것이 가능한 방법에 대해, 그리고 나아가 자유의 개념을 포함하는 인간관이 사회적 차원을 어떻게 인식할 수 있을지에 대해 최소한 몇 마디를 부연하는 것은 우리의 논의에서 필요하다. 여기에 아직도 광대한 미개척지를 포함하고 있는 철학과 사회과학 사이에 중요한 대화의 영역이 있다고 우리는 주장한다. 이러한 대화가 나아가야 할 방향을 제시하는 예로 알프레드 슈츠의 작업과 모리스 내이탠슨Maurice Natanson의 작금의 노력을 들 수 있다. 이제부터 이것에 대한 우리의 언급은 어쩔 수 없이 매우 개략적일 것이다. 그러나 사회학적 사고가 반드시 실증주의의 늪에 빠져 허우적댈 필요는 없음을 시사하기에는 충분하기를 기대한다.

이제 우리는 인간이 자유롭다는 가정에서 시작해서 이 새로운 출발점으로부터 동일한 사회적 존재의 문제로 되돌아갈 것이다. 이렇게 함으로써 우리는 실존주의 철학자들이 개발한 몇몇 개념의 유용성을 깨닫게 될 것이다(그러나 우리는 그 개념들을 교조적인 의도 없이 사용할 것이다). 여기에서 독자는 인식론적인 180도 전환salto mortale에 착수하도록 초대받고, 다시 이를 뒤로하고 당면 문제로 돌아오도록 초대받는다.

겔렌의 제도론을 살펴보았던 지점으로 되돌아가보자. 그의 이론에서 제도는, 본능이 동물 행동에 영향을 미치는 것과 마찬가지로 인간 행동에 영향을 미치는 것으로 해석되고 있음을 기억할 것이다. 우리는 이 이론을 고려할 때, 두 종류의 방향 사이에 결정적인 차이점이 있음을 지적한 바 있다. 만약 동물이 본능을 따라 행동한다는 문제에 대해 성찰한다면, 그 동물은 "나에게는 선택의 여지가 없었다"라고 말할 것이다. 인간들도 왜 제도의 명령에 복종하는가를 설명할 때 똑같은 말을 할 것이다. 그런데 그 둘 사이의 차이점은 동물은 진실을 말하지만, 인간은 자신을 속이고 있다는 것이다. 왜일까? 그 이유는 바로 인간들은 사실 사회에 대해 "아니오"라고 말할 수 있으며, 또 종종 그렇게 하기 때문이다. 물론 그들이 이런 과정을 밟는다면 매우 좋지 않은 결과에 맞닥뜨릴 수 있다. 그들은 복종을 당연하게 여기고 있기 때문에 그러한 거부의 가능성을 생각조차 하지 않을지도 모른다. 제도가 부여한 그들의 성격은 그들이 견지할 수 있는 상상 가능한 유일한 정체성일 수 있으며, 그 외의 대안들은 그들에게 광기 속으로 뛰어드는 무모한 일처럼 보일 것이다. 그렇다고 해서 거의 모든 사회적 상황에서 "나는 어쩔 수 없이 해야만 해must"라는 말이 기만적인 발언이라는 사실을 바꾸지는 못한다.

인간이 자유롭다고 인정하는 인간학적 준거틀 안에 있는 우리의 새로운 관점에서, 우리는 장 폴 사르트르Jean Paul Sartre가 "자기기만bad faith"이라고 부른 것을 이 문제에 유용하게 적용할 수 있다. 매우 간단히 말해서, "자기기만"은 실제로는 자발적인 어떤 것을 필연인 것처럼 가장하는 것이다. 따라서 "자기기만"은 자유로부터의 도피이며, "선택의 고통"에 대한 부정직한 회피이다. "자기기만"은 가장 평범한 상황에서부터 최악의 상황에 이르기까지 무수한 인간 상황에서 그 모습을 드러낸다. 카페의 정해진 구역에서 일을 해치우는 웨이터 역할이 자신의 실존을 이루고 있으며, 또 웨이터로 고용된 시간 동안만이라도 자신은 웨이터**임**을 자신에게 주장하는 한 그는 "자기기만" 속에 있는 것이다. 순진한 대화를 이어가면서 천천히 자신의 육체를 조금씩 유혹하는 손길에 자신의 몸에서 일어나는 일이 순전히 자신의 통제 밖의 것이니 어쩔 수 없다는 구실을 대며 그 유혹의 손길에 자신을 내맡기는 한 그 여인은 "자기기만" 상태에 있는 것이다. 당이 죽이라고 명령했기 때문에 어쩔 수 없었다고 변명하는 테러리스트는 자신과 당의 관계가 실제로는 선택의 결과인데도 자신의 존재가 당과 마치 필연인 것처럼 구실을 삼고 있기 때문에 "자기기만" 속에 있는 것이다. "자기기만"은 거짓말의 피막처럼 사회를 뒤덮고 있음을 쉽게 알 수 있다. 그러나 바로 그 "자기기만" 가능성이 우리에게 자유의 실재를 보여준다. 인간이 "자기기만" 속에 있을 수 있는 것은, 바로 인간이 자유로우며 자신의 자유와 마주하고 싶어 하지 않기 때문이다. "자기기만"은 인간 자유의 그림자이다. 그 자유로부터 벗어나려는 시도는 실패할 운명에 처해 있다. 왜냐하면 사르트르의 유명한 말처럼, 인간은 "자유를 선고받았기" 때문이다.

이 개념을 우리의 사회학적 관점에 적용하면 갑자기 놀랄 만한 결론에 직면하게 될 것이다. 우리는 사회 속 역할들의 복합체 안에서 존재하는데, 그것들은 이제 "자기기만"이라는 거대한 장치로 보인다. 모든 역할은 "자기기만"의 가능성을 수반한다. 자신의 사회적 역할이 자신에게 요구하는 것을 언급하면서 "나는 선택의 여지가 없어"라고 말하는 모든 사람은 "자기기만"에 빠져 있는 것이다. 지금 우리는 **그 특정 역할 내에서** 선택의 여지가 없을 정도로 그 고백이 사실이 될 상황을 쉽게 상상해볼 수 있다. 그럼에도 불구하고, 인간에게는 그 역할 밖으로 나갈 수 있는 선택권이 있다. 특정 상황에서 사업가가 자신이 파산하지 않으려면 자신의 경쟁자를 무자비하게 파멸시키는 길 이외에는 "선택의 여지가 없는" 것은 사실이지만, 파산보다 잔인함을 선택한 것은 바로 그 자신이다. 상류사회에서 자신의 지위를 유지하려면 동성애 애착을 배반하는 것 외에 "선택의 여지가 없는" 것은 사실이지만, 체통과 동성애 애착에 대한 신의 사이에서 선택을 하는 것은 바로 그 자신이다. 판사가 피고에게 사형을 선고하는 수밖에 "선택의 여지가 없는" 몇몇 사건이 있는 것은 사실이지만, 그는 판사직이 이러한 처지를 초래할지 알면서 자신이 택한 직업인 판사직에 남아 있기로 선택한 것이고, 또한 그러한 의무를 수행해야 하는 가망성에 직면해서 사임하지 않는 쪽을 선택한 것이다. 인간은 자신의 행위에 책임이 있다. 자신이 하기로 선택한 것을 철석 같은 필연성의 탓으로 돌린다면, 그는 "자기기만"을 하는 것이다. 심지어 "자기기만"의 최고 보루인 법조차도 나치 전범을 처리하면서 이러한 사실을 인식하기 시작했다.

사르트르는 반유대주의자를 하나의 인간 유형으로 묘사하면서 가장 악의적인 "자기기만" 작용의 예리한 광경을 우리에게 제공한다. 반유대주의자는 자신을 신화적 실체("국가" "인종" "민족")와 동일시하고 그렇게 함으로써 자신이 자유롭다는 인식을 벗어버리려는 사람이다. 반유대주의(그 밖의 어떠한 형태의 인종주의나 광신적인 민족주의도 추가할 수 있을 것이다)는 어떤 이의 인간성 자체human totality[혹은 총체적 인간성]와 그의 사회적 성격을 동일시해서 인간을 규정하기 때문에 **전형적인** "자기기만"이다. 인간성 자체가 자유가 없는 사실성이 된다. 그렇게 되면, 나치 친위대원은 그의 휘장이 의미하는 존재가 **되고** 유대인은 그의 강제수용소 유니폼에 꿰매어진 비루함의 상징이 **되는** 것처럼, 모든 인간은 그들에게 주어진 사회적 명칭대로 **되는** 신화적 세계에서 사랑하고 증오하고 살인한다.

그러나 이러한 근본적 악의의 형태를 취하는 "자기기만"은 나치즘의 카프카적 세계와 전체주의적 유비에만 국한되지 않는다. 그것은 우리 자신의 사회에도 똑같은 자기기만의 패턴 속에 존재한다. 스스로 인도적이라고 주장하는 사회에서 사형을 계속 존치하는 것은 하나의 긴 일련의 "자기기만" 행위일 뿐이다. 우리 사회에서 고문을 행하는 자들도 나치 고문자들과 같이 평범하지만 흠잡을 데 없는 개인적인 도덕성을 가진, 그리고 자신의 의무를 다하기 위해 나약함을 억지로 이겨내는 양심적인 공무원을 자처한다.

이 시점에 "자기기만"의 윤리적 함의에 대해 다루지는 않겠다. 다음 장에서 그것들을 간단히 다룰 예정이다. 여기서는 그보다는 오히려 이러한 고찰의 결과로 도달한 깜짝 놀랄 만한 사회관으로 돌아가 보기로 한다. 사회는 사회적 역할들의 네트워크로 존재하고, 그 각각은 그 역할을 담당하는 사람에 대한 만성적이거나 일시적인 면책의 알리바이가 될 수 있기 때문에, 우리는 기만과 자기기만이 바로 사회적 실재의 핵심이라고 말할 수 있다. 또한 이러한 현상은 이러저러한 도덕적 개혁에 의해 어떻게든 근절될 수 있는 우연적인 특질의 것도 아니다. 사회구조에 내재된 기만은 기능적 명령이다. 사회는 그것의 허구들(한스 파이힝거 Hans Vaihinger의 표현을 빌리자면, 그것의 "마치 … 인 것 같은 as if" 성격)을 최소한 그 성원들의 일부에 의해 적어도 얼마 동안, 또는 우리가 지금까지 인류사상 알고 있는 바와 같은 사회에 의해 존재론적 지위를 부여받은 한에서만 스스로 유지할 수 있다.

사회는 인간에게 자신의 자유를 숨길 수 있는 거대한 메카니즘을 제공한다. 그러나 "자기기만"에 기반한 엄청난 음모로서 사회가 지닌 이러한 성격은 개인의 경우에서와 마찬가지로 사회 덕분에 존재하는 자유의 가능성의 표현이기도 하다. 인간은 사회적 존재이며 그 존재는 특정한 사회적 위치에 묶여 있다. "자기기만"의 함정이 될 수 있는 그 동일한 사회적 상황이 자유를 위한 기회도 될 수 있는 것이다. 모든 사회적 역할은 의식적으로 또는 맹목적으로 수행될 수 있다. 그리고 그것이 의식해서 행해지는 한 그 역할은 우리의 결정 수단이 될 수 있다. 모든 사회제도는 우리를 자유로부터 소외시키는 도구인 알리바이가 될 수 있다. 그러나 적어도 어떤 제도는 자유인의 행동을 위한 보호막이 되기도 한다. 이렇게 해서, "자기기만"의 이해는 우리를 반드시 사회가 보편적인 환상의 영역이라는 관점으로만 이끄는 것이 아니라, 오히려 사회적 존재의 역설적이고 무한히 불안정한 특성을 더욱 분명히 밝혀주고 있는 것이다.

우리의 논의에 유용한 실존주의 철학의 또 하나의 개념은 바로 마르틴 하이데거Martin Heidegger가 "세인[세상 사람]das Man"이라고 부른 것이다. 이 독일어 단어는 영어로 문자 그대로 번역할 수 없다. 그 단어는 "One does not do that"(Man tut das nicht: 사람은 그런 짓을 하지 않는다)이라는 문장에서 영어 단어 "One"이 사용되는 것과 같은 방식으로 독일에서 사용된다. 프랑스어 단어 "on"도 같은 의미를 전달하며, 호세 오르테가 이 가세트José Ortega y Gasset는 "lo que se hace"라는 개념으로 하이데거의 의도를 스페인어로 잘 포착했다. 달리 말하면, 세인은 고의적으로 애매하게 표현된 일반적인 인간을 의미한다. 이 일을 하지 않으려는 사람은 이 사람도, 저 사람도, 당신도, 그렇다고 나도 아니다. 어떤 측면에서는 모든 사람일 수도 있지만 너무 일반적이라서 아무도 아닐 수 있다. 어린아이에게 "사람one은 여러 사람들 앞에서 코를 후비지 않아"라고 말할 때 "사람"은 바로 이 애매한 의미로 사용된 세인이다. 간질간질한 코를 가진 구체적인 아이는 얼굴이 없는 익명적인 일반성 아래 포함되지만, 그것은 아이의 행동을 강력하게 누른다. 사실, 하이데거의 세인은 미드가 "일반화된 타자"라고 부른 것과 이상할 정도로 유사하다(그리고 우리는 멈추어 한참 동안 이것에 대해 생각할 필요가 있다).

하이데거의 사상체계에서 세인이라는 개념은 본래성authenticity과 비본래성inauthenticity에 대한 그의 논의와 관련이 있다. 본래적으로 존재한다는 것은 개별적 인간으로서의 고유하고, 대체할 수 없으며 비교 불가능한 특성을 완전히 인식하며 사는 것이다. 이와 대조적으로, 비본래적으로 존재하는 것은 자신의 고유성을 사회적으로 구성된 추상성에 내맡기면서 세인의 익명성에 속에서 자신을 상실하는 것을 말한다. 이것은 인간이 죽음을 대하는 방식에서 특히 중요하다. 문제의 진실이 무엇인가 하면, 죽는 자는 항상 하나의 개별자이며 고독한 개인이라는 점이다. 그러나 사회는 각각의 개별적인 죽음을 그 공포를 누그러뜨리는 것처럼 보이는 일반적인 범주에 포함시킴으로써 유족과 곧 죽을 운명에 놓인 이들을 위로한다. 어떤 사람이 죽으면, 우리는 "음, 언젠가는 우리 모두 가야 해"라고 말한다. 이 "우리 모두we all"는 세인의 정확한 번역이다. 그것은 모든 사람이며, 따라서 아무도 아니다. 우리는 우리 자신을 그 일반성 아래 두어 우리도 혼자서 고독하게 죽는다는 필연적인 사실을 우리 자신에게 숨긴다. 하이데거는 톨스토이Tolstoi의 작품《이반 일리치의 죽음The Death of Ivan Ilyitch》이 죽음에 직면했을 때의 비본래성을 문학적으로 가장 잘 표현했다고 치켜세웠다. 고통이라 할 수 있을 정도의 본래성의 예로, 우리는 페데리코 가르시아 로르카Federico García Lorca[47]의 투우사의 죽음을 소재로 한 불후의 명시《이그나시오 산체스 메히아스를 위한 비가Lament for Ignacio Sánchez Mejías》를 제시할 것이다.

하이데거의 세인 개념은 규범적인 측면보다는 인지적 측면에서 우리의 사회관과 관련이 있다. "자기기만" 측면에서 우리는 사회를 자유로부터 알리바이를 제공하는 기제로 보았다. 세인 측면에서 우리는 사회를 공포부터 보호해주는 방어물로 본다. 사회는 우리가 규칙을 따르는 한 우리를 인간 조건의 적나라한 공포로부터 보호해주는 당연시되는 구조("오케이 세계okay world"라고 말해도 된다)를 우리에게 제공한다. "오케이 세계"는 이러한 공포를 어느 정도 침착하게 대할 수 있도록 조직하는 상례와 의식을 제공한다.

모든 통과의례는 이러한 기능을 보여준다. 출생의 기적, 욕망의 신비, 죽음의 공포 등은 외관상 자연스럽고 자명한 순서대로 우리가 각 단계의 문턱을 부드럽게 넘어가도록 조심스럽게 위장되어 있다. 우리 모두는 태어나고 정욕에 꿈틀거리며, 또 죽을 수밖에 없다. 따라서 우리 모두는 이러한 사건들의 상상할 수 없는 경이로부터 보호받을 수 있다. 세인은 우리 실존이 던지는 형이상학적 질문을 봉인함으로써 우리가 비본래적으로 살아가게 한다. 우리가 필연적인 죽음을 향해 우리의 짧은 생을 돌진할 때 사방은 어둠에 둘러싸여 있다. 자신의 조건을 의식하게 될 때, 거의 모든 인간이 어느 순간엔가 느끼

---

47 스페인의 시인이자 극작가.

게 되는 "왜?"라는 고통스러운 질문은 사회가 가진 상투적인 대답에 곧 질식된다. 사회는 우리에게 그러한 의문의 짐을 덜어주는 기성품인 종교체계와 사회적 의식을 제공한다. "당연시되는 세계", 즉 우리에게 모든 것이 괜찮다고 말해주는 사회세계는 우리들의 비본래성이 소재한 곳이다.

한밤중에 정체성과 위치에 대한 모든 감각을 잃는 악몽에서 깨어난 어떤 사람을 생각해보자. 심지어 깨어나는 순간에도 자신의 존재와 세계의 현실은 눈 깜짝할 순간에 사라지거나 변형될 수 있는 몽환적인 환상으로 나타날 것이다. 그는 형이상학적 마비 상태로 침대에 누워, 방금 지나간 악몽 속 불길하게 엄습했던 절멸annihilation에서 겨우 한 발짝 떨어져 있음을 느낄 것이다. 잠시 동안 고통스러울 정도로 또렷한 의식 속에서 그는 서서히 다가오는 죽음, 그리고 그것과 함께 무nothingness의 냄새를 거의 맡을 지경에 이르게 된다. 그러고는 담배를 더듬어 찾다가, 이른바 "현실로 돌아올" 것이다. 그는 자신의 이름, 주소, 직업, 그리고 내일의 계획을 떠올린다. 과거와 현재의 정체성에 관한 증거들로 충만한 집 안을 돌아다닌다. 도시의 소음에 귀를 기울인다. 아마도 아내나 아이들을 깨우고 짜증 난 그들의 항의에 안도할 것이다. 그는 이내 방금 있었던 일을 웃으면서 바보 같은 짓으로 일축하고, 요기할 거리를 찾아 냉장고를 뒤지거나 술 장으로 가 나머지 잠을 자기 위해 술 한잔을 하거나, 이다음에는 승진하겠다는 각오를 하면서 잠자리에 들 수 있다.

거기까지는 좋다고 치자. 그러나 방금 그가 돌아간 "현실"이란 정확하게 무엇을 말하는가? 그것은 사회적으로 구성된 세계의 "현실", 즉 형이상학적 질문들이 당연시되는 종교적 의식주의religious ritualism

에 사로잡혀 거세되지 않는 한 항상 터무니없는 것으로 치부되는 "오케이 세계"이다. 이러한 "현실"은 실로 매우 불안정하다는 것이 진실이다. 이름, 주소, 직업 그리고 아내는 사라지게 마련이다. 모든 계획은 소멸로 끝난다. 모든 집은 결국 텅 비게 된다. 그리고 심지어 우리가 우리의 존재와 행동의 고통스러운 우발성contingency에 직면하지 않고 평생을 살아간다고 하더라도, 결국 모든 이름과 모든 정체성을 박탈당함을 느끼는 저 악몽의 순간으로 돌아가지 않을 수 없다. 더욱이 우리는 이것이 우리를 피난처로 줄달음치는 비본래성으로 향하게 한다는 것을 알고 있다. 사회는 우리에게 무nothingness로부터 막아주는 이름을 준다. 사회는 우리가 살 세계를 만들고 우리를 사방에서 둘러싸고 있는 혼란으로부터 보호해준다. 그것은 우리에게 언어를 제공하고 이 세계를 믿을 만한 것으로 만드는 의미를 제공한다. 그리고 사회는 우리의 신앙을 더 공고히 해주고 수면 상태에 있는 우리의 의구심들을 계속 그 수면 상태에 머물게 해주는 소리의 합창을 꾸준히 제공한다.

약간 달라진 맥락에서 "자기기만"에 대해 앞서 말한 것을 다시 한번 반복해보자. 세인의 측면에서 볼 때, 사회가 비본래적인 실존을 초래하는 음모라는 것은 옳다. 사회의 벽은 존재의 심연 앞에 세워진 포템킨 마을Potemkin village[48]이다. 사회의 벽은 공포로부터 우리를 보호해주며 또 우리 삶이 의미를 지니게 되는 의미의 우주를 조직하는

---

48 겉만 번지르르하고 속이 텅 빈 영화 세트장 같은 가짜 도시 혹은 위장 도시. 1787년 러시아 황후의 환심을 사기 위해 포템킨이 가짜 마을을 세우고 황후를 시찰하게 한 데서 유래.

기능을 한다. 그러나 본래적인 실존이 사회 안에서만 생겨날 수 있다는 것 또한 진실이다. 모든 의미는 사회적 과정 안에서 전달된다. 그 어느 누구도 사회 안에서가 아니면 본래적으로든 아니면 비본래적으로든 인간이 될 수 없다. 그리고 그것이 종교적이든 철학적이든 아니면 미학적이든, 존재에 대한 경이로운 사색으로 이끄는 바로 그 발생지는 사회 속에 위치하고 있다. 사회가 자유로부터의 도피 또는 자유를 위한 기회가 될 수 있는 것처럼, 사회는 우리의 형이상학적 탐구를 매장하거나 추구하는 형식을 제공할 수 있다. 우리는 다시 한 번 사회적 존재가 지닌 끈질긴 야누스적 양면성의 역설에 봉착했다. 그렇지만 사회가 해방의 수단으로서의 기능보다 알리바이와 포템킨 마을로서 더 많은 사람에게 기능한다는 것은 의심의 여지가 거의 없다. 우리가 사회에서 본래성이 가능하다고 주장한다고 해서, 대부분의 사람들이 실제로 이 가능성을 활용하고 있다는 것은 아니다. 우리가 사회적으로 어느 곳에 위치하든지 간에 주위를 둘러보면 그렇지 않다는 것을 대번에 알게 될 것이다.

이러한 관찰을 통해 우리는 적당한 순간으로 미루기를 원했던 윤리적 고려의 가장자리에 다시 한번 이르게 됐다. 이 시점에 우리는 앞서 정의했던 "엑스터시"가 사회학적 의미뿐만 아니라 형이상학적 의미도 가지고 있음을 강조하고자 한다. 우리는 사회의 당연시되는 일상에서 벗어나야만 위로해주는 신비화 없이 인간 조건에 맞설 수 있다. 이것은 주변인marginal man이나 반역자만이 본래적일 수 있다는 것을 의미하지 않는다. 자유가 어떤 의식의 해방을 전제로 한다는 의미이다. 우리가 지닐 수 있는 자유의 가능성이 무엇이든, 사회의 "오케이 세계"만이 존재하는 유일한 세상이라고 계속해서 가정하는 한 실현될 수 없다. 사회는, 주위의 어둠 속에서 하이에나가 울부짖을 때, 동료들과 옹기종기 모여 그 소리를 묻어버리는 북을 두들길 수 있는 따뜻하고 상당히 아늑한 동굴을 우리에게 제공한다. "엑스터시"는 그 어두운 밤을 마주하기 위해 홀로 그 동굴 밖으로 나가는 행위이다.

필자는 다른 곳에서 사회학적 사고의 어떤 윤리적 의미에 대해 상당한 분량으로 논의한 적이 있다. 그러면서 특히 기독교적 인간관을 언급했다. 이 책은 목적이 필자의 종교적 신념을 독자들에게 설복하는 데 있지 않으므로, 신성한 심취에서 비롯될지도 모르는 공적 진리의 부패 사례를 추가하지 않고 불경스러운 전복으로 초대하는 것만으로도 충분할 것이다. 또한 이 책의 맥락 안에서 윤리적 문제들에 대한 검토도 간단하게 할 수 있는 것이 아니다. 그러나 우리는 논의하는 과정의 여러 곳에서, 특히 바로 전 장에서 어느 정도 급박한 윤리적 문제를 다루었고, 독자는 이러한 질문의 답에 대해 최소한의 암시라도 요구할 권리가 있다.

이전 논의에서 우리는 사회학적 관점이 진보적 전망에 도움이 되지 않고 오히려 주일학교와 국민윤리 시간에 배운 사회 현실 해석에 대해 어느 정도 환멸을 초래할 것이라는 결론을 정당화하기 위해 할 말을 충분히 다 했다고 본다. 이것은 우리가 앞서 논의했던 연극적인 관점으로 나아가든 또는 그보다 앞서 나온 보다 암울한 결정론적 모델에 멈추든 상관없이 사실이다. 공식적인 이데올로기의 관점에서 보면, 사회를 하나의 축제로 보는 것은 교도소로 보는 것보다 오히려 더 나쁘다. 이 사회학적 환멸의 마키아벨리적 가능성은 명백하다. 지식이 항상 권력으로 이어진다는 실증주의의 꿈은 다소 유토피아적이기는 하지만, 명민함이 통제권 획득에 도움이 된다는 것은 여전히 사실이다. 마키아벨리가 알고 가르친 것과 같이, 특히 이것은 사회적 문제에 대한 명민함의 경우에 사실이다.

게임 규칙을 이해하는 자만이 속임수를 쓸 수 있는 위치에 있다. 승리의 비결은 비진지성insincerity이다. 면밀하게 조사되지 않은 기대에 대한 숙고하지 않은 반응이라는 의미에서 자신의 모든 역할을 성실하게 수행하는 사람은 "엑스터시"가 불가능하다. 게다가 규칙을 보호하는 데 관심을 가진 사람들의 관점에서 보면 아주 안전한 사람이다. 우리는 사회학이 어떻게 "엑스터시"의 전주곡 역할을 할 수 있는지, 그리고 암시적으로 체계를 능가하는 방법의 과정으로서 역할을 할 수 있는지를 보이려고 노력했다. 그러한 야망이 항상 윤리적으로 비난받을 만한 부끄러운 것이라는 성급한 결론을 내려서는 안 된다. 결국 그것은 문제가 되는 체계의 윤리적 지위를 어떻게 평가하느냐에 달려 있다. 독재의 희생자들이 독재자 뒤에서 약간의 속임수를 써서 도망치려 한다고 해서 그것에 반대할 사람은 아무도 없을 것이다. 그럼에도 불구하고 규칙의 기제를 아는 데는 윤리적으로 불길한 일이 일어날 가능성이 있다. 적어도 사회과학에 대한 대중의 불신 중 일부는 이러한 가능성에 대한 불명료하기는 해도 정확한 육감에 근거하고 있다. 이런 의미에서 모든 사회학자는 억압의 조력자로 추정될 뿐만 아니라 잠재적인 사보타주 행위자 또는 사기꾼이다.

이 책의 앞부분에서 지적했듯이, 사회과학자는 자연과학을 하는 동료 학자들과 이러한 윤리적 곤경을 공유하고 있다. 최근 몇 년 동안 핵물리학의 정치적 이용이 이를 충분히 보여주고 있다. 과학자들이 정치적으로 통제받으며 철의 장막Iron Curtain 양쪽에서 작업하고 있는 모습은 보기에 유쾌하지 않다. 물리학자들이 세상을 섬멸하느라 분주할 때, 사회과학자들에게는 세상의 승인을 얻어야 하는 더 작은 임무가 맡겨질 수 있다. 그러나 물리학을 윤리적으로 파문함으로써 이러한 고려 사항을 결론지을 수 없다는 데에는 거의 모든 사람이 동의할 것이다. 문제는 과학의 성격에 있는 것이 아니라 과학자의 성격에 있다. 사회학자와 그가 발휘할 수 있는 모든 힘 ── 그런 게 있다 해도 자연과학의 악마적 무기에 비하면 보잘것없어 보이겠지만 ── 의 경우도 마찬가지이다.

마키아벨리즘은 그것이 정치적이든 사회학적이든 간에 그 자체로서는 윤리적으로 중립적인 관점이다. 양심의 가책이나 연민의 정이 없는 사람들에 의해 적용될 때, 그것은 부정적인 윤리적 에너지로 충전된다. 프리드리히 마이네케Friedrich Meinecke[49]는 정치적 마키아벨리즘의 역사에 관한 저서에서, 국가에 대한 이 위대한 이탈리아 진단자의 시각에서 국가의 존재 이유raison d'état가 가장 진지한 윤리적 관심과 결합될 수 있음을 설득력 있게 보여주었다. 사회학적 마키아벨리즘도 다르지 않다. 예를 들어 막스 베버의 생애는 냉정한 사회학적 이해가 윤리적 이상을 실현하기 위해 어떻게 세심한 탐색과 결합될 수 있는지에 대한 구체적인 실례이다. 그렇다고 이것이 비인간적 목적

---

49 독일의 역사가, 독일 정치사학의 대표자.

을 지니거나, 권력에 봉사하는 것 이외에는 아무 목적이 없는 사람들의 손에 마키아벨리적 인식의 도구로 사용될 불길한 가능성을 바꾸지는 않는다. 미국에서 사회학적 지식이 정치적 선전과 군사 계획에 적용될 가능성은 사람들을 오싹하게 만들기에 충분하다. 전체주의 사회에서 같은 경우라면 악몽이 된다. 또한 현대 산업 관리, 홍보 및 광고에서 사회학을 이용하는 광경도 윤리적으로 크게 교화적인 것도 아니다. 이 중 어느 것도 윤리적 문제를 제기하는 것으로 간주하지 않는 사회학자가 많다는 사실은 사회학적 관점이 사실상 *ipso facto* 더 높은 수준의 윤리적 감수성으로 이어지지 않는다는 사실에 대한 충분한 증거가 된다. 더군다나 전적으로 냉소적인 연구자가, 양심의 가책을 느끼고 도덕적으로 비위가 약한 동료학자보다 때로는 정확한 발견을 하기도 한다. 그 이유는 바로 후자가 탐구 과정에서 발견되는 일부 사실들에 움찔하면서 꽁무니를 뺄 수 있기 때문이다. 윤리적 문제에 더 관심이 있는 학자가 (과학적으로 더 유능하다는 의미에서) 더 나은 사회과학자라는 생각으로 스스로를 위로할 수조차 없는 것이다.

이와 관련해서, 사회학적 이해 자체가 "자기기만"의 수단이 될 수 있다는 점을 언급하는 것은 흥미로운 일이다. 이러한 일은 그러한 이해가 책임을 면하게 해주는 알리바이가 될 때 일어난다. 우리는 이미 1장에서 냉정하고 중립적인 방관자로서 사회학자의 이미지를 다루면서 이러한 가능성을 언급한 바 있다. 예를 들어 미국 남부에 사는 어떤 사회학자가 남부의 인종차별 제도를 거부하는 강력한 개인적인 가치관을 갖고 출발해서 이러한 가치를 어떤 형태의 사회적 또는 정치적 행동으로 표현하려 든다고 하자. 얼마 후 그는 사회학자로서 인종문제 전문가가 된다. 그는 이제 자신이 인종차별 제도를 이해하고 있다고 정말로 느낀다. 이 시점에 도덕적인 문제에 대한 다른 자세, 즉 냉정하게 과학적인 논평가의 자세를 취하게 되는 경우가 생겨나는 것을 보게 된다. 이제 사회학자는 자신의 이해 행위가 현상에 대한 자신의 관계 전부를 구성하는 것이며, 자신을 개인적으로 끌어들이는 그 어떠한 행위로부터도 그를 해방시킨다고 간주한다. 이러한 경우, 과학적 객관성과 도덕적으로 관련된 인간의 주관성 사이의 관계는 쇠렌 키르케고르Søren Kierkegaard가 헤겔의 사상을 묘사하기 위해 사용한 비유——사람은 어마어마해 보이는 장엄한 궁전을 짓지만, 정작 계속 사는 곳은 그 옆의 오두막집이다——로 묘사할 수 있다. 과학적 중립성 그 자체의 역할에는 윤리적으로 비난받을 만한 것이 전혀 없다는 것을 여기서 강조해두는 것이 중요하다. 그리고 어떤 상황에서는 심지어 매우 열성적인 사회학자조차도 과학적으로 중립적인 역할이 그가 최대로 기여할 수 있는 역할이라고 느낄 수 있다는 것이다. 윤리적 문제는 사회학자의 총체적 실존에 있어서 개인적인 책무 **대신에** 이러한 중립적 역할이 우선 실행될 때 제기된다. 이 경우에 사르트르가 사용한 의미의 "자기기만"을 적용할 수 있다.

우리는 여기에 진정으로 윤리적 관심을 지닐 근거가 있다는 사회학 비평가들의 주장을 용인한다. 그럼에도 불구하고 우리는 사회학적 이해에 직접적으로 근거한 중요한 윤리적 가능성이 있다고 주장하고자 한다. 우리는 뒤르켐적 전통 속에서 여전히 면면히 이어져오는 낡은 콩트적 희망, 즉 사회학이 일종의 세속적인 교리문답이 성립할 토대가 되는 객관적 도덕(프랑스인들이 "관습학science des mœurs"이라고 부를 만한)을 제시할 수 있을 것이라는 취지의 기대를 받아들이거나 부활시킬 수도 없다는 점을 지금 즉시 분명히 해야 한다. 미국에서 상당한 반향을 일으켰던 이러한 희망은 과학적, 윤리적 판단의 근본적인 이질성을 이해하는 데 실패했기 때문에 좌초될 수밖에 없다. 과학적 방법은 자유를 경험적 현상으로 파악할 수 없는 것과 마찬가지로 선량한 삶이 어떠한 것이어야 하는지를 발견할 수 없다. 그러한 과학의 위업을 기대하는 것은 과학의 독특한 재능을 오해하는 것이다. 뒤따를 실망은 이러한 재능의 인간적 공헌을 어디에서 찾을 수 있는지 보기 어렵게 만들 것이다.

그 대신 우리는 사회학이 그것을 익힌 사람이 사회적 현실에 대한 그의 관점에서 어느 정도 인간화humanization를 지향하도록 하는 데 도움이 될 수 있다고 주장한다. 이러한 과정에 그 어떤 필연성도 없다는 것을 인정했기 때문에 상당히 조심스럽게 이 말을 하고 있다. 그러나 이 책의 앞부분에서 제기한 사회학적 관점에 관한 주장을 받아들일 수 있다면, 이러한 인간화는 적어도 지적으로는 타당하다. 사회학적 이해는 육중함ponderosity과 위태위태함precariousness의 역설에 되풀이해서 봉착한다. 반복하자면, 사회는 인간을 규정하지만, 그다음에는 인간이 사회를 규정한다. 이 역설은 본질적으로 인간 조건 그 자체와 관련이 있다. 윤리가 인간이 살고 있는 경험적 세계와 완전히 분리된 영역으로 받아들여질 경우에만 성립될 수 있는 가정이지만, 이 관점에 윤리적 중요성이 전혀 없다면, 그것은 매우 놀라울 것이다.

우리가 여기서 인간화라고 부르는 것은 인종, 동성애, 사형에 관한 질문과 같은 특정한 범례적 의미를 지닌 세 가지 예를 통해 설명할 수 있다. 각 예에서 사회학적 이해가 피상적 수준에서 쟁점들을 객관적으로 설명하는 데 어떠한 기여를 하는지 알아볼 수 있다. 실제로 사회학자들은 이러한 문제들과 관련해 바로 그 수준에서 상당히 중요한 기여를 했다. 사회학자들은 인종과 관련된 신화를 폭로하고, 이러한 신화적 신념의 착취적 기능에 대해서도 밝혀냈으며, 인종차별 체계가 미국 사회에서 어떻게 작동하는지 보다 명확하게 보여줌으로써 인종차별 제도가 어떻게 효과적으로 바뀔 수 있는지에 대한 약간의 아이디어를 제공하는 데 크게 기여했다. 동성애의 경우, 사회학자들은 이 현상에 대한 해석 자체를 심리학자와 정신과 의사들에게 맡기는 경향이 있으나, 이 현상의 분포와 사회적 조직을 보여주는 자료를 축적함으로써 동성애를 타락한 소수의 악행으로 보는 도덕군자적 정의를 폭로하면서, 이 현상에 대한 법규들 뒤에 중대한 물음표를 찍었다. 사형 문제의 경우, 사회학자들은 사형이 사형을 받게 되는 범죄의 발생을 억제하는 역할을 하지 않으며, 사형 폐지가 사형 주창자들이 예언하는 어떤 끔찍한 결과도 초래하지 않는다는 것을 결정적으로 입증했다.

의심의 여지 없이, 이러한 기여는 이들 문제들에 관한 공공정책에 대해 합리적으로 접근하는 데 매우 큰 중요성을 지니고 있다. 그것들은 사회학자의 활동 그 자체가 도덕적 가치를 갖는다는 사회학자의 주장을 정당화하기에 충분할 것이다. 그러나 우리는 이 세 가지 경우 각각에서 사회학이 우리가 인간화라고 부르는 것과 밀접하게 연결되고, 앞서 논의한 사회 현실에 대한 역설적 이해에 직접적으로 뿌리를 둔 더 깊은 기여를 하고 있다고 주장할 것이다.

사회학은 인간이란 사회가 만든 존재이며 동시에 이와는 사뭇 다른 것, 즉 자신이 선택한 어떤 것이 되기 위해 나약하게, 머뭇거리면서, 때로는 열정적으로 노력하는 존재라는 것을 보여준다. 사회학은 사회적으로 부여된 모든 정체성들이 무한히 불안정하다는 것을 드러내준다. 따라서 우리가 이해하는 사회학적 관점은 인간을 사회적으로 부여된 정체성과 완전히 동일시하는 관점과 본질적으로 상충된다. 달리 표현하면, 사회학자는 연기에 속기에는 무대연출의 구조를 훤히 꿰뚫고 있다. 사회학자는 연기자들이 특정 역할을 위해 의상을 입고 재주를 부린다는 것을 알아야 하며, 바로 이러한 사실로 인해 그는 가면무도회에 존재론적인 지위를 부여하는 것이 매우 어렵게 된다. 그러므로 사회학자는 사람들에게 명칭 —— "흑인" "백인" "코카서스인Caucasians", [50] 또는 "유대인" "이방인Gentiles" [51] "미국인" "서양인" —— 을 부여하는 그 어떤 범주들과도 곤란을 겪을 수밖에 없다. 그러한 모든 호칭들은 존재론적 함의를 부여받는 순간에 어떤 식으로든 다소간의 악의를 가지게 되는 경우, "자기기만"의 행사가 된다. 사회학은 "흑인"이란 사회에 의해 그렇게 지칭되는 사람이며, 이러한 지칭은 이 흑인을 지정된 이미지 그대로 되도록 만드는 경향이 있는 압력을 방출하고, 뿐만 아니라 그러한 압력은 자의적이고 불완전하며, 그리고 가장 중요하게, 가역적인reversible 것이라는 사실을 우리에게 이해시켜준다.

한 인간을 오직 "흑인"**으로만** 다루는 것은 인종차별주의자가 그러든 인종자유주의자가 그러든 상관없이 "자기기만" 행위이다. 사실상 자유주의자도 그들과 정치적으로 반대편에 선 자들과 마찬가지로 사회적으로 당연시되는 레퍼토리라는 허구에 사로잡혀 있는 경우가 허다하다는 점을 강조하는 것은 가치가 있다. 단지 그들은 그러

---

50 백인을 달리 부르는 말.
51 유대인 입장에서 비유대인을 이름.

한 허구에 반대되는 가치를 부여할 뿐이다. 이 문제에 있어, 부정적인 정체성을 할당받은 쪽의 사람들은 문제의 정체성에 본래 붙어 있던 빼기 기호를 더하기 기호로 바꾸는 간단한 변경을 거친 뒤 그들의 압제자들이 고안해낸 범주를 그대로 받아들이는 경향이 매우 크다. 반유대주의에 대한 유대인의 반응은 이 과정에 대한 고전적인 설명을 제공한다. 유대인들은 범주 자체에 대해서는 근본적으로 도전하지 않고 반유대주의 범주에 부착된 기호를 단순히 반대로 뒤집음으로써 자신들의 정체성에 대해서 반대 정의를 내린다. 흑인의 예로 다시 돌아가보면, 여기에서의 과정은 흑인이 자신의 인종에 대해서 이전에 지녔던 수치심 대신 "인종의 긍지"를 명령하는 성격을 취하여 백인 원형white prototype의 그림자에 불과한 흑인인종주의라는 반대 형태를 확립한다. 이와 대조적으로, 사회학적 이해는 "인종"이라는 개념 자체가 처음부터 허구에 불과하다는 것을 분명히 할 것이며, 아마도 진정한 문제는 어떻게 인간이 되는가라는 점을 분명히 하는 데 도움이 될 것이다. 이것은 위에 언급한 것과 같은 정반대 형태가 압제에 대한 저항을 조직하는 데 기능적일 수 있고, 다른 신화들과 마찬가지로 어느 정도 정치적 효력을 가질 수 있다는 점을 부인하는 것이 아니다. 그럼에도 불구하고, 그 정반대 형태들은 "자기기만"에 뿌리를 두고 있으며, "자기기만"의 부식력corrosive power은 "인종의 긍지"를 고통스럽게 획득한 사람들이 그들의 획득이 참으로 공허한 것이었다는 사실을 깨닫게 될 때 결국 그 대가를 요구할 것이다.

그렇다면 사회학은 인종적 편견과 양립하기 어려운 실존적 자세에 도움이 된다. 불행하게도 이것은 사회학이 인종적 편견을 배제한다는 의미가 아니다. 그러나 그러한 편견을 고수하는 사회학자는

"자기기만"을 이중적으로 복용함으로써, 즉 모든 인종차별의 핵심적 부분인 "자기기만"에, 사회학적 이해를 그의 여타 사회생활로부터 격리하는 데 이용되는 그 자신만의 특별한 "자기기만"까지 더해서 복용함으로써 그렇게 하는 것이다. 사회적 범주가 날조되는 위태로운 방식을 이해하면서 자신의 지성과 삶을 분리하지 않는 사회학자는, 극도로 심각하게 받아들여지는 일련의 범주에 가망 없이 집착하지 않는 도덕적, 정치적 입장을 향하려고 노력할 것이다. 바꾸어 말하면, 그는 자신을 포함해 사회적으로 부여된 모든 정체성을 액면 그대로 받아들이지 않을 것이다.

같은 논리가 동성애의 경우에도 적용된다. 동성애에 대한 현대 서구에서의 당연시되는 태도는 **원규**mores와 법률에 기반을 두고 있다. 이것들은 성역할이 천성적으로 주어진다는 가정에 기초하고 있는데, 어느 한쪽의 성적 패턴은 정상적이고 건강하고 바람직하지만 다른 쪽은 비정상적이고 병적이며 저주할 만한 것이라고 가정한다. 사회학적 이해는 이 가정 뒤에 다시 한번 물음표를 붙여야만 할 것이다. 성역할은 모든 사회적 구조물을 특징짓는 일반적인 불안정성 안에서 구성된다. 성행위에 대한 문화 간 비교는 인간이 이 분야에서 자신의 생활을 조직할 수 있는 거의 무한에 가까운 유연성을 우리가 강력하리만큼 절실히 깨닫게 해준다. 하나의 문화에서 정상과 성숙함이 다른 문화에서는 병리와 퇴행이다. 물론 성역할을 이해하는 데 있어서 이러한 상대화가 개인이 도덕적으로 자신의 길을 찾아야 한다는 데서 벗어나게 해주는 것은 아니다. 상대성이라는 객관적 사실을 인간이 자신의 전체 존재와 관련된 단 하나의 결정적 지점을 찾아야 하는 주관적 필요성에 대한 알리바이로 취한다면, **그것**은 그 자체로 또 하나의 "자기기만" 예가 될 것이다. 이를테면, 인간은 성욕을 조직하는 방식의 상대성과 불안정성을 충분히 인식하면서도 자신의 결혼에 절대적으로 헌신할 수 있다. 그러나 이러한 헌신에는 어떠한 존재론적 기반이 필요치 않다. 그러한 헌신은 결정의 짐을 자연이나 필연성에 떠넘기기를 거부하고 대담하게 선택하고 행동하는 것이다.

동성애 박해는 인종적 편견이나 인종차별과 같은 "자기기만"의 기능을 수행한다. 두 경우 모두 휘청거리는 정체성은 경멸받는 집단의 반대 이미지에 의해 보장된다. 사르트르가 반유대주의자 묘사에서 보여주듯, 사람은 자신의 반대자로 설정한 인물을 증오함으로써 자신을 정당화한다. 백인은 흑인을 경멸하고, 바로 그 행위를 통해서 경멸을 할 자격이 있는 사람으로서 자신의 정체성을 확인한다. 이와 마찬가지로, 동성애자에게 침을 뱉으면서 자신의 미심쩍은 정력을 믿게 된다. 현대 심리학이 무엇인가를 증명했다면, 그것은 성적 이단의 박해에 있어서 토르케마다Torquemada[52] 역할을 하기를 원하는 관능적 배빗Babbitt,[53] 즉 "평범한 인간homme sexuel moyen"이 지닌 정력의 합성적 성격이다. 이러한 유형의 걸걸한 남성적 태도 뒤에 숨어 있는 차가운 공포를 인식하기 위해 심리학적으로 크게 정교한 이론을 발전시킬 필요는 없다. 박해 행위에서의 "자기기만"은 다른 경우의 모든 "자기기만"과 동일한 뿌리 —— 여자 대신에 남자를 원하는 (어쨌든 박해자에게는) 끔찍한 자유를 포함하여 자신의 자유로부터의 도피 —— 를

---

52 도미니크회 수도사로 스페인의 초대 종교재판소장. 1만 명이 넘는 사람을 종교재판으로 화형하고 유대인을 박해했다.

53 싱클레어 루이스의 소설인《배빗》의 주인공 이름에서 유래한 것으로, 저속한 속물적 실업가를 뜻함.

가지고 있다. 이 경우에도 사회학자들이 그러한 비본래성을 가질 수 없다고 주장하는 것은 순진한 생각이다. 그러나 우리는 이러한 현상에 대한 사회학적 관점이 사회학자들에게 상대적인 시야를 제공하는 동시에 그들을 인간화할 것이라고 다시 한번 주장하는 바이다. 사회학적 관점은 사회가 어떤 사람들은 음지에, 그리고 다른 이들은 양지에 지정하는 개념 장치 ── 음지를 "병리"와 동일시하는 그 현대적 수정을 포함해서 ── 에 대해서 회의를 일으킬 것이다. 사회학적 전망은 모든 사람들이 자신의 짧은 일생 동안 끊임없이 위협받고, 그래서 더욱 소중한 정체성을 자력으로 규정하기 위해 강력한 역경을 무릅쓰고 투쟁하고 있다는 것을 깨닫게 해주는 데 일조할 것이다.

사형은 "자기기만"과 비인간성inhumanity을 결합하는 패러다임 역할을 할 수 있다. 왜냐하면 미국에서 아직도 시행되고 있는 이 끔찍한 과정의 각 단계는 사회적으로 구성된 역할들이 개인의 비겁함과 잔인성에 대한 알리바이[변명]로 취급되는 "자기기만" 행위이기 때문이다. 검사는 배심원단과 판사가 그러하듯 그의 엄중한 의무를 다하기 위해서 동정심을 억누른다고 주장한다. 사형 사건을 심리하는 법정에서 벌어지는 드라마 속에서 피고인의 최종 처형을 준비하는 모든 사람들은 기만, 즉 각자 자기는 하나의 개인으로서 행동하는 것이 아니라 단지 법적 허구의 구조 안에서 자신에게 부여된 역할로서만 행동한다는 기만 행위에 연루되어 있다. 똑같은 기만이 드라마의 최종 행위, 즉 처형으로까지 더 나아간다. 처형 자체에서 사형을 명령하는 사람들, 사형 장면을 참관하는 사람들, 그리고 직접 물리적으로 집행하는 사람들까지 그 행위에 연루된 사람들은 모두 실제 **그들이** 아니라 "법" "국가" 또는 "국민의 의지"를 대표하는 익명의 존재라는 허구에 의해 개인적인 책임으로부터 보호되기 때문이다. 이러한 허구의 호소력은 너무나 강력해서 사람들은 직무상 이러한 잔인한 일을 "반드시 하지 않으면 안 되는" 교도소장이나 교도관이 딱하다며 동정하기도 할 것이다. "선택의 여지가 없다"는 이들의 변명은 모든 "자기기만"의 토대가 되는 근본적인 거짓말이다. 그러한 변명은 나치 공포 체제의 공식 살인자들이 내놓은 똑같은 변명과 양적으로만 다를 뿐이다. 어떤 사람에게 사형을 선고할 필요성을 주장하는 판사는 처형하면서 같은 이유를 드는 교도소장이나 처형을 중지시키길 거부하는 주지사와 마찬가지로 거짓말쟁이이다. 판사는 사임할 수 있고, 교도소장은 명령을 거부할 수 있으며, 주지사는 법에 반해 인간성을 위해 맞설 수 있다는 것이 진실이다. 사형의 경우, "자기기만"의 악몽적 성격은 기만의 정도(이에 필적할 수 있는 것은 다른 경우에도 있다)가 아니라 이러한 기만이 수행하는 기능, 즉 명백한 야수성을 지닌 채 아무도 책임감을 느낄 필요가 없는 방식으로 인간을 죽이는 기능에 있다.

사형이 문명사회에서 도덕적으로 용인할 수 있는 것의 한계를 넘어서는 가공할 만한 비인간적 행위라는 오늘날 많은 사람들의 확신은, 확실히 사회학적 전망과는 동일시할 수 없는 인간 조건의 관점에서 비롯된다. 마르틴 부버Martin Buber가 카를 아돌프 아이히만Karl Adolf Eichmann 처형을 개탄하는 호소력 있는 성명에서 사용한 표현을 빌리자면, 이러한 확신은 무엇이 인간적이며 무엇이 "반인간적counter-human"인가에 대한 근본적인 인식에 기초하고 있다. 특정한 상황에서 극도로 꺼려하면서도 처형을 허용하지만 결코 고문은 허용하지 않는 것은 인간이 되는 것과 동일한 선택이다. 요컨대 그것은 사형을 고문으로 인정하는 것이다. 여기서 그러한 인간 조건에 대한 이해가 어떻게 생겨났는지에 대해 논할 생각은 없다. 그것은 확실히 사회학에 속할 수 없다. 그러나 우리는 사회학을 위해 더 수수하기는 하지만 그럼에도 불구하고 가치 있는 과업을 요청한다. 사회학적 이해는 그 자체로 연민의 도량school of compassion이 될 수는 없지만, 통상적으로 비정함을 은폐하고 있는 신비를 비추어 드러낼 수는 있다. 사회학자는 모든 사회구조가 허구와 사기로 가득 찬 인습이라는 것을 이해하게 될 것이다. 그는 이 인습 중 일부는 유용함을 인식하고, 이것을 변경할 생각을 거의 하지 않을 것이다. 그러나 그 인습이 살인의 도구가 되었을 때는 할 말이 있어야 한다.

사회학적 인간학sociological anthropology과 같은 것이 있다면 사회학적 인간주의sociological humanism[54] 같은 것도 있을 수 있다는 가능성을 지적하기에는 지금까지 여기서 언급한 것만으로도 아마 충분할 것이다. 분명히 사회학 그 자체로 적절한 인간학을 생산해낼 수 없듯이, 사회학 그 자체가 인간주의로 이어질 수는 없다(앞 장의 논의로 이 점은 분명하게 밝혀졌을 것이다). 그러나 사회학적 이해는 특유하게 현대적이며, 연민에 고유의 특출한 재능이 있으며, 그리고 진정한 인간주의의 토대가 될 수 있는 특정한 생활 감각의 중요한 일부분이 될 수 있다. 사회학이 기여할 수 있는 이러한 인간주의는 쉽사리 깃발을 흔들지 않으며, 지나친 열광이나 지나친 확신을 의심한다. 그것은 불안하고, 불확실하고, 머뭇거리며, 자신의 불안정성을 인식하고, 자신

---

54 여기서 'humanism'은 인본주의 대신 '인간주의'로 번역했다. 저자가 주장하는 것은 사회학적 인간주의에 기반한 전망이기 때문이다.

의 도덕적 주장에 신중하다. 그러나 이것이 곧 그러한 인간주의가 인간 존재에 대한 근본적인 통찰에 관련되는 지점에 열정적으로 개입해 들어갈 수 없다는 것을 의미하지는 않는다. 위에서 제기한 세 가지 질문은 실제로 이러한 지점들이 어디에 있는지에 대한 중요한 지표 역할을 할 것이다. 인종이나 성을 이유로 어떤 인간을 모욕하거나 어떤 인간에게 사형을 선고하는 법정 앞에서 이러한 인간주의는 항의, 저항, 반항이 된다. 물론 연민이 신화가 지탱하는 비인간성의 체계에 대항하는 혁명의 출발점이 될 수 있는 다른 지점들이 있다. 그러나 인간의 존엄성이 덜 결정적으로 관련된 대부분의 다른 문제에 대해서는 우리가 제시하는 사회학적 인간주의가 좀 더 빈정대는 자세를 취할 가능성이 높다. 마지막으로 여기서 이에 대해서 약간 언급하는 게 적절할 것 같다.

사회학적 이해는 상당한 각성disenchantment을 불러일으킨다. 각성한 인간은 보수 운동과 혁명 운동 모두에게 불량한 위험 요소이다. 전자의 경우, 그가 현상 유지status quo의 이데올로기를 필요한 만큼 신뢰하지 않기 때문에, 그리고 후자의 경우는 그가 혁명가들의 육성을 변함없이 형성하는 유토피아적 신화에 대해서 회의적인 태도를 취하기 때문일 것이다. 그러나 현재 또는 미래의 정권 간부로 채용될 수 없다고 해서 그 각성한 인간이 소외된 냉소주의 자세를 반드시 취할 필요는 없다. 물론 확실히 그런 일이 생길 수는 있다. 그리고 우리는 미국의 일부 소장 사회학자들 사이에서 그러한 자세를 보게 된다. 그들은 사회에 대해 급진적인 진단을 내리는 데 몰두하지만 스스로 급진적인 정치적 관여를 할 능력은 발견하지 못하고 있다. 이로 인해, 상황이 더 나빠질 수는 없다고 서로 위안하는 폭로자들의 일종의 마조히

즘적 숭배masochistic cult를 제외하고, 그들은 더 이상 갈 곳이 없다. 우리는 이러한 냉소적 입장이 그 자체로 순진하며 다른 어떤 것보다 역사적 안목이 결여된 데 충분히 그 근거를 두고 있다고 주장한다. 사회에 대한 냉소주의는 사회적 영겁social aeon에 대한 경솔한 순응이나 도래할 사회에 대한 경솔한 기대 외에 남은 유일한 선택지가 아니다.

또 하나의 대안은 우리가 사회학적 이해에서 비롯되는 가장 그럴듯한 선택으로 간주하는 것인데, 연민과 제한된 몰입, 그리고 인간 사회라는 카니발[사교 축제]에 대한 해학적 감각sense of the comic을 결합시킬 수 있는 그러한 대안이다. 이것은 사회를 본질적으로 코미디로 보는 자세로 유도할 것이다. 사람들이 천박하고 화려한 의상을 걸치고 이리저리로 행진하고, 모자와 칭호를 바꾸고 그들이 든 지팡이나 동료 연기자들이 믿을 만한 무언가를 가지고 서로를 툭툭 건드리면서 하는 바보 축제 성격의 코미디 말이다. 그러한 희극적 전망은 존재하지도 않는 지팡이들이 진짜로 피를 흘리게 할 수도 있다는 사실을 간과하지는 않지만, 이 같은 사실로부터 포템킨 마을을 천국City of God으로 착각하는 오류를 범하지는 않을 것이다. 만약 사회를 코미디로 보는 사람이 있다면, 그는 속이는 데 주저하지 않을 것이다. 특히 속임으로써 이곳에서는 약간의 고통을 경감하고, 저곳에서는 삶을 조금 더 밝게 할 수 있는 경우에 말이다. 그는 게임 규칙이 실제 인간을 보호하고 실제 인간의 가치를 함양하는 경우를 제외하고는, 이러한 규칙들에 대해 진지하게 받아들이기를 거부할 것이다. 따라서 사회학적 마키아벨리즘은 냉소적 기회주의cynical opportunism와는 완전히 정반대이다. 그것은 자유가 사회적 행위 속에서 자신을 실현할 수 있는 방식이다.

사회학은 처음부터 스스로를 하나의 과학으로 이해했다. 논의 초기에 우리는 이러한 자기 이해의 방법론적 결과에 대해 약간 논의한 바 있다. 이제 마지막 부분에서 우리의 관심사는 방법론이 아니고 오히려 사회학과 같은 하나의 학문 분야를 갖는 것이 인간에게 미치는 영향이다. 우리는 앞의 몇 개 장에서 사회학적 관점이 인간이 사회적 존재를 밝히는 데 어떻게 도움이 되는지 묘사하려고 시도했다. 바로 앞 장에서 우리는 그러한 관점이 지니는 윤리적 의미가 무엇인지를 간략하게 묻기도 했다. 우리는 이제 다시 한번 사회학을 소위 학문이라고 부르는 사회적 카니발의 특정 구석에 자리 잡은 많은 분야 중 하나로 살펴봄으로써 결론을 내리려 한다.

많은 사회학자들이 자연과학 분야의 동료 과학자들로부터 배울 수 있는 매우 중요한 것 중 하나는 자신들의 학문에 대한 어떤 놀이 감각sense of play이다. 대체로 자연과학자들은 자신들의 학문을 상대적이고 범위가 한정되게 하는 자신들의 방법에 대해 어느 정도의 세련됨을 세월이 가며 터득하게 된다. 사회과학자들은 여전히 자신들의 학문을 유머 감각 없이 엄숙하게 받아들이는 경향이 있으며, 부두교 마술사가 가장 소중히 여기는 도깨비 요정을 불러내듯이 "경험적" "데이터" "타당성" 또는 심지어 "사실" 등과 같은 용어들을 입에 달고 산다. 사회과학이 열정적인 사춘기에서 더 유연한 성숙기로 옮겨 감에 따라, 자신이 끼어든 게임으로부터 비슷한 정도의 초연함을 기대할 수 있으며, 또 실제로도 그런 현상은 이미 찾아볼 수 있다. 그렇다면 우리는 사회학을 많은 게임 중 하나, 즉 중요하기는 하지만 인간의 삶에 대한 최종적인 발언은 거의 할 수 없는 그런 게임으로 이해할 수 있으며, 또한 다른 사람들의 인식론적 유흥에 대해 관용할 뿐만 아니라 관심까지 지닐 수 있는 여유도 갖게 된다.

이러한 자기 자신을 이해하는 데서의 원숙함은 그 자체로 인간적인 중요성을 지닌다. 심지어는 지적인 학문을 함에 있어서 자신의 작업에 대한 풍자적인 회의가 존재하는 것만으로도 그 학문이 인간적 성격을 지닌다는 징표라고까지 말할 수 있을 것이다. 사회의 "인간 코미디"를 구성하는 유별나게 우스꽝스러운 현상을 다루는 사회과학에는 더욱더 중요한 점이다. 사실 이러한 사회 현실의 희극적 차원을 인식하지 못하는 사회과학자는 사회적 실재의 본질적 특징을 놓치게 될 것이라는 주장을 제기할 수 있다. 정치세계를 사기극confidence game으로 이해하지 않고는 정치세계를 제대로 파악할 수 없으며, 계층체계의 성격을 변장 파티costume party로 보지 않고는 계층체계를 충분히 이해할 수 없다. 어린 시절 가면을 쓰고 "왁!" 하고 소리를 지르는 간단한 방법으로 친구들을 간이 떨어질 정도로 혼비백산하게 했던 일을 떠올리지 않는 한 종교 제도에 대한 사회학적 인식을 얻을 수 없다. 색정the erotic의 근본적인 성격이 희가극opéra bouffe과 같다고 파악하지 못한 사람은 색정과 관련한 어떠한 측면도 이해할 수 없다("구애, 결혼 및 가족" 과정을 웃지 않고 심각하게 가르치는 진지한 젊은 사회학자들에게 특히 이 점을 강조해야 한다. 그들의 이러한 사뭇 진지한 태도는 연구의 모든 측면이 이를테면 도저히 심각하게 다루기 힘든 인체해부학에 의존하는 연구 분야와는 전혀 어울리지 않는다). 그리고《이상한 나라의 엘리스Alice in Wonderland》에 나오는 여왕의 법리를 기억하지 않는 사회학자는 법을 이해할 수 없다. 말할 필요도 없이, 이러한 언급은 사회에 대한 진지한 연구를 폄훼하려는 것이 아니라, 단지 사회에 대한 연구 자체도 우리가 웃음 속에서만 얻을 수 있는 이와 같은 통찰로부터 큰 도움을 받을 것임을 시사하기 위해서일 뿐이다.

사회학은 사회적 광경이 지닌 광대 짓거리 같은 것에 눈을 감거나 귀를 닫는 그런 웃음기가 사라진 딱딱한 과학주의의 태도에 고착되지 말 것을 특별하게 권고받을 것이다. 만약 사회학이 그런 엄숙하기만 한 과학주의에 고정될 경우, 사회학은 아주 안전한 방법론을 얻었다고 하는 순간 애초에 탐구하려던 현상세계를 잃게 될 것이다. 이것은 병 속에 갇힌 강력한 지니를 불러낼 수 있는 주문은 마침내 알아냈지만, 정작 애당초 지니에게 부탁하고 싶었던 것이 무엇인지를 까먹은 마술사의 운명과도 같이 슬픈 일일 것이다. 그러나 유머를 상실한 과학주의를 피할 경우, 사회학자는 사회과학과 자연과학 모두에서 과학적 절차의 고유한 인간적 가치를 발견할 수 있을 것이다. 그러한 가치는 자신이 조사하는 세계의 무한한 풍요함 앞에서 취하는 겸손이며, 이해를 추구하는 데 있어 자신을 투명 인간 취급하는 것이며, 방법에 있어서는 정직성과 정확성이며, 정직하게 도달한 발견에 대한 존중이며, 그 발견이 오류로 판명되면 자신의 이론을 수정하겠다는 의지와 인내이며, 그리고 마지막으로 중요한 것을 덧붙이자면 바로 이러한 가치들을 공유하는 다른 사람들과의 공동체 의식이다.

사회학자가 사용하는 과학적 절차는 이 학문 분야에 특유한 어떤 특정 가치를 암시한다. 그러한 가치 중 하나는 다른 학자들이 진부하고 과학적 탐구 대상이 되기에 충분한 품위를 갖지 못하기에 부적절하다고 간주할 소재들에도 세심한 주의를 기울이는 것이다. 이것을 두고 혹자는 거의 사회학적 접근의 민주적 관심 집중이라고 부를 수도 있겠다. 인간이 존재하고 행하는 모든 것은 아무리 평범한 것이라도 사회학적 연구의 중요한 대상이 될 수 있다. 또 한 가지 독특한 가치는 사회학자가 자신의 견해를 스스로 드러내지 않고 다른 사람들의 말에 귀를 기울여야 한다는 필요성에 내재되어 있다. 조용히 입을 닫고 완전히 주의를 기울여 경청하는 기술은 모든 사회학자가 경험적 연구를 하기 위해서는 반드시 습득해야만 하는 것이다. 단순히 조사 기술에 지나지 않는 것의 중요성을 과장해서는 안 되겠지만, 특히 오늘날과 같이 거의 아무도 정신을 집중해서 들으려 하지 않는 신경질적이고 말도 많고 탈도 많은 시대에 타인의 말을 집중해서 경청하는 행동에는 적어도 잠재적으로 존재하는 어떤 인간적 의미가 있는 것이다. 마지막으로, 사회학자가 자신의 편견, 호불호, 희망 또는 두려움에 관계없이 심리적으로 가능한 만큼 자신의 연구 결과를 평가해야 할 그의 책임에는 특별한 인간적 가치가 있다. 물론 사회학자는 이러한 책임을 다른 과학자들과 함께 나눈다. 그러나 이것은 인간의 열정과 매우 밀접한 관련이 있는 학문인 사회학에서는 특히 수행하기가 매우 어렵다. 이러한 목표가 항상 달성되는 것은 아니지만, 그러한 노력 그 자체에는 가볍게 여겨서는 안 될 도덕적 함의가 있다.

선과 악에 대한 자신의 설명을 즉시 외쳐 응수하지 않으면서 세상에 귀를 기울이는 사회학자의 관심은, 자기 가치판단의 편협한 틀 속에 현실을 억지로 쑤셔 넣으려는 끊임없는 강박에 봉착한 신학이나 법학 같은 규범적 학문의 절차와 비교할 때 특히 매력적이다. 비교적 사회학은 "명료하고 뚜렷한 인식"에 대한 데카르트적 탐구의 사도 계승apostolic succession[55]처럼 보인다.

사회학 자체의 과학적 활동에 내재한 이러한 인간적 가치들에 더해서, 사회학을 인문학과 매우 가까운 인척으로 보이게 하는 다른 특성들이 있다. 설사 그런 특성들이 사회학을 완전히 인문학에 속한 것으로 보이게 하는 것은 아니지만 말이다. 앞에서 우리는 이러한 특성을 설명하려 애써왔으며, 그 특징들 모두는 사회학이 결국 인문학의 주요 주제인 인간 조건 자체에 지대한 관심을 갖고 있다는 말로 요약될 수 있다. 사회적인 것the social이 인간 존재의 그토록 결정적인 차원이라는 바로 그 이유 때문에, 사회학은 인간으로 존재한다는 것이 무엇을 의미하는가, 특정한 상황에 인간으로서 존재한다는 것이 무엇을 의미하는가라는 근본적인 질문에 되풀이해 봉착하게 된다. 이 질문이 과학적 연구 도구에 의해, 그리고 사회학이 스스로 과학적 지위를 정당화하려는 욕망에서 발전시킨 냉혹한 어휘에 의해 가려지는 경우가 종종 있을 수 있다. 그러나 사회학 자료는 인간 삶의 살아 있는 골수에 가장 밀착해 절단한 것이기 때문에 적어도 자신이 하는 일의 인간적 중요성에 민감한 사회학자들에게는 이 질문이 계

---

55 가톨릭 교회나 영국 국교회가 그 권위를 사도에게서 계승했다는 주장으로, 여기서는 계승했다는 뜻을 강조하기 위해 비유적으로 표현함.

속해서 제기될 것이다. 우리가 주장한 바와 같이, 그러한 감수성은 적절한 전문가적인 자격요건 이외에 덤으로 가질 수 있는 있어도 그만 없어도 그만adiaphoron인 것(예를 들어 음악에 조예가 깊거나 뛰어난 미각 같은 것)이 아니라 사회학적 인식 자체와 직접적인 관련이 있다.

사회학의 인문학적인 위치에 대한 이러한 이해는 정신의 개방성과 시각의 포용성을 의미한다. 그러한 자세는 사회학적 체계를 구축하는 작업에서 엄격하게 폐쇄된 논리를 희생시켜야만 획득할 수 있다는 것을 기꺼이 인정해야만 할 것이다. 우리 자신의 논리는 이러한 취약점의 부끄러운 실례가 될 수 있다. 이 책의 4장과 5장에서 추구한 논리는 사회학주의sociologism의 이론적 체계(즉, 인간 현실의 모든 것을 일관되고 전적으로 사회학적 용어로 해석하며, 사회학의 구역 안에서 다른 인과적 요인을 인정하지 않고, 또 사회학적 인과율의 구조에서 그 어떤 틈새도 허용하지 않는 체계)에서 논리적으로 고정될 수 있을 것이다. 그러한 체계는 깔끔하며 심지어 미적으로도 만족스러울 수 있다. 그 논리는 일차원적이며 그 자체로 닫혀 있다. 이러한 종류의 지적 구성물이 많은 정숙한 사람들을 유혹한다는 것은 모든 형태의 실증주의가 생겨난 이래 누려왔던 매력이 입증한다. 마르크스주의와 프로이트 학설의 매력은 이와 매우 유사한 뿌리를 가지고 있다. 사회학적 논증을 수행한 다음, 겉으로는 설득력 있어 보이는 그 사회학적 결론으로부터 이탈하는 것은, 우리의 논의가 6장에서 이전의 주장을 철회하기 시작하면서 독자가 느꼈을, 사고의 논리가 조리가 없고 엄밀하지 못하다는 인상을 틀림없이 줄 것이다. 이 모든 것은 쉽게 인정할 수 있다. 그렇지만 이 같은 비논리성은 관찰자의 왜곡된 추론 때문이 아니라 관찰 대상인 인생 자체의 역설적인 다면성 때문이라는 주장이 뒤따를 수 있다. 인간 삶의 무한한 풍요성에 대한 이러한 개방성은 사회학주의의 답답한 결말을 지속할 수 없게 만들고, 사회학자가 그의 이론적 체계의 닫힌 벽에 "구멍들"을 내서 여기를 통해 다른 가능한 지평을 지각할 수 있는 창문들을 허용하도록 강요한다.

사회학의 인간주의적 시야에 대한 개방성은 또한 인간 조건을 탐구하는 데 주력하는 여타 학문 분야와의 지속적인 의사소통을 의미한다. 이들 학문 중 중요한 것은 역사학과 철학이다. 특히 미국에서 몇몇 사회학적 작업에서 빚어지는 어리석음은 이 분야에 대한 어느 정도의 문해력만 있다면 쉽게 피할 수 있을 것이다. 대부분의 사회학자들이 어쩌면 기질 때문에, 아니면 직업적인 전문화 때문에 주로 현대(동시대) 사건에만 관심을 가지겠지만, 역사적 차원을 무시하는 것은 문명인의 고전적인 서구 이상에 대한 모욕일 뿐만 아니라 사회학적 추론 자체, 즉 선행정의라는 핵심적 현상을 다루는 사회학적 추론 분야에 대한 모욕이다. 사회학에 대한 인간주의적 이해는 사회학 자체가 하나의 역사 관련 학문이라는 자기개념(대부분의 미국 사회학자들에게는 여전히 생소하지만 유럽에서는 상당히 흔한 개념이다)으로 이끌지는 않더라도 역사학과는 거의 공생관계에 이르게 한다. 철학적 소양의 경우에는 일부 사회학자의 방법론적 순진함을 방지할 뿐만 아니라 사회학자가 조사하고자 하는 현상 자체를 보다 적절하게 파악하는 데 도움이 될 것이다. 이 중 어느 것도 확실히 비인문학적인 출처에서 차용된 통계 기법 및 그 밖의 기법들을 모욕하는 것으로 해석되어서는 안 된다. 그러나 이러한 기법들을 인간주의적 인식의 바탕 위에서 사용한다면 더 정교해질 것이고 또한 (이렇게 말해도 괜찮다면) 더 문명화될 것이다.

인본주의humanism[56]라는 개념은 르네상스 이후 지적 해방이라는 개념과 밀접하게 연결되어 있다. 사회학이 당연히 이러한 전통에 합당한 학문이라는 주장을 입증하는 것은 앞선 논의들로 충분할 것이다. 그러나 결론적으로 우리는 미국에서 사회학이라는 사업(오늘날 그 자체가 하나의 사회제도와 전문적인 하위문화를 이루고 있다)이 어떤 방식으로 이러한 인간주의적 사명에 적합할 수 있는지 물을 수 있다. 이 질문은 새로운 것이 아니며, 플로리안 즈나니에츠키Florian Znaniecki, 로버트 린드, 에드워드 실스Edward Shils 같은 사회학자들이 예리하게 제기해왔다. 하지만 이 문제를 건너뛰고 이 책을 완결 지을 수 없을 정도로 이 문제는 중요하다.

황금을 당장 필요로 하는 탐욕스러운 군주에 의해 갇힌 연금술사는 현자의 돌philosopher's stone[57]이 지닌 고매한 상징성에 그 군주의 관심을 끌 기회가 거의 없을 것이다. 많은 정부 기관과 산업체에 고용된 사회학자들도 거의 이와 비슷한 처지에 자주 놓일 것이다. 폭격기 승무원의 최적 구성을 결정하기 위해, 슈퍼마켓에서 주부들이 몽유병에 걸린 것처럼 다른 상표의 베이킹파우더를 제쳐두고 특정 상표의 것을 집어 들도록 유도하는 요인을 알아내기 위해, 공장에서 노조의 영향력을 약화시키는 최선의 절차에 대해 인사관리자에게 충고하기 위한 연구에 인간주의적 차원을 도입하는 것은 그리 쉬운 일이 아니다. 그러한 유용한 활동에 고용된 사회학자들은 그들의 기술을

---

56 여기서도 'humanism'을 문맥상 인간주의라고 크게 번역해도 무리는 없을 것 같지만, 르네상스와 연결시켰기에 통상적으로 쓰듯 '인본주의'로 번역했다.

57 중세의 연금술사들이 모든 금속을 황금으로 만들고 영생을 가져다준다고 믿었던 상상의 물질.

적용하는 데 윤리적으로 문제가 없다는 것을 자신이 만족할 정도로 증명할 수는 있지만, 그들의 활동을 인간적인 노력으로 간주하는 데 필요한 관념화를 하기 위해서는 상당히 교묘한 수완*tour de force*이 필요할 것이다. 다른 한편으로 정부나 산업체 운영에 사회과학을 적용한 결과, 그럼에도 불구하고 어떤 인간다운 강조가 비롯될 수도 있다는 가능성을 너무 즉결로 배제해서는 안 된다. 예를 들면, 공중보건, 복지계획, 도시재개발 등과 같은 다양한 프로그램에서, 또는 인종차별 근절과 관련된 정부 기관에서 사회학자의 위치는 우리로 하여금 정부 고용이 반드시 정치적 실용주의에 영혼 없는 포로*soulless captivity*가 된 사회학자를 의미한다는 성급한 결론을 내리지 못하게 해야 할 것이다. 심지어 기업체에서조차도 경영(특히 인사관리 분야)에서 가장 지적이고 미래지향적인 사고가 사회학적 기여로부터 큰 혜택을 받았다는 사례가 있을 수 있다.

사회학자가 마키아벨리적 인물로 간주될 수 있다면 그의 재능은 인간적으로 사악한 일과 인간적으로 해방시키는 일 모두에 사용될 수 있다. 여기에 다소 다채로운 은유가 허용된다면, 사회학자를 사회적 인식의 용병대장*condottiere*으로 생각할 수 있다. 어떤 용병대장들은 인간 압제자를 위해 싸우고, 어떤 용병대장들은 인간 해방자를 위해 싸운다. 특히 미국의 국경 안뿐만 아니라 그 너머까지를 둘러보면, 오늘날 세계에 후자 유형의 용병대장이 설 자리가 있다고 믿을 만한 충분한 근거를 찾을 수 있다. 그리고 사회학적 마키아벨리즘의 초연함 바로 그 자체는, 사회의 본질에 관한 이데올로기적 만취 상태라는 한 가지 중요한 점에 있어서 공통되는 광신적인 믿음이 서로 상충할 때 겪게 되는 분열의 고통 상황에서 적지 않은 기여를 한다.

거창한 정치 프로그램보다 인간의 필요에 동기를 부여받는 것, 전체주의적 신앙에 자신을 바치기보다 선택적이고 경제적으로 개입하는 것, 연민하는 동시에 회의적인 것, 편견 없이 이해하려고 노력하는 것, 이 모든 것이 현대 세계의 많은 상황에서 아무리 높게 평가해도 지나치지 않은 사회학적 사업의 존재 가능성이다. 이런 식으로 사회학은 또한 정치적 관련성이라는 위계에 당도할 수 있는데, 사회학이 제공해줄 수 있는 특별한 독자적인 정치 이데올로기를 갖고 있기 때문이 아니라 오히려 갖고 있지 않기 때문이다. 특히 우리 시대의 열렬한 정치적 종말론에 환멸을 느끼는 사람들에게, 사회학은 인간의 영혼과 유머 감각의 희생을 요구하지 않는 정치적 참여의 가능성을 시사하는 데 도움이 될 수 있다.

그러나 미국의 경우 대부분의 사회학자들이 학술 기관에 계속 고용되어 있는 것이 사실이다. 이러한 상황은 가까운 미래에도 계속될 가능성이 높다. 따라서 사회학의 인간주의적 잠재력에 대한 성찰은 대부분의 미국 사회학이 위치한 학문적 맥락을 직시해야 한다. 정치 및 경제 조직들로부터 급료를 받는 사람들만이 더러운 손 *les mains sales*[58] 에 의한 부당이득을 갖는다는 일부 학자들의 생각은 터무니없는 것이며, 그 자체가 학자 자신들의 입장을 정당화하는 이데올로기이다. 우선 오늘날 과학적 연구의 경제학은 학계 자체가 이러한 외부 조직의 실용적 이해관계에 지배되는 특성을 가지고 있다. 정부나 기업의 부유함이라는 횡재 기차 gravy train에 스스로 올라타지 않은 사회학자들

---

58 7막으로 이루어진 사르트르의 희곡 작품의 제목에서 따온 표현.

이 많이 있다고는 해도(대부분 매우 분해하면서), 학계의 관리자들에게 "기금의 방출freeing of funds"로 알려진 기술(더욱 불쾌하게는 "시가 상자 방식cigar-box method"[59]으로 불린다)은 보다 난해한 교수들의 활동도 소위 횡재 기차에서 떨어지는 콩고물로 배를 채울 수 있도록 보장한다. 그러나 어떤 이가 본연의 학문적 활동에 전념한다고 하더라도, 학문적으로 고용된 사회학자로서는 코웃음 칠 하등의 이유가 거의 없다. 대학의 악랄함이 학문적 예의와 교육적 이상주의에 대한 헌신으로 위장되기 때문에 그렇지, 대학 사회의 치열한 경쟁은 매디슨가의 소문난 경쟁보다 훨씬 더 야만적인 경우가 많다. 10년 동안 삼류 전문대학에서 일하는 사람이 명문대학으로 옮기려고 노력하면서, 또는 같은 기간 동안 명문대학에서 일하는 사람이 부교수가 되기 위해 노력하면서, 사회학의 인간주의적 충동은 최소한 학교 밖 고용주의 보호 아래서 겪게 되는 것만큼의 압박을 받았을 것이다. 그는 적당한 곳에 게재될 가능성이 있는 논문을 쓸 것이고, 학문적 후원의 원동력에 가까이 거주하는 사람들을 만나려고 노력할 것이며, 출세를 노리는 하급 관리junior executive와 똑같은 정치적인 근면함으로 자기 이력서의 공백을 메우려 들 것이며, 또한 공동 투옥된 것 같은 감정의 강도로 동료와 학생을 내심 조용히 혐오할 것이다. 학문적 허세, 그것에 대해선 할 말은 많으나 하지 않겠다.

사회학이 인간주의적 성격을 갖고 있다면, 그 성격은 단지 통계학

---

59 기업의 수익성을 계산하는 데 사용하는 비즈니스 분석 도구. 17세기 네덜란드에서 커피를 홀짝이고 시가를 피우면서 외국 사업 거래를 논의한 데서 유래함. 빠른 사업 계산을 위해 종종 시가 상자의 바닥면을 사용하여 사업 아이디어의 수익성에 대해 투자자를 설득한 것으로 알려짐.

적인 이유에서 말하더라도 학문적 환경 내에서 나타나야 한다는 것은 여전히 사실이다. 우리는 조금 전의 무례한 발언에도 불구하고 이것이 현실적인 가능성이라고 주장하고자 한다. 대학은 이 세상 권세의 유혹에 쉽게 넘어가는 교회와 매우 흡사하다. 그런데 대학교의 인간들은 교인과 마찬가지로 유혹에 넘어간 후에 죄책감에 시달린다. 자유와 진리의 장소로서 대학이라는 서구의 오랜 전통, 잉크뿐만 아니라 피로써 싸워 지켜왔던 전통은 가책받는 양심 앞에서 그 요구를 다시 재확인하는 습성이 있다. 사회학의 인간주의적 충동이 현대적 상황에서 살아 숨 쉬는 곳은 바로 이 끈질긴 학문적 전통 안이다.

후속 세대의 사회학자를 양성하는 데 관심이 있는 대학원과 대학의 상황이 이와 관련해 직면하는 문제들에 있어서 차이가 존재한다는 것은 명백하다. 대학원의 경우, 문제가 상대적으로 쉽다. 물론 필자는 이 책에서 전개한 사회학의 개념이 미래의 사회학자들을 "형성"하는 데 있어서 응분의 자리를 차지해야 한다고 느낀다. 사회학의 인간주의적 차원에 관해 이제껏 말한 것이 사회학의 대학원 과정에 대해 지니는 의미는 명백하다. 여기는 이것을 상세히 밝힐 곳이 아니다. 단지 현재 우리가 이와 관련해 구상하는 과정은 기술적 전문성을 희생하면서 인문학적 교양의 수준을 고양시키는 것이라고 말하는 것으로 충분하다. 분명 사회학을 하나의 학문으로서 보는 개념이 사회학자가 어떻게 교육받아야 하는지에 대한 관점을 결정할 것이다. 그러나 그 개념이 무엇이든지 간에 단지 제한된 수의 학생들에게만 관련이 있을 것이다. 다행스럽게도 모든 사람이 본격적인 사회학자가 될 수는 없다. 우리의 주장이 받아들여진다면, 본격적인 사회학자가 된 사람은 환상에서 깨어나는 대가를 치르고 신화 속에 사는 세상에서 자신의 길을 찾아야 할 것이다. 우리는 이것이 가능하다고 믿는 방법을 충분히 설명했다.

대학 학부에서의 문제는 분명히 다르다. 어느 사회학자가 대학에서 가르치는 경우(대부분의 사회학자가 그렇지만), 학생들 가운데 극소수만이 사회학을 전공하기 위해 대학원에 가려고 할 것이다. 그리고 극소수의 사회학 전공자들조차도 사회사업, 신문·방송, 경영학, 또는 "사회학적 배경"이 유용하다고 생각되는 기타 여러 직종으로 진출할 가능성이 있다. 많은 보통의 대학에서 가르치는 사회학자는 자신의 수업을 듣는 젊은 남녀들이 그들이 학점제를 통해 출세를 도모하고 그래서 끈질기게 학점에 관해 따지는 것을 보며, 그들이 필사적으로 사회적 이동에 목을 매고 있음을 목도한다. 그러면 학기 말 성적표에 3학점이 추가되기만 한다면 강의 시간에 그들에게 강의 대신 전화번호부를 읽어줘도 아무도 신경 쓰지 않을 것임을 알게 된다. 이 사회학자는 조만간 지금 무엇을 하고 있는지, 즉 직업 소명에 대한 회의가 들 것이다. 확고한 지위가 기정사실이며, 자신들의 교육이 그런 지위의 방편이 아니라 특권인 학생들에게 지적인 유흥을 제공하는 보다 고상한 환경에서 가르치는 사회학자조차도 이러한 상황에서 모든 분야 가운데 사회학이 도대체 무슨 의미를 지녔는지 의문을 품게 될지 모른다. 물론 미국 동부의 명문대학과 마찬가지로 주립대학에서도 사회학에 정말로 관심이 있고 또 사회학을 진정으로 이해하는 소수의 학생들이 항상 있으며, 교수는 이러한 학생들만을 염두에 두고 가르칠 수도 있다. 그러나 이것은 장기적으로 볼 때, 특히 교수가 자신이 가르치는 학문의 교육적 유용성에 대해 의구심을 품고 있을 때 짜증 나는 일이다. 그리고 그것이야말로 도덕적으로 예민한 사회학자가 대학에서 가르치면서 스스로에게 물어야 할 바로 그 질문이다.

선택한 회사에 취직하는 데 학위가 필요하거나 특정 사회적 지위에서 기대되는 일이기 때문에 대학에 오는 학생들을 가르치는 문제는 사회학자가 다른 분야의 모든 동료 교수들과 공유하는 문제이다. 우리는 이 문제를 여기서 다룰 수는 없다. 그러나 우리가 앞서 살펴본 사회학의 정체를 폭로하고 환상에서 깨어나게 하는 성격과 직접적으로 관련된 특유한 문제가 사회학자에게 있다. 무슨 권리로 자신이 전달하려는 관점을 오해하고 잘못 적용할 가능성이 농후한 젊은이들을 상대로 그처럼 위험한 지적 상품을 내다 팔아 유포시키는가라는 질문을 사회학자는 받을 수 있다. 이미 독약에 상습 중독되어 있고, 필수 집중 이수 연구 과정에서 그 독의 치료 가능성을 이해하도록 인도될 수 있는 대학원생에게 사회학적 독약을 조제해주는 것과, 이와 같은 더 깊은 이해의 지점으로 나아갈 기회나 의향이 없는 사람들에게 그 독약을 후하게 뿌리는 것은 또 다른 문제이다. 무슨 권리로 다른 사람이 당연시하는 믿음을 뒤흔드는가? 왜 이제까지 절대적으로 확고하다고 생각했던 것들의 불안정성을 직시하도록 젊은이들을 교육하는가? 비판적 사고의 미묘한 침식으로 그들을 이끄는 이유는 무엇인가? 요컨대 왜 그들을 가만히 내버려두지 않는가?

적어도 그 대답의 일부는 분명히 교수의 책임과 기술에 있다. 교수는 대학원 세미나에서처럼 대학 신입생들에게 강의하지 않을 것이다. 또 다른 부분적인 대답은 당연시되는 구조가 의식에 너무 견고하게 자리 잡고 있어서 두서너 개의 2학년 강의로 쉽게 흔들릴 리 만무하다는 데서 찾을 수 있다. "문화 충격"은 그렇게 쉽사리 유발되는 것이 아니다. 자신들의 당연시되는 세계관의 이러한 종류의 상대화에 미처 준비가 되지 않은 대부분의 사람들은 상대화의 의미를 전면적으로 직시하는 대신, 철학 시간에 물체를 보지 않을 때도 물체가 거기에 있는지를 논의하는 게임의 경우와 같이 상대화를 사회학 시간에 행해지는 흥미로운 지적 게임으로 볼 것이다. 즉 그들은 자신이 평소에 지녔던 이전의 상식적인 관점의 궁극적 타당성을 심각하게 의심하지 않으면서 그 게임을 할 것이다. 이러한 부분적 대답에도 그 나름의 장점은 있지만, 사회학자의 가르침이 그 목적을 달성하지 못하는 정도에만 그 부분적 대답이 적용되기 때문에 그것은 결코 사회학자의 가르침을 정당화하는 이유가 될 수 없다.

우리는 교양 교육liberal education이 지적 해방intellectual liberation과 어원적 연관성 이상의 관계를 갖는다고 가정하는 한 사회학 교육이 정당하다고 주장한다. 이러한 가정이 존재하지 않는 곳이라면, 즉 교육이 순전히 기술적이고 전문적 용어로만 이해되는 곳에서는 사회학은 교육과정에서 제거되는 게 낫다. 그러한 상황에서 사회학이 우세한 교육 풍조에 따라 거세되지 않는 한, 사회학은 교과과정의 원활한 작동에 방해만 될 뿐이다. 그러나 위의 가정이 여전히 유효한 곳이라면 사회학은, 무의식보다는 의식이 더 좋으며 의식은 자유의 조건이라는 믿음으로 정당화된다. 보다 큰 정도의 의식, 그것과 함께 자유를 얻는 데에는 어느 정도의 고통과 심지어는 모험이 수반된다. 이것을 회피하는 교육과정은 단순한 기술 훈련에 머무르고 정신의 문명화와는 아무런 상관이 없게 된다. 우리는 사회학이라고 부르는 특히 현대적이고 특히 시의적절한 형태의 비판적 사고와 접하게 된 것이 우리 시대의 문명화된 정신의 일면이라고 주장한다. 이러한 지적 추구에서, 베버가 표현한 바와 같이, 그들 자신의 특별한 악마를 발견하지 못하는 사람들조차도 이러한 접촉으로 인해 그들의 편견이 조금은 덜 완고해지고, 앞으로 일에 대해 말하는 데 조금 더 신중해지고, 다른 사람들이 말한 내용에 대해서는 조금 더 회의적이게 될 것이다. 그리고 또 어쩌면 사회 속에서의 자신들의 여정에 조금은 더 연민을 지니게 될 것이다.

앞서 우리가 논의하며 그려냈던 꼭두각시 극장의 이미지로 다시 한번 돌아가보자. 조그만 무대 위에서 춤추는 꼭두각시 인형들이 그들의 다양하고 하찮은 배역에 규정된 경로를 따라 줄이 당겨지는 대로 이리저리 움직이는 것을 보며, 우리는 이 극장의 논리를 이해하는 법을 배우고 그 논리의 움직임 속에서 우리 자신을 발견한다. 우리 자신을 사회 속에 위치시키면서 사회의 교묘한 끈에 매달린 것 같은 자신의 처지를 인식하게 된다. 잠시 동안 우리는 자신을 정말 꼭두각시로 보게 된다. 그러나 그러고 나서 우리는 꼭두각시 극장과 우리들 자신의 드라마 사이에는 결정적인 차이가 있음을 간파한다. 꼭두각시들과 달리 우리는 움직임을 멈추고 고개를 들어 우리를 움직이는 장치를 인지할 가능성을 가지고 있다. 이 행위에 자유를 향한 첫걸음이 놓여 있다. 그리고 바로 이 행동에서 우리는 인간주의적 학문으로서 사회학의 결정적인 정당성을 발견한다.

참고 문헌 메모

이 책은 어떤 파티에 참석하라는 초대였다. 그러한 초대장을 보낼 때, 손님으로 추정되는 사람이 파티에서 만날 모든 사람들에 대한 일체의 서류를 포함시키는 것은 관례가 아니다. 그래도 초대받은 손님은 이 사람들에 대해 조금 더 알고 싶거나, 적어도 어디에서 알아낼 수 있는지는 알고 싶을 것이다. 이 책 본문에서 다룬 사회학의 다양한 분야에 대한 수많은 참고 문헌으로 이 책을 마무리하는 것은 터무니없는 짓일 것이다. 그러나 적어도 그 문제를 좀 더 깊이 들여다보고 싶을 정도로 초대에 흥미를 느낀 독자들에게는 약간의 참고 문헌 정보가 제공되는 게 마땅하다. 여기서 참고 문헌을 개략적으로 설명하는 목적은 단지 그러한 추가 탐구가 유익하게 시작될 수 있는 몇 개의 지점을 제시하는 것뿐이다. 또한 이 책에서는 여러 사람들에 대해 충분한 설명 없이 지나쳤지만, 이 메모에서는 그 사람들을 독자들에게 좀 더 충분하게 소개하려 한다. 이 초대에 응해서 얼마나 멀리까지 나아갈 것이냐는 분명히 독자에게 달려 있다. 독자에겐 이미 이러한 작업에 위험이 따른다는 경고를 한 바 있다.

관심 있는 독자라면 다음에 나오는 참고 문헌에 대한 개략적인 설명에서 언급된 책들을 손에 넣는 데 거의 어려움이 없으리라 생각한다. 가능한 한 최근의 영어판을 제시했다. 이 책들, 그리고 여기서 언급한 미국 학자들의 저작 대부분은 전문 학술 서점과 일반 서점에서 구입이 가능하다. 몇몇 오래된 서적들은 절판되었지만, 그것들도 큰 공공 도서관에 가면 쉽게 구할 수 있다.

1장에 관하여

학생이 아닐 경우, 그리고 어쩌면 학생인 경우에도 독자는 새로운 주제에 접근할 때 교과서를 사용하는 데 극심한 반감을 가질 수 있다. 이러한 거부감이 완전히 정당화되는 경우도 흔하다. 그렇지만 주목할 만한 예외도 있다. 사회학의 고전적인 교과서는 로버트 매키버 Robert M. McIver의 《사회 *Society*》(New York, Farrar and Rinehart, 1937)인데 여전히 읽을 가치가 있다. 자신이 속한 사회의 문제에 집중하는 교과서를 선호하는 독자라면 로빈 윌리엄스 Robin M. Williams, Jr.의 《미국 사회 *American Society*》(New York, Alfred A. Knopf, 1951)를 보면 된다. 교과서 구성에 있어 최근의 노력 가운데 특히 명료한 것은 엘리 치노이 Ely Chinoy의 《사회 *Society*》(New York, Random House, 1961)와 해리 존슨 Harry M. Johnson의 《사회학: 체계적 입문 *Sociology—A Systematic Introduction*》(London, Routledge & Kegan Paul, 1961)이다.

막스 베버 Max Weber(1863~1920)는 사회학 발전에서 거인 중 한 사람으로, 당시 독일의 지적 환경에 깊이 뿌리를 두고 있었지만, 그의 고국 국경 너머까지 계속해서 영향력을 미치고 있다. 사회학에 대한 베버의 접근 방식은 특히 철학적 정교함, 역사 지식에 근거한 견고한 토대, 작품에서 다양하고 신중하게 논의된 분석에 녹아 있는 수많은 문화의 측면에서 본 그 경이로운 범위가 특징이다. 사회학을 하나의 과학으로 보는 베버의 생각이 설득력 있게 표현된 것으로는, 에드워드 실스Edward A. Shils와 헨리 핀치Henry A. Finch가 편집하고 영어로 번역한《사회과학 방법론The Methodology of the Social Sciences》(Chicago, Free Press, 1949)에 실린 〈직업으로서의 과학Science as a Vocation〉을 참고할 수 있다. 같은 책에는 과학적 방법에 대한 베버의 이해를 보여주는 다른 중요한 글들도 있다. 세처H. P. Secher가 번역한 베버의《사회학의 기초 개념Basic Concepts in Sociology》(London, Peter Owen, 1962)은 작지만 유용한 책이다. 베버의 경험적 연구들을 다룬 매우 유용한 책으로는 라인하드 벤딕스Reinhard Bendix의《막스 베버: 지적 초상Max Weber:An Intellectual Portrait》(London, Heinemann, 1960)이 있다.

알프레드 슈츠Alfred Schutz(1899~1959)는 하나의 과학으로서의 사회학에 철학적 토대를 마련하는 작업에 일생 대부분을 바친 현상학파phenomenological school 철학자이다. 오스트리아에서 태어난 슈츠는 나치 점령 후 오스트리아를 떠나 죽을 때까지 뉴욕에 있는 뉴스쿨 포소셜 리서치New School for Social Research에서 가르쳤다. 현대 사회학자들에게 그의 영향력은 아직 제한적이지만, 그의 저술에 대한 접근성이 높아짐에 따라 의심의 여지 없이 증대될 것이다. 네덜란드 헤이그에 있는 마르티뉘스 네이호프Martinus Nijhoff 출판사는 현재 슈츠의 저작들을 세 권으로 된 영역판으로 출판할 준비를 하고 있다.

2장에 관하여

프랑스에서의 역사적 기원에 대한 앨버트 살로몬Albert Salomon의 이해는《진보의 횡포The Tyranny of Progress》(New York, Noonday Press, 1955)에 간략히 서술되어 있다. 폴 래딘Paul Radin은 원시사회에 관한 많은 연구 업적을 남긴 미국 인류학자이다. 그 연구 업적을 살펴보는 출발점으로 적당한 것은 그의 저서《철학자로서의 원시인Primitive Man as Philosopher》(New York, D. Appleton and Co., 1927)일 것이다. 사회학을 포함한 사회사상사에 관한 모범적인 저작으로는 하워드 베커Howard Becker와 해리 반스Harry E. Barnes의《민간 전승 지식에서 과학에 이르기까지의 사회사상Social Thought from Lore to Science》이 있는데, 이 책은 세 권짜리 비양장 문고판(New York, Dover Publications, 1961)으로도 발간되었다. 본격적인 사회사상의 발전에 대한 간략한 소개로는 니콜라스 티마셰프Nicholas S. Timasheff의《사회학 이론Sociological Theory》(Garden City, N.Y., Doubleday and Co., 1955)이 있다.

양탄자 밑을 들추어보는 사회학적 성향과 관련해서 언급된 연구 가운데 독자는 로버트 프레스투스Robert Presthus의《정상에 있는 사람들Men on the Top: A Study in Community Power》(New York, Oxford University Press, 1964)과 영국에서 이루어진 두 연구, 마거릿 스테이시Margaret Stacy의《전통과 변화: 반뷰리 연구Tradition and Change: A Study of Banbury》(London, Oxford University Press, 1960)와 노르베르트 엘리아스Norbert Elias와 존 스콧슨John L. Scotson이 공저한《기성세력과 아웃사이더The Established and the Outsiders》(London, Frank Cass and Co., 1965)를 참조하면 된다. 폴 해리슨Paul M. Harrison의《비국교파 교

회 전통에 있어서의 권위와 권력Authority and Power in the Free Church Tradition》(Princeton, Princeton University Press, 1959)은 개신교 교파 조직과 관료제의 관계를 다루고 있다.

베버의 저서《개신교 윤리와 자본주의 정신The Protestant Ethic and the Spirit of Capitalism》은 사회학에서 이제까지 출간된 것 가운데 가장 중요한 저작 중 하나이다. 이것은 사회학 자체의 발전에 결정적인 영향을 미쳤을 뿐만 아니라 근대 서구의 경제사와 문화사의 관계에 관심을 지닌 역사가들에게도 큰 영향을 미쳤다. 후자의 문제에 대해 개신교와 자본주의에 관한 베버의 명제는 마르크스주의 경제결정론에 대한 비판의 중요한 요소가 되었다. 1905년에 독일어로 처음 출판된 이 책은 1930년 런던의 조지 앨런 앤드 언윈George Allen and Unwin, 뉴욕의 찰스 스크리브너스 선즈Charles Scribner's Sons 출판사에서 영역본이 출간되었다. 이 책은 비양장본으로도 구할 수 있다(London, George Allen and Unwin, 1965). 피쇼프Ephraim Fischoff의《막스 베버: 종교사회학Max Weber: The Sociology of Religion》(London, Methuen and Co., 1965)에는 많은 중요 자료가 번역되어 있고, 탈코트 파슨스Talcott Parsons의 흥미로운 서문이 들어 있다.

에밀 뒤르켐Émile Durkheim(1858~1917)은 사회학의 형성기에서 가장 중요한 프랑스 사회학자였다. 그는 잡지《사회학 연보Année sociologique》를 중심으로 사회과학의 다양한 분야에서 일하는 제자들을 모아 거대한 학파를 구성했는데, 이 학파는 그의 사후에도 지속되었다. 뒤르켐의 사회학은 콩트적 실증주의Comtian positivism 전통에 있으며, 사회현상의 비주관적 특질 강조, 통계자료의 선구적 사용, 민속적 연구와의 긴밀한 제휴, 프랑스 공화주의 정신과의 이데올로기적 친화성을 특징으로 한다. 사회학에 대한 뒤르켐의 이해를 명확히 보여주는 것은 그의 강령적 저작《사회학적 방법의 규칙*The Rules of Sociological Method*》(Chicago, Free Press, 1950)이다. 뒤르켐의 저작 전반에 대한 훌륭한 논의로는 해리 앨퍼트Harry Alpert의《에밀 뒤르켐과 그의 사회학*Émile Durkheim and His Sociology*》(New York, Russell and Russell Inc., 1961)을 참조하면 된다.

컬럼비아대학의 로버트 머튼Robert K. Merton은 하버드대학의 탈코트 파슨스와 함께 현대 미국 사회학의 탁월한 이론가이다. "표출적 기능"과 "잠재적 기능"에 대한 머튼의 논의와 그가 사회에 대한 기능주의적 접근 방법으로 간주하는 것에 관한 그 밖의 다른 이론들은 그가 쓴《사회 이론과 사회구조*Social Theory and Social Structure*》(Chicago, The Free Press of Glencoe, 1957)에서 찾아볼 수 있다.

이데올로기라는 개념은 프랑스 철학자 데스튀트 드트라시Destutt de Tracy가 만들었으며, 마르크스가 보다 엄밀한 사회학적 의미로 사용했다. 그러나 그 후 사회학에서 마르크스의 원형으로부터 크게 수정되었다. 빌프레도 파레토Vilfredo Pareto(1848~1923)는 일생의 상당 부분을 스위스에서 가르치며 보낸 이탈리아 학자인데, 본질적으로 이데올로기 개념에 기초한 사회학적 체계를 구성한 것으로 유명하다. 파레토의 주요 저작은《정신과 사회*The Mind and Society*》(New York, Harcourt, Brace and Co., 1935)라는 제목으로 네 권으로 출간된 영역본을 구해 볼 수 있는데, 이 책은 음미해야 할 엄청난 양의 사유를 담고 있으나 용기 있는 독자라면 시도해볼 만한 충분한 가치가 있다. 파레토의 저작은 탈코트 파슨스의 저작《사회적 행위의 구조*The Structure of Social Action*》(Chicago, Free Press, 1949)를 통해 미국 학자들에게 소개되었다. 파레토의 화려한 산문 자체를 읽어내는 게 별로 구미가 당기지 않는 독자들이라면 파슨스의 책에 나온 파레토의 중요한 개념에 대한 간결한 설명으로 갈음하는 편이 나을 듯하다. 현대 사회학에서 이데올로기 개념의 가장 중요한 용법은 이 책의 5장에서 언급한 이른바 지식사회학에서 나온다. 이에 대한 기본적인 참고서는 1960년 염가판으로 출간된 카를 만하임Karl Mannheim의《이데올로기와 유토피아Ideology and Utopia》(Routledge & Kegan Paul, London, 1960)를 보라.

소스타인 베블런Thorstein Veblen(1857~1929)은 미국 사회학의 초기 인물들 가운데 가장 다채로운 사람 중 하나이다. 사회학에 대한 그의 접근은 무자비한 폭로 경향, 사회 발전에 있어서 경제적 요인에의 집중, 그리고 자본주의사회에 대한 급진적 비판과의 강력한 친화성을 특징으로 한다.《유한계급론The Theory of the Leisure Class》(비양장본, New York, Mentor Books, 1953)은 원래 미국의 상류층을 분석한 것인데, 일반 사회학 이론에서 베블런의 가장 영향력 있는 책이 되었다.《미국의 고등교육The Higher Learning in America》(New York, B. W. Huebsch, 1918)은 이제껏 쓰인 사회학 논문들 중 가장 신랄한 것으로 손꼽히는데, 매 쪽마다 도배된 문자 그대로 독이 뚝뚝 떨어지는 독설이 미국의 대학 생활에 대한 베블런의 격렬한 환멸을 웅변적으로 증명한다.

이른바 "시카고학파Chicago School"는 시카고대학의 로버트 파크Robert Park를 중심으로 모인 사회학자들의 운동이었는데, 1920년대에 도시 삶에 대한 수많은 연구 업적을 생산했다. 시카고학파는 도시사회학urban sociology, 공동체 연구 및 직업의 사회학적 분석에 지속적인 영향력을 행사하고 있다. 파크의 사회학에 대한 훌륭한 논의로는 모리스 스타인Maurice R. Stein의《공동체의 소멸The Eclipse of Community》(New York, Harper and Row, 1964)을 참조하면 된다. 시카고학파에 대한 일반적 논의 중에는 존 매지John Madge의《과학적 사회학의 기원 The Origins of Scientific Sociology》(London, Tavistock Publications, 1963)이 괜찮다. 미국에서 가장 유명한 공동체 연구로는 로버트 린드Robert S. Lynd와 헬렌 린드Helen Lynd 부부가 대공황 직전과 직후에 행한 미국 인디애나주 먼시시Muncie, Indiana의 생활과 관습에 관한 조사 연구인 《미들타운Middletown》(New York, Harcourt, Brace and Co., 1929)과《전환기의 미들타운Middletown in Transition》(New York, Harcourt, Brace and Co., 1937)이 있다. 공동체 이데올로기의 허식을 단호하게 파헤친 린드의 작업을 훌륭히 계승한 것은 아서 비디치Arthur J. Vidich와 조지프 벤스먼Joseph Bensman이다. 그들은《대중사회에서의 작은 마을Small Town in Mass Society》(Princeton, Princeton University Press, 1958; 비양장본, Doubleday Anchor Books, 1960)을 펴냈는데, 이것은 뉴욕주 북부에 있는 한 농촌 마을의 사회구조 이면을 철저하게 파헤치며 잔뜩 비꼬는 여행기이다.

매사추세츠공과대학Massachusetts Institute of Technology, MIT에서 사회학을 가르치는 대니얼 러너Daniel Lerner는 루실 페브스너Lucille W. Pevsner와 함께《전통 사회의 소멸The Passing of Traditional Society》(비양장본, Chicago, Free Press, 1964)을 집필했다. 이 책은 오늘날 중동에서 벌어지는 사태 전개에 대한 뛰어난 사회학적 견해를 제공할 뿐만 아니라, 낡은 전통에서 출현하는 현대적인 정신에 관한 이론에서도 좀 더 일반적인 중요성을 갖고 있다.

3장에 관하여

좋든 싫든, 필자는 이 여담에서 제시한 대부분의 관념에 대한 비난을 감수해야 할 것이다. 그러나 이 문제에 대한 필자의 생각은 알프레드 슈츠와 모리스 알박스Maurice Halbwachs의 몇몇 관념으로부터 매우 큰 영향을 받은 게 사실이다.

4장에 관하여

현대 사회학에는 계층에 관한 굉장히 많은 문헌들이 있다. 독자는 이 문헌들을 라인하드 벤딕스와 시모어 립셋Seymour M. Lipset이 편집한 선집《계급, 지위 그리고 권력Class, Status and Power》(London, Routledge & Kegan Paul, 1954)을 출발점으로 삼아 살펴보는 것이 유익할 것이다. 또 이 저자들의 연구인《산업사회에서의 사회이동 Social Mobility in Industrial Society》(London, Heinemann, 1959)을 글라스 D. V. Glass의《영국에서의 사회이동Social Mobility in Britain》(London, Routledge & Kegan Paul, 1954)과 연관시켜 읽을 수 있다. 랄프 다렌도르프Ralf Dahrendorf의《산업사회에서의 계급과 계급 갈등Class and Class Conflict in Industrial Society》(London, Routledge & Kegan Paul, 1959)은 계급 갈등에 관한 그 자신의 이론과 마르크스에 대한 저자의 사회학적 비판이라는 두 가지 점 모두에서 가치가 있다.

윌리엄 토머스William I. Thomas는 플로리안 즈나니에츠키Florian Znaniecki와 함께《유럽과 미국에서의 폴란드 농부The Polish Peasant *in Europe and America*》라는 제목으로 이민에 관한 중대한 저서를 쓴 미국 사회학자인데, 이 책의 1부는 1919년에 출간되었다(Boston, Richard G. Badger, 1919). 사회학 이론에 대한 토머스의 기여의 많은 부분은 이 기념비적 저서의 각주와 부록에서 발견되는데, 각주와 부록이 그러한 기여를 하는 데 항상 편리한 것은 아니지만 매력적인 장소임은 분명하다. 말이 나온 김에 덧붙이면, 이 연구는 미국 사회학에서 주로 경험적인 [연구] 시대의 출발점을 표시한다(그렇다고 해서 미국 사회학의 편협성이 토머스나 즈나니에츠키 탓은 아니다). 이러한 극단적 경험주의에 대한 흥미로우면서도 논쟁적인 비판은 밀스C. Wright Mills가 《사회학적 상상력*The Sociological Imagination*》(New York, Oxford University Press, 1959) 속 한 장에서 했다.

아르놀트 겔렌Arnold Gehlen은 현대 독일의 사회과학자이면서 철학자이다. 헬무트 셸스키Helmut Schelsky와 함께 그는 제2차세계대전 후 독일에서 사회학의 르네상스에 영향을 미쳤다. 필자가 알기로 현재로서는 그의 저서 중 어느 것도 영역된 것이 없다.

5장에 관하여

찰스 호튼 쿨리Charles Horton Cooley는 초기 미국 사회학자로 이론 지향적이었고 유럽 사상에 강한 영향을 받았다. 쿨리의 가장 중요한 저작은 《인간 본성과 사회질서*Human Nature and the Social Order*》(New York, Charles Scribner's Son, 1922)이다. 조지 허버트 미드George Herbert Mead는 아마도 미국 사회심리학의 발전에서 가장 중요한 인물일 것이다. 그는 시카고대학에서 다년간 가르쳤으며, 가장 중요한 저서인《정신, 자아 그리고 사회 *Mind, Self and Society*》(Chicago, University of Chicago Press, 1934)는 사망 직후에 출간되었다. 미드는 다루기 힘들 정도로 엄청난 작가이지만 역할이론의 기초를 이해하는 데 필수적인 인물이다. 역할이론과 그 일반적인 함의에 대한 최근의 연구로는 한스 거스Hans H. Gerth와 라이트 밀스의《성격과 사회구조 *Character and Social Structure*》(New York, Harcourt, Brace and Co., 1953), 어빙 고프만Erving Goffman의《일상생활에서의 자아 표현 *The Presentation of Self in Everyday Life*》(Garden City, N.Y., Doubleday Anchor, 1959), 안셀름 스트라우스Anselm L. Strauss의《거울과 가면 *Mirrors and Masks*》(New York, The Free Press of Glencoe, 1959) 등을 참조하라. 집단치료의 압박에 대한 고프만의 매우 시사적인 분석으로는 그의 최근 저서《수용소 *Asylums*》(Garden City, N.Y., Doubleday Anchor, 1961)를 보라.

막스 셸러Max Scheler는 독일 철학자로서 현상학에 큰 영향을 받았으며, 1920년대 지식사회학(그는 이것을 Wissenssoziologie라고 불렀다)의 관념을 발전시켰다. 셸러의 작품 중 몇 개는 현재 영역판으로 구해 볼 수 있지만 이 문제에 관해 가장 중요한 저작은 아직 영역되지 않았다. 카를 만하임은 셸러에게 큰 영향을 받은 사회학자이다. 이미 앞서 언급한 바 있는 그의 저서《이데올로기와 유토피아》는 독일에서 출간되었다. 만하임은 나치즘의 도래 이후 영국으로 갔으며, 그곳에서 사회학이 학문적으로 확립되는 데 큰 영향을 미쳤다. 독자는 앞서 인용한 로버트 머튼의 저작에서 지식사회학에 대한 훌륭한 소개를 볼 수 있을 것이다. 보다 다방면에 걸친 설명은 워너 스타크Werner Stark의《지식사회학 *The Sociology of Knowledge*》(Chicago, The Free Press of

Glencoe, 1958)을 보면 된다.

헬무트 셸스키는 현재 뮌스터대학에서 가르치고 있는데, 현대인의 종교의식religious consciousness에 관한 그의 여러 논문은 사회과학자들의 반향을 일으켰을 뿐만 아니라 독일 신학계에도 큰 파장을 일으켰다. 안타깝게도 이것들은 영어로는 읽을 수 없다. 토마스 러크만 Thomas Luckmann은 프랑크푸르트대학에서 가르치고 있는데, 같은 주제에 대해 시사하는 바가 많은 그의 독일어 저작은 곧 영어로 출간될 예정이다.

하버드대학의 탈코트 파슨스는 오늘날 미국의 사회학 이론에 있어서 가장 유명한 학파를 창시했다. 파슨스는 유럽 사회학의 고전이론들을 다른 사회과학 분야의 학문들, 특히 인류학, 심리학 그리고 경제학의 이론적 접근과 통합시키는 일에 착수했다. "행위이론 theory of action"으로 알려진 파슨스의 사고체계는 미국 사회학계에서 광범위한 관심과 논쟁의 대상이 되었다. 파슨스는 다작을 한 작가지만, 그의 접근 방식에 대한 가장 간결한 요약은《사회체계*The Social System*》(Chicago, Free Press, 1951)에서 찾아볼 수 있다. 그의 흥미로운 저서《사회학 이론*Essays in Sociological Theory*》(Chicago, Free Press, 1964)도 비양장 염가판으로도 구해 볼 수 있다.

준거집단이론과 이 이론의 보다 광범위한 사회학적 함의에 대한 훌륭한 소개는 앞서 언급한 머튼의 저작에서 찾을 수 있다. 오늘날의 학자의 글로서 준거집단이론을 역할이론과 지식사회학 간의 연쇄로서 이해하는 데 가장 가까이 접근한 것으로는 1955년《미국 사회학 *American Journal of Sociology*》에 게재된〈조망으로서의 준거집단Reference Groups as Perspectives〉"이라는 시부타니Tamotsu Shibutani의 논문이 있다.

6장에 관하여

사회학적 기획의 방법론적 문제에 대한 최고의 소개 중 하나는 펠릭스 카우프만Felix Kaufmann의 《사회과학 방법론Methodology of the Social Sciences》(New York, Oxford University Press, 1944)인데, 이것과 존 렉스John Rex의 《사회학 이론의 핵심 문제Key Problems of Sociological Theory》(London, Routledge & Kegan Paul, 1961)를 함께 보면 보완할 수 있을 것이다. 베버주의 사회학과 뒤르켐주의 사회학의 관계에 대한 파슨스의 논의는 이미 언급한 바 있는 《사회적 행위의 구조》에서 찾을 수 있다.

카리스마에 관한 베버의 글 중 일부는 한스 거스와 라이트 밀스가 편역한 《막스 베버로부터From Max Weber》(New York, Oxford University Press, Galaxy Book, 1958)를 참조하면 된다. 칼 메이어Carl Mayer는 뉴스쿨 포 소셜 리서치에서 사회학을 가르치고 있다. 1930년대 독일에서 출간된 종파에 관한 그의 저서를 영어로는 접할 수 없다. 세 개 종파의 기원, 이데올로기, 구조에 대한 예리하고 상세한 분석은 윌슨Bryan. R. Wilson의 《종파와 사회Sects and Society》(London, Heinemann, 1961)를 보면 된다.

"수용인inmate"의 운명에 대한 고프만의 해석은 앞에서 언급한 그의 저서 《수용소》에 나온다. 고프만의 "역할 소원[거리]role distance" 개념은 그의 저서 《조우Encounters》(Indianapolis, Bobbs-Merrill, 1961)에서 더욱 발전되었다.

게오르크 짐멜Georg Simmel(1858~1918)은 또 다른 고전적인 독일 사회학자이다. 사회학에 대한 그의 접근 방식은 다양한 사회학적 문제에 대한 분석에서 보편적 범위와 결합된 강력한 철학적 관심이 특징이다. 짐멜은 사회학에서 소위 형식주의적 접근formalistic approach의 창시자로 간주되어왔는데, 그의 사후에도 독일에서는 레오폴트 폰 비제Leopold von Wiese와 그 밖의 다른 사람들이 이 접근을 지속했다. 영어로 된 짐멜의 선집 중 최고는 커트 울프Kurt H. Wolff가 편집한《게오르크 짐멜의 사회학 The Sociology of Georg Simmel》(Chicago, Free Press, 1964, 비양장본)이다. 루이스 코저Lewis A. Coser의《사회적 갈등의 기능 The Functions of Social Conflict》(London, Routledge & Kegan Paul, 1956)에서 전개한 흥미로운 논의는 갈등에 대한 짐멜의 글에서 끌어낸 원리에 기초하고 있다.

요한 하위징아Johan Huizinga의 도발적인 저작《호모 루덴스 Homo Ludens》(London, Routledge & Kegan Pual)는 1949년 런던에서 출간되었다. 알프레드 슈츠의 제자 모리스 내이탠슨Maurice Natanson은 현재 캘리포니아대학 산타크루즈U.C. Santa Cruz에서 가르치고 있다. 그의 논문집《문학, 철학, 그리고 사회과학 Literature, Philosophy and the Social Sciences》(The Hague, Nijhoff, 1962)이 최근 출간되었다.

7장에 관하여

필자가 본문에서 언급한 책은《불안정한 시각 The Precarious Vision》(Garden City, N.Y., Doubleday and Co., 1961)이다. 이 책은 기독교 신앙의 관점에서 사회학적 사고의 의미를 논의하는 것 외에도, 이 여담에서 제기한 윤리 문제 중 일부, 특히 종교사회학과 관련된 문제들을 전개하고 있다.

8장에 관하여

현대 세계에서 과학으로서 사회학의 역할에 대한 중요한 논의를 위해 독자는 로버트 린드의 《무엇을 위한 지식인가? *Knowledge for What?*》(Princeton, Princeton University Press, 1939)와 플로리안 즈나니에츠키의 《지식인의 사회적 역할 *The Social Role of the Man of Knowledge*》(New York, Columbia University Press, 1940)을 참조하면 될 것이다. 이 문제에 대해 여기서 제시한 관점과 매우 가까운(아마도 필자처럼 사회학 자체를 인문학에 속하는 것으로 이해하는 데까지는 아닐지라도) 최근의 진술은 탈코트 파슨스가 편집한 《사회 이론 *Theories of Society*》(New York, The Free Press of Glencoe, 1961)에 수록된 에드워드 실스의 〈사회학의 소명 The Calling of Sociology〉에서 찾아볼 수 있다.

해제 및 옮긴이 후기

배달

번역은 배달이다. 배달에는 철칙이 있다. 내용물이 깨지거나 부서지면 안 된다. 물건이 사라져서도 안 된다. 한마디로 배달 사고가 나서는 안 된다. 그런데 번역은 그 이상이다. 정작 무엇이 배달되었는지 주문을 한 사람이나 보낸 사람이나 잘 모른다는 데 그 이유가 있다. 말이 지닌 위험한 함정이다.

정색

과거 내 강의 시간에 이 책을 교재로 택했지만 그리 꼼꼼히 읽어보지는 않았다. 이미 다 아는 내용이라 그랬다. 그러나 이번엔 달랐다. 단어 하나하나, 문장 하나하나를 곱씹으면서 정확하게 그 원래의 의미를 훼손하지 않으면서도 매끄럽게 읽히게 무던히 애썼다. 그러기 위해서 다시 한번 처음 읽는 것처럼 정색하고 이 책을 대해야 했다. 이나이에 사전도 수없이 뒤적였다. 바로 배달 사고를 치지 말자는 심산에서다. 가장 적확하게 그리고 가장 친절하게 주문자에게 전달하고자 하는 뜻에서, 마치 짜장면이 불어 터지기 전에 고객에게 전달하고자 하는 배달 라이더(?)의 마음으로, 아니면 가장 안전하게 산모의 아이 출산을 돕기 위해 애쓰는 산부인과 의사의 심정으로 배달에 임했다.

의뢰

출판사에서 번역 의뢰가 들어왔을 때, 처음엔 시간이 없다고 간접적인 거절 의사를 피력했다. 그런데 벌써 손은 원서와 자판을 넘나들며 시동을 걸고 있었다. 2022년 가을과 겨울을, 그리고 2023년 새해 벽두 한두 달을 배달로 보내게 되었다. 즐거운 시간들이었다. 내가 이 책을 펼쳐 들었던 그 예전, 어언 40여 년 전 그때로 돌아가는 짜릿함에서 그 원천을 찾을 수 있겠다. 이 책을 읽으면서 마치 소설을 읽는 듯 빠져들어가며 무릎을 탁 치던 그 아찔한 순간들, 그 전율의 순간들, 그 깨달음의 순간들을 그때의 순수한 마음으로 되밟는다는 것이 오랜 자판 두들기기로 관절염이 온 손가락의 고통조차 잊게 만들었다.

감탄

뭐든 친숙해지면 무례하게 된다. 그러나 이번 배달로 요새 나도 부지불식간에 범했던 그 과오에서 벗어나 새삼 그의 글에 감탄하지 않을 수 없었다. 내용, 그 실력의 탄탄함, 필력, 수려한 문체에 나는 시쳇말로 뿅 갔다. 어렵지 않게 마치 물 흘러가는 듯한, 그러나 지적 수준의 품격은 전혀 잃지 않으면서도 웃음과 재미를 한껏 주는 그의 글은 무엇 하나 나무랄 데가 없다. 그러니 이게 바로 전세계 사회학자들이 뽑는 사회학 베스트셀러 중 늘 수위를 차지하는 이유일 것이다.

명품

확실하지는 않지만 이 책을 일주일 만에 썼다는 이야기를 버거 본인에게서든 아니면 어디서든 접했던 기억이 있다. 뇌가 뽀송뽀송하던 젊은 시절에야 머리 회전이 빨라 그렇게 집필할 수 있다손 치자. 그것도 그러한 천재가 한 것이니 충분히 가능하다고 치자. 그렇다고 해도 그렇게 쓴 책이 출간한 지 한참이나 지나도록(올해로 60년이 되었다. 이 책의 출생 연도와 역자의 그것이 같다는 데서 무슨 인연을 찾는다면 사람들은 웃을지 모르겠지만, 나에겐 그러고 싶은 충동이 사그라들지 않는다) 아직도 사회학을 배우고 싶어 하는 사람들이나 배우고 있는 사람들의 손이 가는 책이라면 확실히 거기엔 뭔가가 있는 것이다. 시일이 지나도 어디다 내놔도 전혀 손색이 없다. 세기가 바뀐 지금 읽어도 전혀 어색하지 않다. 세월이 지나도 그 빛이 바래지 않는 명품이란 뜻이다. 바로 고전이다. 이 책은 현대판 고전이라 할 수 있다. 이번에 다시 주욱 훑어보니 책이 처음 나올 당시의 컴퓨터 예(초기 발아 단계 수준) 하나 빼고는 지금과 맞지 않는 것이 없다. 굳이 하나 더 집어넣자면 세상이 너무 많이 변해서 작금의 정치적 올바름(?)에 살짝 저촉

되는 사례 정도를 추가할 수 있을지는 모르겠다. 그것 말고는 큰 무리가 없다고 봐도 무방하다. 책에서 개진한 그의 논거나 주장이 변함없이 진실에 가깝다는 것, 그것이 바로 이 책이 명품이라는 증거이다.

재미

이 책이 명품이라는 증거는 그것 외에 또 있다. 바로 재미다. 역자가 재밌다고 표현하는 것은 이 책이 주는 기능 면에서의 탁월한 효과, 즉 독서로 인한 지식의 함양이나 자각을 단순히 의미하지 않는다. 실제로 재미있다. 문자 그대로 이 책을 읽으면 재미있는 부분들이 너무나 많이 나온다. 그 단적인 예는 그가 풀어내는 이야기에서 거론되는 예들의 외설성이다. 정식적인 출판이라 필설로는 옮기지 못하는 그의 참을 수 없는 간지러움이 엿보일 때, 아니 나의 눈에 확 들어올 때, 내가 이 책을 맨 처음 접했을 때와는 다른 묘한 기분을 느낄 수 있었다. 야한 농담을 시도 때도 없이 날리는 그였는데, 이와 관련된 이야기의 운을 떼는 대목에서 이순이 다 된 이 나이에도 나는 자판을 두드리며 키득거릴 수 있었다. 나는 그 이야기가 무엇인지 아는데, 책에선 딱 거기서 스톱이니까(나도 강의 시간에 분위기 봐서 학생들에게 버거가 책에서 못다 한 나머지 이야기를 해준 적이 있지만, 소위 정치적 올바름이 기승을 부리는 요새는 거의 그런 기억이 없다. 아무리 호기심이 발동한 독자들이 원한다고 하더라도 여기서 글로는 도저히 불가능하다는 것을 독자들은 널리 혜량해주기를……. 아! 학문적 자유는, 표현의 자유는 도대체 어디로 사라졌단 말인가!).

항로변경

나는 이 책으로 인생의 항로를 변경했다. 소설책에 푹 파묻혀 살았던, 그래서 그런 쪽 일을 하기 위해 뭣도 모르고 사회학과로 진학했던 내가 대학 1학년 여름방학 때 이 책 원서와 영한사전을 들고 땀을 삐질 삐질 흘리며 사투를 벌이고 난 후, 나는 일단 사회학자가 되기로 결심했다. 차츰 소설책은 뒷방 늙은이 취급을 받으며 서가에서 밀려나기 시작했다. 여기서 짚어야 할 두 가지 점 중 하나는 버거가 이 책에서 말하는 변역alternation이 바로 이 경우에 해당하며, 그 인생의 항로변경은 나의 모든 것을 바꾸어놓았다는 사실이다. 변역 후 과거는 현재의 잣대로 재해석된다. 새로운 의미가 부여된다. 다른 계통의 전문가가 되기를 원했던 나의 소년 시절의 꿈과 공부는 모두 사회학자가 되기 위한 보조 단계로 치부되었다. 다른 한 가지는 바로 인생의 덧없음이다. 내가 하고 싶었던 원래의 다른 꿈들은 사회학자가 되겠다는 꿈이 일단이 이단이 되고, 이단이 삼단이 되면서 그렇게 부재한 가능성이 되어버렸다. 모두 인생이 짧기에 벌어지는 일이다. 어쨌든 그렇게 나는 사회학자가 되었고, 아마도 그것으로 인생을 마칠 것이다. 그 항로변경의 터닝포인트는 내가 지금 번역해서 내는 바로 이 책이다.

이중고

이쯤에서 이 책에 대한 소개를 할 때가 되었다는 무언의 강한 압박을 느낀다. 그런데 사실 만일 내게 번역할 기회가 생긴다면 이러한 간략한 소개는 가급적 피하고 싶었다. 왜냐하면 그것은 번역자로서 이중적 노동에 시달리는 것이기 때문이다. 번역은 번역대로 하고, 그 것도 모자라 번역한 것의 소개라니. 그런데 내가 그러한 소개를 혐오하는 더 큰 이유는 그런 행위가 사뭇 독자를 무시하거나 모독하는 건방진 행위라고 생각하기 때문이다. 어떤 책을 읽고 이해하는 것은 오롯이 독자의 몫이고, 그렇게 남겨두는 것이 저자나, 나아가 역자의 마땅한 자세라고 생각하기 때문이다. 행여 어설픈 풀이나 소개가 독자들의 독해를 방해하거나 선입견을 조장할 수 있다고 생각해서다. 그러나 매사 자기 뜻대로만 할 수는 없는 법. 사람은 때로는 하기 싫은 일도 해야 할 때가 있다. 더군다나 그게 업계의 관행이라면, 큰 해가 안 되는 범위 내에서 그리고 그렇게 될 것이라는 가정하에서 약간의 서비스를 제공할 용의는 있다. 아래는 그런 취지에서 행하는 소개이니 독자들은 크게 의지하지 말고 그저 참고만 하기를 바란다.

전략 |

이 책에서 버거가 그의 사회상을 보여주기 위해 택한 전략은 암울함에서 시작해 더 큰 암울함으로, 그리고 맨 나중에 실낱같은 희망(자유에 대한)을 보여주는 것이다. 그러한 전략에서 그가 제시하는 사회상은 감옥의 사회상에서 시작해 꼭두각시들이 벌이는 인형극이라는 사회상, 그리고 최종적으로는 살아 숨 쉬는 연기자들의 무대로서 사회상으로 옮겨 간다. 그 마지막 종착지를 위해 버거는 이 책의 거의 3분의 2에 걸쳐 철저하게 그리고 처절하게 암울을 강조한다. 여기에서의 암울은 사회 속 인간과, 그것도 모자라 인간 속에 턱 하니 자리 잡은 사회의 모습을 보여줌으로써, 안팎으로 사회에 포위되어 옴짝달싹할 수 없는 처지에 놓인 처량한 인간의 모습과 형편을 말한다. 이렇게 보면 버거가 택한 전략은 해병대 신병훈련소나 장교들을 길러내는 사관학교에서 신병이나 후보생들을 훈련시킬 때 반드시 쓰는 "혼 빼기" 전략이다. 처음엔 일상 사회의 기름기를 쏙 빼놓고 호되게 단련시킨 뒤 서서히 풀어주는 그런 전략, 마치 그것처럼 버거도 인간의 자율성과 자유를 최종적으로 보여주기 위해, 그것이 얼마나 값진 것인지를 여실히 보여주기 위해, 먼저 책의 대부분을 인간이 얼마나 사회로부터 지대한 영향을 받으며 주조되는지 적나라하게 보여주는 데 할애한다. 그러나 그가 이 책으로 독자들을 데려다주고 싶었던 초대의 종착지는, 그런 와중에도 어쩔 수 없이 획득하고 향유하는 인간의 자유와 자율성이다. 그것은 아스팔트 바닥의 틈에서 어김없이 삐져나오는 잡초와 같은 끈질긴 자유의 근성이다. 그게 바로 인간임을 그의 사회학적 관점을 통해 보여주고 싶었던 것이다.

전략 II

버거가 진행상 어떤 한 가지 이야기를 들려준다고 해서 그것이 다라고 생각하면 큰 오판이다. 그 뒤에 할 이야기가 반드시 남아 있기 때문이다. 이것은 위험한 외줄 타기 같은 것이라 항상 위태위태하다. 아슬아슬하다. 살얼음판을 걷는 것처럼 위험천만하다. 그런데 그게 바로 그가 독자들에게 사회가 무엇인지를 전달할 때 쓰는 전략이다.

그의 타고난 성정 탓일 수도 있겠으나(그것은 우리의 관심사가 아니다), 내가 보기에 그가 그런 위태위태한 외줄 타기 전략을 쓰는 주된 이유는 바로 우리가 살고 있는 세계, 즉 사회세계의 본질을 그가 꿰뚫고 있기 때문인 것 같다. 사회를 보는 사회학자로서 그 연구 대상의 위태로움, 취약성, 허약성 혹은 불안정성을 직시하고서 어떻게 위태로운 시각을 갖지 않을 수 있을까?

인간주의적 전망

그래서 버거의 시각은 치명적으로 양면적이고 이중적이다. 그러면서 그가 지향하는 것은 인간주의적 전망이다. 그런데 그가 주창하는 인간주의의 '인간적'이라는 것은 우리가 통상 쓰는 용법상의 의미가 아니다. 통상적으로 우리가 아는 인간적인 것은 십중팔구 끈끈함에 기초한 것을 말한다. 그것은 사회와 사회적 의식에 얽매인 것, 즉 정에 의한 것이다. 그러나 버거가 말하는 '인간적'인 것은 그러한 단순한 정의적emotional 차원을 넘어선 것으로서, 인간 본연의 모습에 정초한 것을 의미한다. 인간 본연의 모습에 정초한 '인간적'인 것이란 결국 단순한 정에 이끌리는 것 또는 관계의 끈끈함에서 완전히 풀려 헤쳐진 모습을 띤다.

통상의 인간적으로 보이는 측면에서는 그것이 종종 매우 냉정하게 보일 수도 있다. 그리고 아이러니하다. 그런데 어쩔 수 없다. 인간이 원래 그런 존재이니까. 인간이란 온화와 냉정 둘 다를 가진 야누스 같은 존재이니까. 이런 인간 존재 본래의 모습에 기꺼이, 그리고 기어이 근거하기를 원하는 버거의 '인간적'인(그래서 사회학적인) 노력은 필연적으로 허영, 거짓, 기만, 위선, 위악, 순수, 진심, 성실, 열정, 냉담 등 결국 냉탕과 온탕을 간단없이 오가는, 불안정하고 불확실하며 위태위태한, 그래서 위험하기 그지없는 실존의 '인간적'인 측면에 초점을 맞추지 않을 수 없다. 그리고 그 인간의 모습을 있는 그대로 가감 없이 보여주는 것이 버거가 제시하는 인간주의적 전망 본연의 목적 중 하나라고 할 수 있다.

이를 통해, 우리는 사회를 우선적으로 고려하는 것 같으면서도 결국엔 인간을 우선시하는 그의 위태위태한 외줄 타기 전략을 볼 수 있다. 그러나 명심해야 할 것은 그의 이러한 인간 우선시가 사회의 엄청난 힘을 무시하는 순진무구함의 발로가 아니라는 것이다. 버거는 사회가 인간의 "저 밖에" 존재할(4장) 뿐만 아니라 "여기 안에[인간의 내면]"도 존재하며 그 무시무시한 위용을 위풍당당하게 드러내고 있음(5장)을 보여준다. 모두 저 위에서 언급했던 버거의 암울한 사회관을 통해 재해석된 결과이다. 이럴진대 순진무구함과는 거리가 한참이나 멀다. 그러나 동시에 버거는 그렇게 사회가 인간에게 지대한 영향력을 행사하는 것과 마찬가지로 동시에 사회의 그 엄청난 힘이 불안정한 인간에 의해 지탱된다는 것을 여실히 꿰뚫고 강조한다(6~8장). 그리고 이 지점에서 그는 암울한 사회관에서 해학적 사회관으로 넘어간다(이에 대해서는 조금 뒤에 자세히 언급하겠다). 이것이 바로 그가 말하는 인간주의적 전망의 요체이다.

빈정댐

다시 한번 강조하면, 인간주의적 전망으로 대변되는 버거의 사회학은 냉정하고 아이러니하다. 그것은 주로 그의 시각에 내재한 빈정댐으로 드러난다. 육중해 보이는 사회에 대한 빈정거림, 사회에 대해 신중(진정, 성실, 심각)한 자세와 태도들에 대한 이죽거림이 바로 그것이다. 버거는 진정성이란 무엇인지에 대해 의문을 던진다. 즉 어디까지를 진정한 것으로 볼 것인가라는 질문을 제기하는 것이다. 일반인들이 통상 진정함과 성실함으로 간주하는 것은 버거의 눈에는 단지 피상적인 진정성일 뿐이다. 그는 진정성이란 그 극단까지 파고들어야 비로소 진정한 진정성에 다다를 수 있다고 믿는다. 그래서 그의 준거틀 내에서는, 즉 극단의 수준까지 밀어붙인 그의 눈으로는, 그러한 피상적 진정성은 결코 진정한 것이 아니다(즉, 비진정성이다).

그는 단순하게 진정성을 내가 이 책에서 번역한 대로 본래성 authenticity과 진지성sincerity으로 나눈다. 본래성은 그 극단에서 발견되는 진정한 진정성이며, 진지성은 피상적 진정성이다. 그런데 버거의 시각에서 사회는 그러한 비진정성적인 성실함, 즉 진지성에 근거한다(그러나 사람들은 모두 이것이 진정한 것이라고 믿는다). 버거는 이러한 사이비 진정성, 즉 진지성에 빈정거리고 이죽거린다.

폭로

비진리에 대한 버거의 이런 빈정댐은 이 책에서 그가 주창하는 사회학적 인간주의sociological humanism에서 고스란히 그 모습을 드러낸다. 그의 말을 그대로 인용하면, 그것은 "쉽사리 깃발을 흔들지 않으며, 지나친 열광이나 지나친 확신을 의심하는 인간주의이다. 그것은 불안하고, 불확실하고, 머뭇거리며, 자신의 불안정성을 인식하고, 자신의 도덕적 주장에 신중하다"(7장). 이를 풀어서 말하면, 결코 확신에 차서 어떤 일을 하지 않으며, 열정과 정열 같은 것에 쉽사리 휩쓸리지 않는 것이다. 그것은 냉철함을 전제로 하는데, 여기서 유의해야할 두 가지 사실이 있다. 그 냉철함을 타인이나 사물뿐만 아니라 자기 자신에게도 적용해야 한다는 것이 하나요, 결국 모든 것을 겉으로 보이는 그대로 보지 않는다는 것이 다른 하나다.

전자에 대해서는 잠시 뒤에 언급하기로 하고(자기기만을 설명하는 부분에서) 먼저 후자를 살펴보면, 이것은 곧 버거의 사회학이 폭로 debunking의 사회학임을 보여준다. 그런데 버거는 이 폭로적 성향이 자신만의 특유한 것이 아님을 애써 강조한다. 이것은 역자가 보기에 약간은 겸양을 취하는 태도의 소치로 보이는데, 어쨌든 버거는 뒤르켐이나 베버 같은 사회학 거장들로부터 면면히 내려오는 사회학의 기조 중 하나가 바로 폭로임을 강조한다.

포템킨 마을

폭로나 빈정댐이나 어떤 것이든 죄다 겉으로 보이는 것 그대로를 믿거나 있는 그대로 받아들이지 않는 사회학자의 태도에서 비롯되는 것이다. 이것을 한마디로 말하면 무엇이든 "액면 그대로 받아들이지 않는 것"이다. 그리고 이런 식으로 조명한 사회는 제아무리 육중한 객관적 사실성으로 그 위용과 위세를 크게 떨치고 있다고 하더라도 결국 거대한 포템킨 마을로 보일 뿐이다. 그것은 혹자에겐 너무나 좋은 것이어서 천국으로 보일지 모르지만, 그것을 액면 그대로 받아들이지 않고 걸러서 취하는 태도를 가진 버거와 같은 사회학자의 눈에는 겉만 번지르르한 전시용 위장 건축물로, 심지어는 마분지를 아교와 섞어 만든 한낱 파피에 마세[혼응지]로 지은 위태위태한 구조물로 보일 뿐이다.

기만

그런데 일반 사람들 눈에 사회는 육중하고 심각한, 그래서 잘못 저항했다가는 큰코다치는 화강암 같은 객관적 사실성으로 다가온다. 더이상의 가능성은 존재하지 않는 엄연한 현실(실재)로 여겨진다. 버거는 이 지점에서 일침을 놓는다. 거기에 기만이 있다는 것이다. 거기에 속임수가 있고 사기가 충만하다는 것이다. '무엇이 아닌 것'이 '무엇인 것'처럼 가장한다는 의미에서 사기와 기만이다. 사회는 사실 육중한 그런 것이 아닌데 인간에게 그런 것처럼 보일 뿐이다. 그래서 버거의 시각에서 사회는 거대한 기만 그 자체이다.

배드 페이스(자기기만)

기만과 관련된 버거 시각의 독특성은 그 기만의 주체가 바로 인간 자신이라는 것을 상기시킨다는 데 있다. 즉 사회나 다른 사람에게 속는 것이 아니라 자기 자신이 스스로 속는다는 것이다. 이것이 바로 그가 실존주의 철학자들에게서 차용해 사회학적으로 세련시킨 배드 페이스bad faith 개념이다. 믿음은 믿음인데 나쁜 믿음, 그중 최고봉은 바로 사실 스스로 속이고 속고 있음에도 그런 사실 자체를 인식하지 못하는 자기기만self-deception이다.

결탁, 음모 그리고 공모

기만으로 충만한 사회는 음모의 세계이다. 그리고 자기기만으로 충만한 사회는 바로 그런 사회 전체가 구성원들의 결탁에 의한 공모로 결성된 세계이다. 이 시점에서 버거가 이 책에서 왜 그토록 당대의 사회학자들을 자세히 언급하는 데 인색했는지 그 이유를 알 수 있다. 이런 생각을 공유한 자가 별로 없었던 것이다. 그가 고프만을 수차 거론했다는 것은 전혀 이상한 일이 아니다. 자기의 사회관을 고프만도 공유했기 때문이다. 실제로 버거는 같은 현상학 울타리 안에 속하는 민간방법론자ethnomethodologist에 대해서는 칭찬에 인색했을 뿐 아니라 심지어 매우 비판적이기까지 했다. 이러한 그의 생각을 민간방법론이 공유하지 못했기 때문이다(그러나 이에 대해 상세히 설명하는 것은 이 자리의 성격에 전혀 맞지 않다. 더 알고 싶은 호기심이 발동하는 사람은 사회학을 전공할 것을 정중히 권한다). 이런 점을 감안하면, 버거가 고프만에 대해 매우 후하게 평가했다는 것을 알 수 있다.

냉소주의

기만당하지 않으려면 무엇보다 우선 정신을 바짝 차려야 한다. 그것은 앞서 언급한 냉담함을 전제로 한다. 흔히 냉담과 빈정댐은 냉소주의로 번역할 수 있다. 버거가 진정한 사회학자가 되기 위한 조건으로 이러한 냉소주의를 요청했다고 해서 그가 말하는 냉소주의가 그저 차갑기만 한 것은 결코 아니다. 그는 맹목적이고 무조건적인 냉소주의를 소외된 냉소주의로 부르면서 그것과 자신의 냉소주의 사이에 확실한 거리를 둔다. 왜냐하면 그러한 소외된 냉소주의에는 기회주의의 소지가 다분하기 때문이다. 또한 버거는 "난 별 수 없어!" 하는 자포자기 심정에서 비롯한 냉소주의조차 자기기만으로 간주한다. 그래서 굳이 버거의 냉소주의를 다른 식으로 표현하자면 따뜻한 냉소주의 정도가 적당할 것 같다. 형용모순처럼 보이기도 하는 이 용어는 냉소주의를 견지하되 고정하지 않고 일말의 다른 가능성을 남겨두는 것을 말한다.

다시 한번 강조하지만, 버거는 매사에 이런 식이다. 그는 항상 날선 양날의 검 위를 맨발로 걷는 것처럼 위태위태한 자세를 견지한다. 그것은 항상 한곳으로 치우치거나 기울지 않기 위해, 즉 균형을 유지하기 위해 땀을 흘리는 이중성이다. 버거에겐 사회가 이중적이며(육중해 뵈지만 사실은 시쳇말로 허당이라는 의미에서), 인간주의도 이중적이며(통상적 의미에서 인간적인 것과 그 이상의 것을 동시에 견지하므로), 냉소주의도 이중적이다. 그것은 바로 어느 한곳에 고착되지 않은, 한곳에 영원히 그의 발을 묶어두지 않는 이중성이다. 이러한 점은 이 책 이외의 그의 다른 저작에서도 고스란히 나타난다. 그가 다른 곳에서 사회학자를 이중시민권을 가진 자로 묘사한 데서 그 적절한 예를 찾을 수 있다.

코미디

보통 사람들이 강조하는 인간적인 것이 다가 아니라고 단언하며 거기에도 냉담함을 집요하게 주문하는 버거의 냉소주의가 따뜻한 것이 될 소지가 있는 것은 바로 그가 거기에 해학적 감각이라는 요소를 가미하고 있기 때문이다. 그는 사회 현실의 코미디성buffoonery을 간파해낸다. 사회 현실이 그런 것이라면 그것을 바라보는 사회학자의 시선도 익살기가 넘쳐야 한다. 그래서 그는 심각함에 아주 진저리를 낸다. 그는 사회학이 과학 범주에 들어가야 한다고 줄기차게 강조하지만 웃음기 사라진 과학과는 과감히 이혼할 것을 주문한다. 그가 말하는 과학적 사회학은 자신이 발견한 것에 대해서도 회의할 줄 아는 것이고, 오류라고 판정 났을 때 시쳇말로 '쿨'하게 기꺼이 시정하는 자세를 견지하는 것이다. 또한 자신의 편견, 호불호, 희망이나 두려움에 상관없이 자신의 성과물에 대해 냉정하게 평가하는 것을 마다하지 않는 것이다. 그것이 바로 웃음기 머금은 과학이다. 남의 성과물에는 대단히 엄격하면서 자신의 것에는 한없이 아량 넓은 것은 웃음기 있는 과학이 결코 아니다. 내 것에 대해서도 피식 웃으면서 "틀렸네!" 하고 인정하는 것이, 그리고 설사 틀리지 않았더라도 대단한 것으로 여기지 않는 것이 웃음기 듬뿍한 과학이다.

초월, 해방 그리고 엑스터시

사회 현실의 코미디성을 간파해내고, 그런 현실을 탐구할 때 절대적인 심각함에 빠지지 않기 위해 웃음기를 가미하는 것은 단순히 과학적 태도의 냉소주의에만 머물지 않는다. 그런 것들을 넘어 사회 현실의 정체를 폭로함으로써 인간 존재의 초월(해방)과 엑스터시로 이어진다. 초월과 해방은 버거가 이 책에서 인간의 자유의 가능성을 두고 논했던 초연과 깊은 연관을 지닌다. 코미디 특성을 지닌 드라마로서 사회 현실을 보면, 이전에 심각하기 그지없던 현실은 버거가 이 책에서 제시하고 있는 인간 카니발(축제)의 모습으로 변한다. 저마다 천박할 정도로 화려한 옷을 입고 이곳저곳으로 몰려다니며 밤새우며 노는 카니발 말이다. 그런 카니발에선 평상시에 쓰지 않던 모자와 호칭으로 자신을 치장하며, 자기 옆에서 행진하며 축제를 즐기는 다른 사람들을 지팡이로 쿡쿡 찔러대 희롱하면서 "나는 이런 사람이야"라고 자신을 내세우고, 잠시 인정받고 낄낄거린다. 그 관능적이고 유치한 카니발이 끝나면 모든 것이 원래의 일상으로 돌아간다는 것은 지금은 논외로 치자. 버거가 강조하는 것은 바로 카니발의 참여자들이, 그 행위자들이 코믹한 축제에서 느끼는 해방감이다.

그 해방감이란 육중한 현실에 압도되어 "나는 이렇게 할 수밖에 없었어!" 하는 자기기만적 행위나 변명이 통하지 않는, 보다 적극적으로 말하면 그런 상황에 처했을 때 "이건 별 게 아니야. 난 이렇게 하지 않아도 돼!"라고 하는 '거절'로 의사표시를 할 수 있는 자유가 있는 것이다. 사회라는 알리바이를 대지 않고 사회 현실에 응수하는 것, 그게 바로 자유이고 해방이다.

결국 버거는 사회와 마찬가지로 인간도 이중적인 존재라는 상을 우리에게 제시한다. 인간은 안팎에서 사회에 억압받고 있는 수감자인 듯 보이지만, 결국 그러한 사회가 인간을 완전히 옥죌 수 없는 허무맹랑한 실체, 코믹한 실체라는 것을 충분히 간파할 수 있는 존재라는 점에서 이중성을 지녔다. 인간의 이중성은 사회에 구속되면서, 동시에 사회에서 벗어날 수 있는 해방의 존재라는 사실에 놓여 있다. 사회 현실의 코미디성은 바로 이런 점을 확연히 부각시킬 수 있는 필요충분조건이다. 바로 이런 맥락에서 버거는 코미디가 하나의 사회학이라고 주장했던 것이다. 이것이 버거가 독자들을 초대하고 싶었던 그 지점, 그 관점, 그 조망의 사회학이다. 그 만남의 광장에 선 당신은 축복받은 사람이라고 나는 감히 말하고 싶다. 그러니 망설이지 말고 그 초대에 어서 응하기를 바란다.

마음의 짐

《사회학으로의 초대》와 같은 책을 하나 써보리라 마음먹은 터에 번역 제의가 왔다. 내 책 쓸 시간도 부족한 이때 번역이라니……. 그러나 내 인생의 항로를 바꾼 책, 언젠가는 내가 한번 번역해야겠다고 내심 생각하던 스승의 책이다. 그 제의를 받았을 때 사정이 많이 번거롭고 건강도 예전과 같지 않은데도 마다하지 않고 바로 컴퓨터 자판 앞에 앉은 이유는 바로 그 때문이다. 내 책을 만들기 전에 다시 한 번 꼼꼼히 이 책을 곱씹어보자 하는 전략적 사고도 무의식 중에 작동하고 있었으리라. 이제 나의 책을 써야 할 시간이 왔다. 사회학을 소개하는 한국어 입문서를 집필할 차례이다. 마음의 짐도 벗어났으니 홀가분하게.

2023년 7월
산격동 연구실에서
김광기

옮긴이 김광기

경북대학교 일반사회교육과 교수. 성균관대학교 사회학과를 나와 미국 보스턴대학교에서 피터 버거 지도하에 사회학 박사학위를 받았다. 인간과 사회에 주도면밀한 관심을 가지고 이론과 현실을 접목한 비판적 글쓰기를 통해 대중과 소통하려 애쓰는 사회학자이다. 전공은 현대 사회학 이론과 근대성, 지식사회학, 현상학 등이다. 주요 저서로는 영어로 출간한 *Order and Agency in Modernity: Talcott Parsons, Erving Goffman, and Harold Garfinkel*(SUNY Press), *Interaction and Everyday Life*(공저, Lexington Books)와 《뒤르켐 & 베버: 사회는 무엇으로 사는가?》(김영사), 《이방인의 사회학》(글항아리), 《부자는 어떻게 가난을 만드는가》(21세기북스), 《아메리칸 엔드 게임》(현암사), 《내 편이 없는 자, 이방인을 위한 사회학》(김영사) 등이 있다.

사회학으로의 초대
인간주의적 시각

제1판 1쇄 발행   2023년 7월 4일
제1판 2쇄 발행   2024년 8월 30일

지은이   피터 L. 버거
옮긴이   김광기
펴낸곳   (주)문예출판사
펴낸이   전준배
출판등록   2004.02.11. 제 2013-000357호
             (1966.12.2. 제 1-134호)
주소   04001 서울시 마포구 월드컵북로 21
전화   393-5681
팩스   393-5685
홈페이지   www.moonye.com
블로그   blog.naver.com/imoonye
페이스북   www.facebook.com/moonyepublishing
이메일   info@moonye.com
ISBN   978-89-310-2319-0 04080
             978-89-310-2274-2 (세트)
잘못 만든 책은 구입하신 서점에서 바꿔드립니다.

☘ 문예출판사 ®   상표등록 제 40-0833187호, 제 41-0200044호